Frei Caneca

Gesta da Liberdade

1779 — 1825

GILBERTO VILAR

FREI CANECA
Gesta da Liberdade
1779 — 1825

MAUAD

Copyright © by Gilberto Vilar, 2004.

Direitos desta edição reservados à
MAUAD Editora Ltda.
Av. Treze de Maio, 13, Grupo 507 a 509 – Centro
CEP: 20031-007 — Rio de Janeiro — RJ
Tel.: (21) 2533.7422 — Fax: (21) 2220.4451
www.mauad.com.br

Projeto Gráfico:
Núcleo de Arte/Mauad Editora

Capa:
Jacques Kalbourian

Ilustração da Capa:
Parte do quadro Frei Caneca, de Murillo La Greca
óleo s/tela, 1,70m x 0,80cm
Acervo Museu Murillo La Greca – Fundação de Cultura Cidade do Recife.

CIP-BRASIL. CATALOGAÇÃO-NA-FONTE
SINDICATO NACIONAL DOS EDITORES DE LIVROS, RJ.

A474

Vilar, Gilberto.
Frei Caneca: gesta da liberdade: 1779-1825 / Gilberto Vilar. –
Rio de Janeiro: Mauad, 2004.

Apêndice
Inclui bibliografia
ISBN 85-7478-150-9

1. Caneca, Frei, 1779-1825. 2. Brasil - História - Revolução
pernambucana, 1817. 3. Brasil - História - Confederação do
Equador, 1924. I. Título.

04-2813.   CDD 922.281
                               CDU 929FREI CANECA

*Agradeço de modo todo especial à jornalista e amiga
Ilvaneri Penteado, da Funarte, e à bibliotecária Lúcia
Nolasco, da Biblioteca Nacional, pela competência e
gentileza em me ajudarem — entre outras coisas, na
procura do autógrafo de Frei Caneca,
reproduzido na capa deste livro.*

*"Nós seríamos muito pouco patriotas
se deixássemos fenecer
no pó do esquecimento
os nomes daqueles nossos
compatriotas e concidadãos, que,
pelo desempenho dos seus deveres,
se têm feito credores
da nossa consideração e estima."*

*"À proporção que nossos trabalhos e escritos
se estendiam a beneficiar nossos compatriotas,
caminhávamos ao perigo e à ruína,
pois que nossas verdades
chocavam os interesses de D. Pedro de Alcântara,
Príncipe português,
que o Brasil, imprudente e loucamente,
havia aclamado seu Imperador."*

*"Seria um dos maiores milagres visto sobre a terra
o concordar todos os homens
em um sentimento sobre o mesmo sujeito."*

Frei Caneca

OBRAS CONSULTADAS

Frei Joaquim do Amor Divino Caneca, *OBRAS POLICAS E LITTERARIAS (Obra completa),* Colleccionadas pelo Commendador Antonio Joaquim de Mello, Recife, Typographia Mercantil, 1875. Edição. Fac-símile de 1979, em 2 tomos. Coletânea das obras completas de Frei Caneca. Em anexo seu Processo Condenatório e a Sentença de morte.

Padre Joaquim Dias, *OS MARTIRES PERNAMBUCANOS. VICTIMAS DAS DUAS REVOLUÇÕES ENSAIADAS EM 1710 E 1817,* Pernambuco, Typog. De F.C. de Lemos e Silva, 1853. Ediç. Fac-sim. da Assembléa Legislativa do Estado de Pernambuco, s/d.

Francisco Pacifico do Amaral, *EXCAVAÇÕES*, 1ª edição, 1884. Fac-símile publicado em 1974, Recife, pelo Arquivo Público Estadual.

Gilberto Vilar de Carvalho, *A LIDERANÇA DO CLERO NAS REVOLUÇÕES REPUBLICANAS, 1817-1824,* Editora Vozes, Petrópolis, 1980.

DOCUMENTOS HISTÓRICOS da Biblioteca Nacional, Divisão de Obras Raras. Com "explicações" de José Honório Rodrigues, Rio de janeiro, vol. CI a CIX, 1953.

Mário Sette, *ARRUAR – Hitória Pitoresca do Recife Antigo,* 1948. 3ª edição fac-similar, 1978, Secretaria de Educação e Cultura, Recife.

Romeu Perea, Padre, *ENSAIOS UNIVERSITÁRIOS SOBRE FREI JOAQUIM DO AMOR DIVINO (CANECA).* 1975, Universidade Federal de Pernambuco, Editora Universitária.

As palavras e frases entre aspas, quando outro autor não for citado, são tiradas de escritos originais de Frei Caneca, do Processo de Condenação e dos comentários do comendador Antônio Joaquim de Mello, colecionador das OBRAS POLÍTICAS E LITERÁRIAS acima citadas. Para satisfação dos estudiosos, conservamos nessas citações a pontuação e grafia originais. Nos casos em que o autor quis enfatizar trechos importantes, além das aspas utilizou-se o itálico.

Sumário

Capítulo I — 11
Sou ruivo, mas com uma pitada de sangue índio e africano, com muita honra

Capítulo II — 19
Um menino inteligente e pobre numa cidade que é um turbilhão de idéias

Capítulo III — 25
A revolta nas igrejas e nos claustros

Capítulo IV — 31
1817. Crônica de uma revolução fracassada

Capítulo V — 41
"Amada das minhas entranhas..."

Capítulo VI — 51
Recordações

Capítulo VII — 59
"Nenhum povo depois de saborear a liberdade, se dispõe a sujeição"

Capítulo VIII — 65
O sonho de uma nova República

Capítulo IX — 73
E foi proclamada a independência

Capítulo X — 79
"Sua majestade traiu a confiança da nação"

Capítulo XI — 91
"Fomos enganados: não temos uma Constituição liberal, santa e digna do Brazil"

Capítulo XII — 103
Interlúdio. Sem papas na língua. Algumas idéias sobre homens e coisas

Capítulo XIII — 119
"As garras da perfídia"

Capítulo XIV — 125
"Fomos traídos, esmagados e destruídos"

Capítulo XV — 133
Pernambuco, Paraíba, Rio Grande, Ceará – a marcha heróica em busca da liberdade

Capítulo XVI — 151
O último sonho desfeito. "Derrotados, trapaceados e humilhados"

Capítulo XVII — 163
Arma-se o palco da grande farsa

Capítulo XVIII — 175
A "injusta e horrendíssima sentença"

Capítulo XIX — 181
Os últimos dias

Apêndice 1 — 197

Apêndice 2 — 199

Apêndice 3 — 203

Cronologia — 215

Notas — 217

I

Sou ruivo, mas com uma pitada de sangue índio e africano, com muita honra

Fevereiro de 1823. Recife, manhã de domingo. Capela da Venerável Ordem Terceira do Carmo. Os sinos acabavam de tocar a última badalada para a Missa das dez. O calor é sufocante mas a igreja está repleta, todos os bancos ocupados e muita gente de pé. Mulheres de alta classe com seus trajes domingueiros, ababadados com finas rendas, ao lado de rígidos senhores enfarpelados; e também gente do povo, com seus indumentos mais simples – mulheres de regô na cabeça, em vez das mantilhas d'Espanha e dos diademas em ouro ou prata, e homens, alguns de coura, outros de calções de algodoim e camisu de morim e madrasto. Todos, porém – pobres, ricos e remediados –, limpos, banho tomado e algum cheiro, pois a ocasião era do maior respeito.

De respeito e de curiosidade. Ou de receio, até. Era anunciado mais um sermão daquele frade carmelitano que tinha o dom de alevantar o povo, de lhe dar entusiasmo, de fazê-lo esquecer a pobreza e o sofrimento; que vergastara a tirania do reinado português, que lutara pela independência do Brasil, mas pregava duramente contra a maneira pela qual o Imperador Pedro I a proclamara e ainda mais contra o absolutismo que ele queria impor. Expectativa pelo sermão do frade revolucionário – Frei Joaquim do Amor Divino e Caneca. Conhecido como Frei Caneca.

Lido o evangelho do dia, a emoção dos ouvintes aumentou. Lentamente, o jovem frade desceu os degraus do altar e se dirigiu ao púlpito; fez um gesto para que se sentassem os que podiam e fez o Sinal da Cruz, com voz compassada e forte. Ele era belo e másculo, diziam, cabelos cor de fogo com reflexos aloirados, barba bem-feita.

— *"Meus amados irmãos em Nosso Senhor Jesus Cristo..."*

Sua voz era cativante, poderosa, quase tonitruante. O silêncio na igreja era total — ninguém estava ali para perder uma palavra sequer.

— *"Vou falar-vos hoje sobre a oração".*

Um surdo murmurinho se espalhou pelo recinto: — Vai falar sobre a oração? Não é esse o frade revolucionário, aquele de quem afirmam ter-se melhor com uma carabina às costas do que com o rosário entre os dedos? — diziam ou pensavam os que o ouviam pela primeira vez.

— *"Deus eterno... Tocai o meu coração com o fogo da caridade e do amor! — a fim de que em minhas palavras e em todo o meu discurso só falem a religião e a razão; a fim de que se não escandalize a fé, nem se doa a piedade, nem se atropele a justiça; e afinal, se ilumine e edifique o vosso povo!"*

O sermão durou mais de uma hora. O povo não arredava, tal a força e o entusiasmo que surdia de suas palavras, mesmo falando sobre tema tão pacífico.

No final, como se tivesse ouvido ou adivinhado aquela murmuração inicial, o frade parou, olhou os ouvintes ao pé do púlpito e nos fundos do templo; abriu os braços e acalmando o tom de sua voz, e sem gesticular, pronunciou, como a responder àquela dúvida:

— *"Há tempo de plantar, meus irmãos, e tempo de colher; tempo de edificar e tempo de destruir; tempo de rir e tempo de chorar; tempo de apaziguar e tempo de lutar; tempo de orar e tempo de cumprir com os nossos deveres".*

✝

Tinha ele, na época, 44 anos de idade, mas parecia menos. Menos de dois anos depois, em janeiro de 1825, seria fuzilado, no Forte das Cinco Pontas. Tinha 10 anos, em 1789, quando explodiu a Revolução Francesa e fracassara a Inconfidência Mineira.

Em 1817, irrompendo a Revolução Pernambucana, chamada a "Revolução dos Padres," liderada pelo seu amigo e mestre o Padre João Ribeiro, ele foi preso e depois anistiado. Vários Padres foram envolvidos — cerca de 40, ou 70, outros contavam —, muitos deles fuzilados ou enforcados, em julgamento sumário, tendo seus corpos esquartejados pelo "carniceiro Real" e arrastados, em partes ensangüentadas, pelas ruas do Recife, "para escarmento". Em 1824, dessa vez levados pela força de suas idéias sobre democracia e liberdade, juntavam-se militares, civis livres e escravos, e outros sacerdotes, para proclamarem a Confederação do Equador, que chegou a somar cerca de 6 mil soldados voluntários, à qual logo aderiram as províncias de Pernambuco, Paraíba, Rio Grande do Norte, Ceará e parte das Alagoas

☨

O sermão continuava. O povo não perdia uma só palavra.

— *"Meus irmãos, unamo-nos todos*
com tudo o que há sobre a terra e sob o céu,
para louvar o Santo Nome do Senhor.

Era a peroração. E o povo todo continuava em silêncio, comovido. Entre os assistentes, alguns foram às lágrimas quando o Frade passou a detalhar tudo aquilo que nos cerca e tem por obrigação o louvor a Deus:

Os céus narram a glória de Deus
e o firmamento anuncia o seu poder.
Os montes na elevação de seus cabeços,
os vales na sua profundidade,
os mares no furor de suas ondas,
os ventos na impetuosidade dos seus sopros,
os monstros nos abismos das águas,
os animais no fundo dos bosques,
as aves na tenuidade dos ares!

Somente a natureza, os seus montes, os seus animais, as suas aves, suas águas, os monstros, os ventos...?

Não, meus irmãos! Louvem a Deus também
os pensamentos do nosso entendimento,
as decisões da nossa vontade,

13

*os movimentos do nosso coração
bem como todas as ações do nosso corpo.
Tudo isso, foi creado por Deus Altíssimo,
e nenhuma finalidade tem,
a não ser a glória do Senhor.
Amém!"*

Afinal, indagava-se por toda parte – portugueses e brasileiros –, quem é esse homem, a quem cabe tanto o discurso incendiário que tem levado milhares de pessoas a destemidamente arriscarem a vida pelo fim da tirania e pela independência desta terra e ao mesmo tempo pronuncia tão belas palavras de louvor e conforto espiritual? Quem é esse frade que prega a paz, a tolerância, a mais autêntica piedade cristã e não hesita em levantar toda uma população contra um Imperador que não vem respeitando a Constituição e a liberdade dos povos?

Como descrevê-lo?

Na véspera do dia em que seria morto, tal era a sua tranqüilidade, que um oficial da prisão testemunhou que ele passara boa parte da noite a polemizar com outros oficiais e prisioneiros sobre a inutilidade das consoantes geminadas na língua portuguesa, a diverti-los com historietas engraçadas e a verberar contra a tirania do Imperador. E que depois adormecia serenamente, a sono solto, pouco preocupado com o que lhe aconteceria na manhã seguinte.

Fisicamente, ele próprio se definiu: *"Sou ruivo"*. De pais brasileiros, de origem portuguesa – Domingos da Silva Rabelo e Francisca Maria Alexandrina de Siqueira. E pela descendência de minha avó e tios, também *"sou Dantas"*. Não porém de sangue puro – *"pois é ponto de fé pia, que essa Maria das Estrelas, minha trisavó, havia de ser alguma tapuia, potiguari, tupinambá, senhora de muito mingau, tipóias, aipim e macaxeira; e também se foi alguma rainha ginga, nenhum mal me faz; já é tempo de muito nos honrarmos do sangue africano."*

Mas, insistia-se ainda, quem era esse homem, que também se declarava "um periodista" de profissão?

Talvez a resposta se complete mais uma vez com suas próprias palavras:

"O homem nasceu para a sociedade! – proclamou ele em outro de seus sermões *– e é todo dos outros homens; e sempre tem deveres que encher para com os seus semelhantes, quer com ofícios corporais, quer com atos intelectuais".* E ainda acrescentou, para escândalo de

muita gente: *"Estes deveres são primários... e se não devem deixar nem por uma mal entendida oração ou piedade".*

De outra feita, num diálogo com representantes da sociedade e com frades do seu convento, alguém perguntou:

—Será então o homem fruto inteiro da sociedade? Em outras palavras, a sociedade será suficiente para definir o homem *in toto*?

— Não – respondeu. O homem não é fruto apenas da sua sociedade. Alguma coisa haverá sempre de sobrar, algo de insondável, lá onde mora o seu livre arbítrio, a sua consciência; um lugar, no âmago de todo homem, cujas veredas somente Deus conhece; um espaço livre a que somente Deus tem acesso, onde somente Deus tem o poder de penetrar.

— E o que é essa liberdade?

— Não sei. Seria definir o próprio homem, que por natureza é indefinível. Mas posso descrevê-la nestas palavras que já escrevi algures:

"Por mais que se metam em consideração as circunstâncias do tempo, do lugar, do gênio do povo, dos seus conhecimentos, de suas inclinações... falham os cálculos, desmoronam-se os edifícios, inutilizam-se os trabalhos e só se colhe o conhecimento de que se não acertou e que o coração do homem é um abismo insondável, e um mistério que se não pode entender".

Anos depois, no jardim central do convento do Carmo do Recife, diante da terra rasa onde, supostamente, estaria sepultado o corpo do irmão, o Frei Carlos, superior provincial dos carmelitas, falava aos seus confrades: *"O homem nasceu para a sociedade!"* Foi o que nosso caro irmão pregou em seus sermões e aprofundou em seus escritos políticos. Escreveu, pregou e cumpriu. Pelo bem da sociedade ele passou a viver, a agir, a lutar, até o ponto de, por esse ideal, correr perigos, renunciar às suas comodidades, à sua vocação conventual e a muitos dos seus deveres de piedade, e a dar por essa sociedade a sua vida diante de um pelotão de fuzilamento. *A sociabilidade* – ele repetia sempre, citando Santo Tomás de Aquino – *é uma qualidade essencial do homem.*

— Frei Fábio, continuou o provincial, faça-nos a gentileza de ler este trecho de um dos sermões do nosso irmão, que era seu grande amigo particular, palavras que tanto escandalizaram parte do clero e das autoridades, mas que exprimem de maneira excelente e perfeita a doutrina cristã.

Comovido com a escolha, Frei Fábio iniciou a leitura:

– *Orabit ad te omnis sanctus in tempore opportuno (Salmo 41). O santo orará a Deus, diz o salmista, em tempo oportuno.*

Orará em tempo oportuno, e alcançará de Deus os favores que intenta, o **Ministro** *que nas horas em que deve despachar e fazer justiça às partes, as deixa ficar nas escadas dos tribunais para ir se entregar a uma fervorosa oração?*

Orará em tempo oportuno, e será bem atendido o **General** *que devendo defender a Patria, repulsar o inimigo injusto, recolhe-se nos templos, elevado em êxtases, deixando ao relento a vida de seus compatriotas, a sua propriedade, a liberdade da nação?*

Orará em tempo oportuno, e alcançará as graças celestes o **pai de família** *que em vez de procurar a subsistência para si, sua mulher e filhos, gasta a manhã pelas igrejas, devorando quantas missas encontra, a tarde por confrarias assistindo sermões, todo entregue a vias-sacras, disciplinas e outras obras de supererogação?*

Orará em tempo oportuno, e será bem despachada a **matrona** *que, em lugar de imitar a diligência, o cuidado e o arranjo econômico daquela do livro dos Provérbios, gasta todo o dia murmurando a pequena coroa das dores, ou outras devoções desta estofa, deixando a monte o penso do marido, a educação dos filhos, a regência das escravas e mais familiares, e toda a casa à matroca, arruinados todos aqueles negócios que estavam a seu cargo?*

Frei Fábio não pôde concluir, de tão comovido e de tantas lágrimas não contidas. Ele era o melhor e mais íntimo companheiro de Frei Caneca, a quem este confiava os seus maiores segredos e os seus cuidados. Sobretudo as suas idéias. Não tinha participado de nenhum combate. Ficara no convento, em segurança. Assim lhe suplicara o amigo, argumentando que a pátria precisava dele são e vivo, para que não perecessem os *mistérios da democracia*. Sofria o Frei Fábio de nada mais poder ter feito, a não ser guardar com cuidado e carinho todos os escritos do amigo. Não sabia que grande serviço prestara à pátria apenas com esse gesto.

Frei Carlos retomou a leitura:

Orará em tempo oportuno o **mancebo**, *que em lugar de se aplicar às ciências, às artes e aos ofícios que o tornem útil à sociedade, prestadio ao Estado e membro digno de uma república, se entrega a um ócio pio, a carolices e hipocrisias e quase sempre ao terrível fanatismo?*

Orará, finalmente, em tempo oportuno todo homem que em lugar de empregar suas forças para dar inteira conta de si naquele emprego e estado em que o colocou a providência na sociedade civil ou na igreja, gasta o tempo, que lhe é destinado para os seus deveres, em peregrinações, romagens, a festejos de santos e outras cousas que vulgarmente se tem por aquela oração que nos é prescrevida pelo Divino Mestre?

Já tendo contido as lágrimas, Frei Fábio fez um sinal ao Padre Provincial, pedindo para ler as palavras finais:

Não, meus irmãos, nenhum destes ora em tempo oportuno, nenhum deles é justo, e de nenhum esta chamada oração é aceita de Deus Eterno, nem favorecida de seu Filho Jesus Cristo.

Para tudo há tempo e todas as cousas passam debaixo do céu conforme o tempo que lhes foi prescrito.

Para se orar de um modo aceitável a Deus, não é preciso gastar uma manhã, uma tarde, um dia... Basta um instante –, em que nos prostremos humildemente diante de sua Augusta Majestade...

Frei Carlos pediu ao Frei Fábio que interrompesse aí a leitura, pois o essencial tinha sido dito, e terminou a reunião com esta prece:

– Que o nosso irmão descanse em paz, nas mãos de Deus; que a nossa "cara Pátria" renasça pela força do seu sangue; que a liberdade, pela qual ele pregou, lutou e morreu, aponte no horizonte e não seja mais um mero sonho; que o seu sangue não tenha sido derramado inutilmente.

– Amém! – responderam todos os frades presentes, até mesmo o Frei Flávius Silvius, português de nascença, e que nem sempre, talvez por este motivo, concordava com os juízos ditos libertários e subversivos de seus irmãos de hábito.

II

Um menino inteligente e pobre numa cidade que é um turbilhão de idéias

Nos becos lamacentos da Rua de S. Jorge, em Fora de Portas, bairro de S. Frei Pedro Gonçalves, no Recife velho, gostava de brincar uma garotada na maior animação – negrinhos filhos de escravos e alguns mulatinhos, gente no geral muito pobre. No meio deles dava na vista, pelo contraste, um garoto branco de cabecinha ruiva. De vez em quando, cansados e suados, eles paravam, sentavam-se num baldrame abandonado e se punham a discutir. E nessas discussões o *Ruivo*, apelido de Joaquim Rabelo, tinha sempre a última palavra, pois só ele estudava, sabia ler e tinha na ponta da língua a tabuada inteira, até mesmo a conta dos noves. Além de sabido, era um moleque vivo, inteligente e persistente nas suas idéias e nas suas opiniões. Não adiantava discutir com ele. E, era este o seu grande defeito, reagia sempre azedo aos argumentos infantis dos colegas. Diziam, até, que o *Ruivo* sabia latim, gramática e geometria. Tinha, pois, de ser respeitado.

A Rua de São Jorge começa na Praça do Arsenal de Marinha, lá onde finda a Rua Bom Jesus, também chamada a Rua dos Judeus, e vai até a Praça do Brum, dando de cara com as muralhas do imponente forte do mesmo nome, construído mais de cem anos atrás, em 1631, pelos invasores holandeses.

Ficava o bairro numa ilha, a Ilha do Recife, que de um lado dava para o mar, e do outro para o continente; era uma bela visão do lado do mar, por onde o *Ruivo* e seus camaradas podiam contemplar, sonhadores, duas ou três ruas adiante, na beira do cais, chegarem e partirem os grandes barcos vindos de longe, de outros mares, do sul ou de Portugal; do lado do continente, podiam ver passarem as canoas transportando barris e potes cheios de água de beber ou de cozinha, ou carregadas de frutas, de cana-de-açúcar, de macaxeira, de trastes de mudança e mesmo de passageiros, à força dos remos ou de velas. A água de beber vinha quase toda de fora e era vendida de casa em casa. A água que se achava por perto, no rio Capiberibe, era salobra. A boa, límpida, clara e doce era a do Rio Beberibe, tirada das 18 bicas do Varadouro de Olinda.

Havia, portanto, muito lugar para correr e brincar.

Vez ou outra a meninada corria para as ruas vizinhas, mais ajeitadas, assoalhadas com pedras polidas pelo uso, ver passar as cadeirinhas levadas por dois escravos ligeiros e musculosos, pés no chão, mas de fraque e cartola, outros de libré de cores vivas e boné de aba na frente e penacho de lado. Sonhavam todos em chegar perto, levantar o reposteiro e espiar –, saber se eram mesmo tão belas, e cheirosas, como diziam, as sinhazinhas ou as matronas enchapeladas e emplumadas como avestruzes, aboletadas nos acomodados de veludos, lá dentro. Era impossível: os escravos rugiam como feras a qualquer aproximação, ameaçando com pontapés e cacetadas. A meninada corria e ficava a vaiar, escondendo-se pelos becos e, por vingança, atirando nos pretos caroço de pitomba.

Festa, mesmo, era quando, em vez das cadeirinhas, passavam as carruagens puxadas por dois, quatro e às vezes seis cavalos. Reconheciam pelo barulho das rodas e dos cascos dos animais no calçamento. Era muito bonito. Ficavam de queixo caído. Nem se aproximavam, pois passavam com a rapidez de uma estrela cadente; além do que, como era coisa de rico ou de autoridades, as carruagens estavam sempre cercadas por um bando de escravos, ou de soldados, uns atrás, outros pelos dois lados, mal encarados, orgulhosos de suas fardas enfeitadas de doirados e prateados, e de seus chapéus de bico.

Bonito, também, era ver sair da igreja do Pilar, ali perto, o cortejo do "Nosso Pai" – quando os padres levavam o santo viático para os moribundos. De longe, ouvia-se o alegre tilintido das campainhas e surgia no portal o pálio, levado por coroinhas de batina e roquete. Na quaresma, em vez das campainhas, soavam as matracas, com o seu som roufenho e sem graça. No centro do pálio, o Padre, todo paramentado, com o Santíssimo envolto num pano de brancura imaculada. Os homens tiravam o chapéu e se inclinavam em respeito, outros se ajoelhavam; as mulheres, sempre raras pelas ruas, levantavam delicadamente e pudicamente as saias-balão, um pouquinho só, com os polegares e os indicadores, dobrando levemente os joelhos, cheias de "dengues e medeixes" e fazendo um pequeno gesto de veneração, com a cabeça. A meninada se ajoelhava, nem sempre com total respeito, pois não parava de falar, de se empurrar e de comentar. A um enérgico psiu do sacristão, se calava, coçava os joelhos e logo saía novamente em disparada para as brincadeiras. E ficavam todos a perguntar – homens, damas e moleques – quem estaria para bater as botas, quem de tão doente já pedia extrema-unção e viático, em qual casa o cortejo iria parar...

O *Ruivo* nascera, ali mesmo, naquela rua, num assobradado modesto, no mês de agosto de 1779, e lá se criara. Na parte de cima ficava a moradia –, uma ampla sala de frente para a rua, com quatro janelões de postigo – a sala de visitas –, seguida do corredor dos quartos de dormir, dois de cada lado, as camarinhas. Ao fundo, era a cozinha, bem espaçosa, com o seu fogão a lenha, a despensa e a grande mesa de refeições. Os móveis eram poucos, apenas o estritamente necessário. Na sala de visitas, num canto, uma mesa menor em que os meninos estudavam. A pobreza não impedia um certo conforto. Na parte de baixo, dando para a rua, ficava a oficina, portas sempre abertas, tonéis e folhas de flandres na calçada a indicar que ali trabalhava um tanoeiro de profissão. De longe se ouvia o plec plec do martelo e o rec rec da serra – era o som da labuta, do trabalho suado.

Ao cair da tarde, banho tomado, era costume, para aproveitar a fresca que vinha do mar, botarem as cadeiras na calçada para a boa conversa com a família e com os vizinhos, e o joguinho de gamão e de vísporas acompanhado da garapa de cana, do refresco de maracujá e do famoso licor de jenipapo, que os ricos substituíam pelo vinho do Porto ou d'Espanha.

O *Ruivo* tinha verdadeira adoração pelo pai, o *shôr* Caneca, o tanoeiro que ali fabricava tonéis, barris e canecas, que fazia caprichados como ninguém – donde o apelido –, e que, com o suor do seu rosto e parcos rendimentos, ia conseguindo que os filhos estudassem e tivessem professor particular. Ficava o garoto muitas vezes a olhar, embevecido, o pai a jogar o seu gamão, em que era exímio, suas enormes e rudes mãos a manejarem com tanta leveza as pedras do jogo.

Além de trabalhador e honesto, o *shôr* Caneca era um homem muito religioso, não perdia missa de domingo, nem novena, nem hora santa, pertinho, na matriz do Pilar. Sua grande devoção, porém, era Nossa Senhora do Carmo. Sempre que podia, esticava mais um pouco e aparecia na Igreja da santa, levando sempre os dois irmãos. Mas era Joaquim quem mais se empolgava com o brilho das velas, com as cores e o dourado das paredes e do teto, com a indumenta dos frades e, mesmo sem muito entender, com aqueles longos sermões, a sua gesticulação, os seus arroubos, a sua vibração. O que mais o entusiasmava, entretanto, era a música: o cantochão das missas de domingo e as polifonias das novenas, das bênçãos do Santíssimo e das horas santas. Anos depois, já adulto, não lhe saíra da memória o solene *Te Deum*, a muitas vozes e orquestra, do famoso mestre pernambucano Luís Álvares Pinto, cuja mão o *Ruivo* tivera a honra de beijar.[1]

Órfãos de mãe, Januário queria ser médico, mas foi o *Ruivo* quem melhor compensou a tristeza da viuvez do *shôr* Caneca, quando lhe deu a boa notícia de que gostaria de ser frade carmelita, da Ordem de Nossa Senhora do Carmo.

Foi numa noite, à mesa, na hora da ceia. *Shôr* Caneca há tempos se mostrava preocupado com o futuro desse filho mais velho, numa cidade em que fervilhavam idéias políticas que se chocavam, por vezes violentamente. Cidade além de tudo insegura, tão insegura que o próprio Governador português tinha sido assaltado, e sua ineficiente polícia não conseguira agarrar o atrevido ladroaço. E o *Ruivo* gostava das discussões políticas e, malgrado a pouca idade, tomava parte nelas, mesmo sem ser convidado.

A reação do pai foi de dúvida — só na aparência, pois lá no fundo do seu coração ele vibrou de alegria:

— Se tens vocação, farás a tua e a minha felicidade. És, porém, muito moço e ainda precisas de muito estudo.

— Pai, não lhe contei, mas estive outro dia com o Frei Marcelo, lá no Carmo, e ele me disse que eu poderia tentar, pois valia mais o esforço e a disposição do que a ciência. Esta, acrescentou o Frei André, que passava por perto e escutou a conversa, com o tempo se aprende. E disposição eu tenho bastante, pai. Esforço... prometo fazer.

E foi assim que o *Ruivo*, com apenas 17 anos de idade, no ano de 1795, 8 de outubro, já um moço maduro e de idéias firmes, conseguiu sem dificuldade ingressar no noviciado dos frades carmelitas. Passado o ano de provação como noviço, fez os votos perpétuos e recebeu o nome de Frei Joaquim do Amor Divino Rabello. Depois, em honra do trabalho do adorado pai, que com o seu martelo e os calos de suas mãos conseguira que ele e o irmão caçula tivessem educação e estudos, acrescentou aquele apelido ao próprio nome: Frei Joaquim do Amor Divino Rabello e Caneca.

Transferido para o convento do Carmo de Olinda, onde os futuros frades faziam os estudos eclesiásticos, o *Ruivo* logo pôde mostrar que os Freis Marcelo e André tinham acertado de cheio: antes de completar 20 anos, era nomeado mestre de oratória, filosofia e geometria, tendo quase a mesma idade dos seus alunos. Porém o seu grande amor era a geometria, a ponto de muitas vezes assinar o seu nome – *Frei Caneca, lente de geometria*.[2]

Foi ordenado sacerdote aos vinte e dois anos de idade, com licença especial do Núncio, por ser muito moço e não ter a idade canônica –, assumindo logo o cargo de secretário do Padre Provincial, Frei Carlos de S. José, de quem se tornou grande amigo e confidente.

Grande felicidade e emoção encheram a alma do velho tanoeiro nesse dia da ordenação do filho. Terminada a cerimônia, o *Ruivo*, já sacerdote, desceu os degraus do altar, ao som do coro que cantava o *Tu es sacerdos in æternum*, dirigiu-se ao pai, deu-lhe a sua primeira bênção sacerdotal e, seguindo a tradição, deixou-o beijar as palmas de suas mãos recém-ungidas. *Shôr* Caneca não resistiu e caiu num choro convulsivo. Abraçou o filho, enxugou as lágrimas e saiu da igreja com a cabeça bem erguida, e daí em diante não cabia mais em si de orgulho e de felicidade. Só não podia prever que pouco, muito pouco, teria ocasião de novamente ver, abraçar e pedir a bênção ao seu amado *Ruivo*, que seguiria um caminho heróico, porém duro e doloroso, e cuja vida terminaria em tragédia, por conta de sua dedicação à causa da liberdade da "cara patria".

O amor pelos cálculos, entretanto, não impediu Frei Caneca de levar avante a outra grande paixão de sua vida: os estudos teológicos e filosóficos. Empolgava-se com as teorias de Santo Tomás de Aquino. Lendo e meditando o seu *De Regno*, um tratado sobre o Rei e a política do reino, foi ao auge o seu entusiasmo, pois via aí as bases filosóficas e teológicas de uma das idéias dominantes no Seminário de Olinda – o liberalismo – um liberalismo tomado ao pé da letra, que significava liberdade e igualdade para todos; e uma noção básica do que era a autoridade, a soberania e a obediência, que deveria ser sempre racional e nunca servil. Noções tão antigas, e até então pouco compreendidas, ou mesmo esquecidas e maldosamente subvertidas. A esses estudos, juntou as teorias do liberalismo radical e revolucionário da Academia Paraíso, grupo pernambucano de estudos que divulgava as idéias liberais francesas entre os intelectuais, sobretudo no meio do clero.

– Não quero um liberalismo apenas teórico, dizia aos seus alunos. É preciso adaptá-lo ao Brasil, que não é, nem nunca foi Europa. Temos problemas bem outros, que os europeus não têm: a libertação do jugo colonizador e da escravatura, e a afirmação radical e não apenas de tintura, de que o poder é do povo e não do Rei. Assim sendo, temos de fazer uma revisão do conceito de soberania, não se podendo aceitar a teoria e menos ainda a prática da origem divina dos reis, de que os reis recebem diretamente de Deus a soberania e o poder sobre os povos. Na verdade, os europeus aceitam essas teorias, as defendem nos seus escritos, mas não praticam o que escrevem: são colonizadores, escravagistas e adoram mais ao Rei do que a Deus. "O espírito do Brazil não é servil; detesta a escravidão, combate o despotismo, e arrisca tudo pela liberdade".

Era um pensamento perigoso, para a época, mas ele não estava só.

III

A revolta nas igrejas e nos claustros

Olinda. Era longa e até certo ponto arriscada a caminhada do Carmo até o Seminário. A polícia portuguesa começava a desconfiar daquelas reuniões que se faziam por ali, sem data fixa, geralmente ao cair da tarde. Frei Caneca nunca faltava. Saía do convento, tomando as ruas menos freqüentadas, e subia as cansativas ladeiras que iam dar no Seminário.

O Seminário de Olinda tornara-se o centro dessa subversão, tendo como líder intelectual o Padre João Ribeiro, e como suporte não poucos militares, inúmeros civis e, sobretudo, os Padres Miguelinho, do Rio Grande do Norte, Antônio Félix Cardoso, de Pernambuco, João Pereira Tinoco e Antônio de Albuquerque Montenegro, da Paraíba, Pedro de Souza Tenório, de Itamaracá e, evidentemente, Frei Caneca. Alguns desses Padres eram professores no Seminário, onde ensinavam, além das matérias regulamentares, aquilo que eles chamavam *"a ciência oculta da liberdade"*, ou *"os sagrados mistérios da democracia."*

O Padre João Ribeiro, o grande mentor, era mulato, pobre, nascido em Trucunhaém, perto do Recife, em 1766. Dizem que sua pobreza não provinha da incapacidade em adquirir bens, mas de um altivo desprezo pela fortuna. Além de professor, desenhista e botânico, era sobretudo um apaixonado pela liberdade. Um viajante francês, Tollenare, escreveu sobre ele: "É o homem mais interessante que um viajante, desejoso de informações sobre o Brasil, pode encontrar". Inteligente e culto, o Padre João juntara em sua casa uma das melhores e mais completas bibliotecas do Brasil, que ele abriu a todo o público do Recife, de Olinda e de onde viesse. Por ser um líder revolucionário, não se pense encontrar nele uma pessoa dura, fria, calculista. Muito pelo contrário. Outro viajante, o inglês Henry Koster também o conheceu de perto e deixou escrito: "Ele é amado por todos quantos o conhecem, mas pelo povo mais humilde ele é mais do que isso: é adorado. Jamais ouvi-o fazer uso de uma palavra áspera, seja com quem fosse. Suas maneiras e seu tom de voz manifestavam que a bondade era aquilo que mais predominava em seu caráter". Como naturalista e desenhista, o Padre João Ribeiro fez a primeira planta hidrográfica do Rio Grande do Norte, a planta demonstrativa do Ceará, e teve o seu nome perpetuado por Lineu, quando este sábio sueco converteu oficialmente "em *Riberia* Nobilis (*Riberia* de Ribeiro), a denominação científica da mais bela planta ou árvore do Brasil, conhecida vulgarmente como mangabeira" – por ter sido do Padre o primeiro estudo científico da árvore e do seu fruto.

– Meus amigos, falou o Frei Miguelinho, temos discutido muito sobre as idéias de Condorcet, de Montesquieu, e de Rousseau e sobre os princípios da Revolução Francesa...

– ... sem ocultarmos temas mais concretos e dolorosos –, interrompeu Frei Caneca –, como o tributo infelizmente necessário que se deverá pagar à eventual anarquia e ao sangue, para se poder chegar à paz, à liberdade e à independência.

O Padre Tenório, vigário de Itamaracá, pediu a palavra.

– Como todos sabem, eu trabalho no interior, entre lavradores e plantadores de cana-de-açúcar, e isso me dá o ensejo de ouvir o que comentam... Que nós nos dividimos em duas classes distintas: os filósofos e os intrigantes. Nós, graças a Deus, somos tidos por filósofos, o que significa, para eles, que pretendemos salvar a nossa pátria e o nosso povo. Os intrigantes são alguns militares e fazendeiros, e mesmo alguns Padres, que querem fazer a revolução para satisfazerem os seus interesses e ambições particulares.

– Mas existem militares e fazendeiros que fazem exceção, e são muitos – corrigiu o Padre Pereira.

– Como eu ia dizendo há pouco, gostaríamos de ouvir o nosso líder e ideólogo, o Padre João Ribeiro. Precisamos de princípios diretores de caráter cultural e patriótico – retomou o Frei Miguelinho.

O Padre João Ribeiro tomou a palavra:

– Depois de muito pensar, anotei, para Vossas Mercês, em três pontos bem práticos, aquilo que poderá servir de princípios diretores de nossa ação.

"Primeiro: insubmissão à dominação portuguesa, cuja legitimidade não pode ser aceita nem reconhecida; segundo, a afirmação do desejo dos povos de fazer ato de soberania, já que se tem como certo que os governos derivam a sua autoridade dos seus administrados, e não da graça imediata de Deus."

Frei Miguelinho interrompeu: – O nosso povo entenderá?... O clero entenderá? O Cabido dos Cônegos de Olinda, por exemplo, está sempre a repisar – *"Ominis potestas a Deo* – Todo poder vem de Deus, como escreveu São Paulo..." O povo adora o Rei e tem por ele um respeito religioso. Ou melhor, supersticioso. E não é segredo que os frades portugueses que por aqui habitam fazem do voto de obediência um compromisso mais ao Rei do que ao papa, à Igreja, ou aos ditames conventuais.

– Precisamos convencer o povo e o clero que Deus envia o poder aos príncipes, sim, mas através do povo – corrigiu Frei Caneca. Fico com São Paulo – *omnis potestas a Deo*, e completo com São Belarmino – *per populum* – pelo povo.

– Isto será tema para muitas discussões. Mas, por favor. Queremos ouvir o terceiro ponto.

– *O terceiro ponto é a certeza de que o único critério explicativo do domínio português sobre Brasil é a força, isto é, o direito humilhante da conquista, da intriga e da espada. Esta é a nossa posição, a dos filósofos.*

– Uma vez vencida a revolução – continuou o Padre João Ribeiro – peço aos companheiros que, na nossa Lei Orgânica, que deverá ser aprovada, não por nós, mas por uma Assembléia Constituinte, sejam discutidos os itens seguintes, que considero os de mais crédito numa república liberal:

"- Pelos atos do Governo que minem a soberania do povo e os direitos dos homens, serão responsabilizados os governadores que os assinarem;

– a receita e despesa do Governo sejam publicadas por via impressa;

– é proibido a todos os patriotas o inquietar e perseguir a alguém por motivos de consciência;

– proclame-se a liberdade de imprensa ficando porém o autor e seu impressor sujeitos a responder pelos ataques feitos à religião, à Constituição, bons costumes e caráter dos indivíduos;

– a soberania é do povo, que a delega ao governo. Portanto, se suceder o que não é de esperar, e Deus não permita, que o Governo frustre a justa expectativa do povo, fica cessado, de facto, o dito Governo, e entra o povo no exercício da Soberania para o delegar a quem melhor cumpra os fins da delegação."

As palavras do líder foram recebidas com entusiasmados aplausos e vivas ao Brasil e à República. Mas ficou no ar a dúvida do Frei Miguelinho que queria ouvir alguma coisa que não fosse citação dos franceses. O líder, então, completou:

"– O nosso ideário é levar um Brasil independente a ser uma nação justa para com todos, conforme os ensinamentos do nosso grande mestre o irmão Arruda Câmara,[3] *que dizia que uma nação não merece este nome, se não proporciona a liberdade de culto, a abolição da escravatura e o reajustamento da propriedade."*

– Estes dois últimos pontos serão os mais difíceis – contrapôs o Padre Pereira. E devemos cuidar que nenhum Rei aceitará qualquer dos pontos acima ditados por Vossa Reverendíssima. O Rei é absoluto e não se sujeitará a prestar contas ao povo, a publicar as suas contas... e assim por diante.

– Sei disso – retorquiu o Padre João Ribeiro. A missão não será fácil. – E acrescentou, com ar de riso – Imaginem os senhores, que nós vamos ter de enfrentar o Rei! Sei também que muitos magnatas, fazendeiros e donos de engenho estão aderindo ao nosso movimento e nos prometendo apoio em moeda e em soldados; mas, aceitarão eles perder os seus escravos e reajustar as suas propriedades? Terão eles entendido o nosso ideal? Estarão apenas se aproveitando... apenas para se livrarem do tacão dos portugueses?

– O que vem a ser, exatamente, esse reajustamento da propriedade? –interrompeu um oficial de alta patente, cujo nome não ficou nas atas.

O Padre João deu uma longa explicação, pois o assunto interessava a todos. Explicação que em seguida o mesmo Padre resumiu nestas palavras:

– Todos sabemos que a terra, no Brasil, nunca foi do povo. Ela foi sempre, desde o início – capitanias hereditárias, sesmarias, latifúndios etc – uma terra doada por El-Rey a magnatas com poderes absolutos sobre a gleba e sobre os que nela trabalham. E tudo é hereditário, passando de pai para filho, para netos etc, um arremedo do próprio poder Real, que é dinástico. O que nós pretendemos é que toda essa terra seja dividida entre os que nela trabalham e produzem bens. E que os que trabalham tenham o direito de possuir o seu quinhão, pelo seu esforço e não pela hereditariedade. Em vez de um Reino de senhores e magnatas, nós pregamos, para o Brasil, uma *República de Lavradores*, pois, entre nós, são os lavradores os que realmente produzem.

– Um lavrador seria, então...

– Dou a palavra ao Padre Tenório de Itamaracá, que é perito no assunto.

– Os lavradores, conhecidos também como matutos, ou homens do mato, moram geralmente em terras dos senhores de engenho, lavram suas terras, mas não são donos. Poucos deles chegam a ser meeiros de um pequeno ou médio lote de terra, comprado a preços extorsivos, suficiente para plantar a cana-de-açúcar e alugar o tempo do engenho para moê-la e transformá-la em açúcar ou em mel-de-furo. O lavrador é o contrário do atual senhor-de-engenho.

– Desapareceriam os engenhos?

— Não. Desapareceriam os senhores-de-engenho tal como são neste tempo de agora. A montagem, a sustentação e o funcionamento de um engenho requer muito dinheiro e uma extensão de terra grande demais; e aquele que o tem termina por se tornar excessivamente poderoso e, em conseqüência, abusivo. O engenho, portanto, deverá pertencer à República e regido por quem ela determinar, e o fará por mérito e não por hereditariedade.

— Essas idéias não serão aceitas pelos grandes proprietários, menos ainda pela Corte.

— Por isso, argüiu o Padre João Ribeiro, pretendemos achar uma terra bem longe, no interior da Paraíba, em lugar que seja inacessível, para nos isolarmos dos maus fluidos das Cortes.

— Entendo a preocupação do nosso líder em querer esse isolamento — continuou Frei Caneca. *"Os homens do mato veem para as eleições com a melhor boa fé do mundo. Na praça é que elles veem achar as panellinhas armadas... as cabalas tramadas por aquelles que d'antemão se estão arranjando para irem a deputados. Si os homens do mato são menos versados neste conhecimento do mundo, o que se segue é que por isso mesmo são menos velhacos, menos tratantes, porém mais probos, mais honrados e mais briosos..."* Donde, a melhor solução é que permaneçam isolados, juntos conosco, preservados das más influências das Cortes de deformada mentalidade européia.

Do Seminário, as idéias liberais já se estendiam às inúmeras Lojas maçônicas de Olinda, do Recife, da Paraíba, do Rio Grande do Norte, de Alagoas e do Ceará, bem como aos intelectuais das Academias Literárias,[4] às aulas supostamente de desenho e de geometria que se davam às escondidas nas paróquias, e, em pouco tempo, estavam sendo levadas pelos Padres que iam para o interior, em viagem ou em desobrigas, e as transmitiam secretamente pelo caminho, de boca em boca, e já eram aceitas pela maioria do povo e por uma boa quantidade de fazendeiros, de proprietários e de militares brasileiros.

Em Olinda e no Recife, o movimento já invadira alguns quartéis, aqueles com maioria de soldados e oficiais brasileiros, prontos para se levantarem ao primeiro sinal do Padre João Ribeiro.

— Nosso movimento será conhecido como "a revolução dos Padres" — acrescentou com ironia o Padre João Pereira, da Paraíba. — O próprio Cabido dos Cônegos, quase todo composto de sacerdotes lusos, já vem acusando o Seminário de Olinda de ser "um ninho de idéias liberais e subversivas".

– E ser liberal, para eles, completou Frei Caneca, é um pecado gravíssimo, por significar um ato de ingratidão à "paternal bondade" D'El Rey e um desrespeito à sua "divina" autoridade. Até perdôo isto em clérigos portugueses. Mas... entre brasileiros...

– O fato é que o Cabido dos Cônegos tem força junto ao Governo português – interveio Frei Miguelinho. – Aconselho, portanto, aos colegas, muita discrição e mais prudência no falar. Tenho escutado que os portugueses têm sabido de nossas reuniões e tomado conhecimento de nossas idéias e intenções. E há espiões nos quartéis e até nas sacristias. E aqui?... – disse ele rindo e olhando em volta.

— A reação dos portugueses – apaziguou o Padre João Ribeiro – não nos mete medo, pois eles não nos levam a sério. O pouco que sabem de nossa rebeldia tomam como mera leviandade de um aglomerado de "ingênuos mulatos" — palavras deles — sem qualquer perigo. E juram que não passamos de invejosos, de basbaques e estúpidos que não enriquecemos por preguiça, sem se lembrarem de que poucos deles trabalham; apenas fazem trabalhar.

– Confiam no seu severo regime militar, ao qual afiançam que nada escapa.

– No dizer do povo, porém, não é tão eficiente esse regime – atalhou o Padre Miguelinho. – O nosso Governador português, Caetano Pinto Montenegro, alto como uma árvore, é, na boca do povo, "Caetano no nome, Pinto na coragem, Monte no tamanho e Negro nas ações".

– Todos conhecemos a resposta que esse Pinto deu à comissão que lá foi reclamar do excessivo número de assaltos, roubos e assassinatos pelas ruas do Recife: "Que a população recolha-se mais cedo às suas casas e traga-as mais bem fechadas".

– E quando a mesma comissão reclamou que o Recife vivia às escuras, enquanto o povo revoltado pagava pesados impostos para a iluminação do Rio de Janeiro, por exigência dos nobres lusos de lá, que nada fazem a não ser cochilar nas redes e tomar rapé, o Pinto respondeu: "Para que precisamos de iluminação nas ruas, se devemos viver em nossas casas, para nos livrarmos dos bandidos?"

Uma risada geral acolheu esta intervenção do Padre Pereira.

A reunião terminou, como aliás todas as demais, com uma comemoração típica que passou a ser conhecida como *banquete brasileiro:* em vez do vinho do Porto e dos bolinhos de trigo, símbolos de Portugal colonizador, os revolucionários brindavam seus feitos e suas vitórias com um gole de cachaça e pedaços de beiju e tapioca, símbolos da nova pátria.

IV

1817. Crônica de uma revolução fracassada

Ao contrário do que pensava o Padre João Ribeiro, as tropas portuguesas sediadas em Pernambuco já estavam a par de tudo o que se tramava às escondidas nas Academias Literárias, no Seminário, nas paróquias do interior, nas Lojas maçônicas, nos quartéis e nos becos. Sabiam também que os ideais de liberdade, de independência e da fundação de uma república democrática já se espalhavam não somente pelo interior da província de Pernambuco, como também da Paraíba, do Ceará, do Rio Grande do Norte, Alagoas, chegando até à Bahia.

Os revoltosos se organizam. Viajam, com a finalidade de tentar adesões: para o Rio Grande do Norte, vai o Padre Damasceno; para o Ceará, o Subdiácono José de Alencar[5]; para Alagoas e Bahia, o Padre Roma. Frei Caneca juntou-se como conselheiro ao exército republicano que se formava no Engenho Velho do Cabo. A maioria dos quartéis envia, secretamente, o seu termo de adesão, assinado por Domingos Martins, comerciante vindo da província do Espírito Santo e futuro Governador revolucionário, pelo General Domingos Teotônio, Comandante de Armas, pelo General Francisco de Paula Cavalcanti, pelo Conde de Suassuna, da Paraíba, pelo Capitão José Barros de Lima e por muitos outros. Vem notícia, também, de que nos quartéis comandados por oficiais portugueses, há dissensão entre portugueses e começo de motins entre os soldados brasileiros.

Era a hora exata de começar a agir.

Os comandos militares são avisados de que o levante ficava marcado para o dia 8 de abril.

Entretanto, não é fácil controlar os rumores das ruas e dos quartéis. A espionagem portuguesa – não se sabe como – acabou por descobrir essa data, tão cuidadosamente guardada. O Governador é avisado e decide agir rápido.

No dia 6 de março, um mês antes, portanto, o Conselho Militar Português contrapõe um plano de ação aparentemente perfeito e que faria abortar o levante: arranja-se um pretexto para atrair ao Palácio do Governo os cabeças da revolução; isola-se o Palácio; e matam-se todos eles, aí mesmo, por envenenamento ou a golpes de sabre, silenciosamente, sem dar na vista do povo e do clero rebelde.

– Excelência – atalhou o Comandante de Armas –, os rebeldes não são poucos e, pelo que sei, estão muito bem armados e têm partidários por toda parte, até mesmo no Exército e na milícia. Não duvido que até aqui, no interior do Palácio. Esse assassinato em massa será do conhecimento geral um minuto após ter sido perpetrado. Podemos avaliar as conseqüências.

– E então? – perguntou o Governador.

– Então... sou absolutamente contra esse plano

Depois de muita discussão, o plano foi voto vencido e se decidiu fazer algo de menos sangrento: em vez de matá-los, prendem-se os cinco civis e os seis militares considerados mais perigosos, e intima-se o povo a que se submeta, com a promessa de perdão. Entre esses civis, contava-se o Padre João Ribeiro, que os portugueses sabiam ser o principal idealizador do movimento rebelde. Essas prisões efetuadas de imprevisto, um mês antes da data marcada para o levante – concluía o Conselho –, certamente o anulariam.

– Comecemos pela prisão dos comandantes militares, pois assim imobilizamos a fera cortando-lhe a cabeça – resolveu o Governador.

O grande erro dos portugueses foi enviar o odiado Brigadeiro português Barbosa de Castro para prender o Capitão brasileiro José Barros de Lima, um dos principais líderes do levante, e oficial queridíssimo dos soldados brasileiros, apelidado "o Leão Coroado", por sua bravura.

Reunindo a tropa no pátio do quartel, o Brigadeiro manda que se apresente o seu comandante, o Leão Coroado. Este dá alguns passos, posta-se à frente do Brigadeiro, faz continência e fica à espera de suas ordens. Barbosa de Castro lhe dá voz de prisão e o intima a que lhe entregue suas armas.

A tropa inteira fica petrificada. Os soldados murmuram. O Leão Coroado vai se entregar? Vai, de cabeça baixa, jogar aos pés do português a sua espada?

Não, certamente, não. A reação do comandante não podia ser outra para quem o conhecia: ele saca sua espada, mas em vez de jogá-la ao chão, atravessa com ela o peito do Brigadeiro luso, que cai, fulminado. Os soldados aplaudem. Os dois únicos oficiais portugueses do quartel conseguem fugir, vão ao Governador e dão o alarme. A notícia se espalha rapidamente. Quase todos os quartéis imediatamente aderem ao Capitão Barros de Lima. O Governador, *Pinto na coragem*, covardemente, sai às carreiras do Palácio e corre a se refugiar no Forte do Brum, com algumas tropas. Na fuga, manda destruir a ponte de Santo Antônio, para impedir a invasão do bairro do Recife e um ataque ao forte, e lá permanece encolhido, amedrontado e sem reação, apesar de estar em segurança e muito bem armado. Nem pensou que a destruição da ponte também o isolava da sede, deixando a cidade sem governo.

Com isso, o governo português se dava por vencido. O povo grita vitória. Pelas ruas do Recife os clarins tocam, o povo dança e dá vivas, todos os sinos das igrejas dobram comemorando a revolução. Os portugueses se dividem: uns fogem e se refugiam em navios, outros permanecem neutros e em expectativa.

Vê-se o Padre João Ribeiro a dançar pelas ruas do Recife, rodeado por civis, militares e eclesiásticos. O comerciante francês, Tollenare, amigo do Padre João Ribeiro, está à janela de sua casa, apreciando o cortejo, quando o Padre o avista e se aproxima. O francês lhe abre a porta e lhe oferece *croquettes* francesas e um cálice de bom vinho do Porto, para comemorar. O Padre rejeita – escreveu Tollenare posteriormente – e "pede tapioca e a ruim cachaça local". Era o famoso banquete revolucionário brasileiro.

No dia seguinte organiza-se o Governo provisório da nova República. O Padre João Ribeiro não aceita ser o Presidente, alegando não ser esta uma missão de um sacerdote e fica como responsável pelos assuntos eclesiásticos. O Padre Miguelinho faz a proclamação oficial da República, conclamando os portugueses e demais europeus a se sentirem como se estivessem em suas próprias terras, "pois todos somos irmãos". Não haverá perseguições aos portugueses, nem rapina, apesar de muitos comerciantes lusos terem fugido e abandonado suas lojas, seus armazéns, seus lares, até a própria alfândega, de portas abertas e sem qualquer segurança. À exceção do Governador, seus secretários e conselheiros, todos os demais cargos públicos ficam com os antigos funcionários, mesmo os que são portugueses, pois, como diz a proclamação, "a República não admite distinções de pessoas outras, que não sejam as de talento, virtude e patriotismo".

Um mês depois, já começam as primeiras decepções. O Padre Roma é preso na Bahia e fuzilado. O Conde dos Arcos, Governador dessa província, organiza uma forte tropa com soldados portugueses e baianos, e a manda atravessar Alagoas, onde não houve resistência, e caminhar para invadir o Recife, cujo porto está sendo fortemente bloqueado por navios vindos também da Bahia. Na fronteira entre Alagoas e Pernambuco, as tropas republicanas são derrotadas. Frei Caneca é aprisionado.

A Patria é proclamada em perigo! Todos os homens válidos são convocados para defendê-la, inclusive os escravos. Estes formam um batalhão de patriotas negros, o batalhão dos Henriques, em honra do herói negro Henriques Dias[6], orgulhosamente comandado pelo capitão Pedroso, também negro e ex-escravo. Todos os oficiais do batalhão são igualmente negros.

Vendo isso, os fazendeiros e donos de engenho, como já se esperava, alegando terem financiado o movimento, fazem pressão para tomarem as rédeas do governo, acusando o Padre João Ribeiro e seus três amigos Domingos Martins, Domingos Teotônio e o Padre Roma de serem "homens perigosos que queriam destruir a escravidão e estabelecer uma perigosa filantropia e libertinagem".

Estas palavras não ofenderam os membros do Governo – pois já esperavam essa reação e vinham confirmar o seu ideário – mas os levaram a tomar medidas conciliatórias que evitassem uma cisão e uma luta interna que poria tudo a perder. O Padre João Ribeiro se sentiu obrigado a proclamar "a inviolável segurança da propriedade", princípio maior do liberalismo hipócrita pregado na Europa. O resto veio a seguir, em cascata: nada de liberdade de culto, nada de remanejamento da propriedade, nada de abolição da escravatura – os grandes ideais da Revolução que esses senhores qualificavam de "perigosa filantropia e libertinagem". Era o primeiro fracasso moral e político da revolução.

A nova proclamação, que o Governo revolucionário se viu obrigado a assinar, redigida pelo Padre João Ribeiro, foi escrita com muita sutileza, está cheia de pesar e ao mesmo tempo de ironia – uma mistura de conciliação e de protesto – que os ricos proprietários certamente não entenderam:

"Patriotas pernambucanos! A suspeita tem-se insinuado nos proprietários rurais: eles crêem que a benéfica tendência da presente liberal revolução tem por fim a emancipação indistinta dos homens de cor, e escravos. ***O Governo lhes perdoa uma suspeita que o honra!***

Nutridos em sentimentos generosos não podem jamais acreditar que os homens, por mais ou menos tostados, degenerassem do original tipo de igualdade; **mas está igualmente convencido** *que a base de toda a sociedade regular é a inviolabilidade de qualquer espécie de propriedade.*

Impelido por estas duas forças opostas, **deseja uma emancipação que não permita mais lavrar entre eles o cancro da escravidão**; *mas deseja-a lenta, regular e legal.*

O Governo não engana ninguém: o coração se lhe sangra ao ver tão longínqua uma época tão interessante. Mas não a quer preposterá.

Patriotas, vossas propriedades, **ainda as mais opugnantes ao ideal da justiça, serão sagradas.**

O Governo porá meios de diminuir o mal, não o fará cessar pela força. Crede na palavra do governo: ela é inviolável, ela é santa."

Maio. Rodrigo Lobo, almirante português, enviado pelo Rei, reforça o bloqueio do porto do Recife. O medo começa a fazer surgirem as deserções e as traições. Enquanto isso, o grande exército Real do Conde dos Arcos, com maioria de baianos, auxiliado por tropas portuguesas de elite, se aproxima perigosamente do Recife. Forma-se igualmente um grande exército revolucionário, reforçado por guerrilheiros escolhidos e treinados pelo Padre Souto Maior, que tenta retardar esse avanço. Os dois grandes exércitos partem para um confronto decisivo.

O embate se dá em Pindoba, no dia 15, às 14 horas e 30 minutos.

Dividido por grave e infeliz conflito de jurisdição entre os dois principais chefes revolucionários – o General Francisco de Paula Cavalcanti e o Governador Domingos Martins – o exército republicano se desorganiza, retrocede e se vê obrigado a bater em retirada. Foi um desastre. O grosso das tropas conseguiu voltar ao Recife, vencido e com grande perda de homens e de armas. Vendo a população e as tropas em pânico, o General revolucionário Francisco de Paula Cavalcanti tenta uma capitulação honrosa com o comandante português, o almirante Rodrigo Lobo, na tentativa de poupar a cidade e salvá-la de um massacre. O almirante português não aceita negociar e impõe rendição incondicional.

Dia 18. Dissolve-se o Governo republicano. Sua última decisão oficial é entregar ao General Domingos Teotônio plenos poderes de decisão. Este, em desespero, envia a Rodrigo Lobo mensagem em que ameaça matar todos os portugueses da Província, se até o dia seguinte, às 8 horas da manhã, o Almirante não voltar atrás nas cláusulas da rendição incondicional impostas.

Dia 19. O Almirante tarda em dar uma resposta. Termina o prazo. Os revolucionários confessam, entre si, que jamais teriam coragem de cumprir a desumana ameaça contra a população portuguesa. Em vez disso, preferem reunir o que havia sobrado do seu exército e partir para o interior, tendo à frente o Padre João Ribeiro, juntar-se às diversas tropas dispersas pelos sertões. Seria afinal de contas – quem sabe? –, a realização, por outras vias, daquele sonho acalentado pelo líder, de fundar nos cafundós, em lugar inacessível, uma república liberal, longe das Cortes, imune aos vícios absolutistas europeus e das panelinhas e cabalas dos políticos das praças.

Houve, porém, um infeliz desencontro: o Almirante português havia cedido às exigências dos republicanos, mas, com essa retirada, não encontrou ninguém, no Recife, a quem fosse entregue a sua mensagem.

Dia 20. Vendo a cidade inteiramente aberta, Rodrigo Lobo desembarca e se proclama Governador, em nome d'El Rey. O Marechal Mello, comandante das tropas baianas, sai em perseguição aos fugitivos.

À noitinha, a poucos quilômetros do Recife, na vila de Paulista, face à resolução dos seus comandantes militares de desmobilizar o exército republicano e fugir cada um para o seu lado, o Padre João Ribeiro queima todos os papéis comprometedores que estavam em seu poder e se mata na capela do lugar, por temer que, não suportando as torturas, viesse a revelar os nomes dos cabeças da revolução ao inimigo. Morreu heroicamente para defender os companheiros.

A sonhada República durou apenas 75 dias.

É iniciada a devassa e a mais sangrenta de todas as repressões de que se tem notícia na História brasileira, comandada pelo Conde dos Arcos. Aos soldados portugueses e baianos que mandara invadir o Recife, o Conde deu ordem de fuzilar todo e qualquer cidadão de Pernambuco que não se filiasse imediatamente, e sem discussão, às suas fileiras; que a esquadra bombardeasse e "arrasasse a cidade" e que "se passasse à espada" todos os cidadãos que titubeassem em aceitar as suas ordens; "que nenhuma negociação fosse atendida, sem que preceda, como preliminar, a entrega dos chefes da revolta"; e "que a todos seria lícito atirar-lhes à espingarda, como a bandidos". Eram ordens d'El-Rey, "pai clemente" e depositário do poder divino de julgar e matar. "Vede, ó patriotas, como são tratados os vassalos de um Rei absoluto" – escreveu o Monsenhor Muniz Tavares, revolucionário e testemunha dos fatos.

Eram mesmo ordens d'El-Rey? Alguns juram que não, que eram ordens apenas do Conde dos Arcos, que pouco se dava para o que vinha da Corte. A um íntimo que não era de guardar segredos, o Conde teria dito, entre gargalhadas, referindo-se ao Rei: – "Ora, ora, pois, pois! Ponhamos o velho pateta fora, que eu faço dos brazileiros o que quiser, pois só eu conheço o modo como os levar". Parece verdade, pois o próprio Dom João confessara a um outro desses íntimos boquirrotos – "Ah, meu amigo, o meu próprio filho e o Conde dos Arcos estão a tramar a minha deposição. Tenho provas!!!" Seja como for, o fato é que o Conde não morria de amores pelo Brasil menos ainda por Pernambuco. E assim agia!

29 de junho. Chega ao Recife Luís do Rego Barreto, enviado por El Rey como novo Governador, com plenos poderes de vida e de morte, e para organizar a Comissão Militar que trataria dos castigos.

Quem era esse Luís do Rego? Sempre elegante no vestir e de botas sempre reluzentes, era um nobre de alta linhagem, malgrado não ser tão alto de estatura, muito pelo contrário, pois era baixote e gordo como uma pipa, mas orgulhoso por ser herói vencedor de sete batalhas de Portugal e alhures, cujas medalhas nunca deixava de portar alfinetadas na lapela. Sua fala era sempre gritante e poderosa, parecendo o estouro de um trovão. Seus olhos eram miúdos e contrastavam com as enormes e grossas sobrancelhas que se emendavam uma na outra. Ao avistá-lo, a primeira coisa a chamar a atenção era o imenso bigode, esticado e engomado, cujas pontas quase se mediam pelas abas do seu chapéu emplumado, e chegava a lhe encobrir o lábio superior. Tudo isso dava ao novo Governador um ar terrível e impunha um respeito medroso.

Ao entrar no Recife, Luís do Rego mandou reunir os principais da cidade em praça pública, abriu a bocaça e proclamou em altos brados:

"El Rey Nosso Senhor me mandou aqui, à testa duma forte divisão militar para terror e destruição dos malvados".

E unindo a palavra à ação, mandou seqüestrar os bens de todos os implicados na revolução, passou a escolher a dedo os que deveriam ser exilados, fuzilados ou enforcados, com julgamento sumário, sem direito de defesa, uma vez que todos eram, *a priori*, culpados do maior de todos os crimes: *lesa majestade*.

Foram fuzilados os Padres Mororó, do Ceará, o Padre Roma, de Pernambuco, o Padre Miguelinho, do Rio Grande de Norte; e enforcados o Padre Tenório, de Itamaracá, e o Padre Antônio Pereira, da Paraíba. Dezenas de civis e militares tiveram a mesma sorte. Para que "a autoridade ficasse inteiramente desagravada", os réus, depois de mortos tiveram "cortadas as mãos e decepadas as cabeças, em seguida pregadas em postes e o resto dos seus cadáveres ligados à cauda de cavalos, arrastados até o cemitério", pelas ruas principais da cidade. Ao contrário do que era costume em Portugal, foi resolvido que os corpos dos celerados não fossem reduzidos a cinzas que seriam lançadas ao mar; mandou Luís do Rego que, em nome da magnanimidade Real, o que restasse dos seus pedaços fosse juntado e a eles se desse um enterro cristão.

Vários outros cidadãos foram trancafiados no Forte do Picão, ao lado do Farol da Barra, à espera de julgamento sumário – que afinal não houve, pois todos eles morreram sufocados, por serem tantos em tão reduzido espaço.

As milícias portuguesas surravam em público, no meio das ruas, qualquer cidadão, pela menor desconfiança e mesmo sem motivo aparente; estouravam as mãos de inocentes esposas de revolucionários, à palmatória; arrastavam ao trabalho escravo todos os homens válidos, para construir estradas e outras obras públicas – das quais muito se gabava o Governador. As famílias eram enxovalhadas, os lares saqueados, os conventos violados, os cidadãos, pelo crime de serem patriotas, privados de qualquer meio honesto de ganhar a vida. Um dos exemplos mais chocantes da perversidade do Governador: a povoação de Bonito, na Serra do Rodeador, foi totalmente destruída, todos os homens fuzilados e as mulheres e crianças reunidas na igrejinha que em seguida foi incendiada. Alegação: lá moravam alguns beatos que se negavam, por motivos religiosos, a darem vivas a El-Rey.

Para toda essa horrendíssima violência, contava Luís do Rego com a ajuda do igualmente perverso Merme, seu chefe de polícia, cuja diversão maior, rondando pelas ruas e arrabaldes, era chicotear quem lhe passasse ao alcance – homens, mulheres ou crianças –, sem outro motivo senão o prazer que lhe dava vê-los gritar, chorar, pedir misericórdia e contorcer-se de dor.

Foi tal a perversidade de Luís do Rego, que ele mesmo diz, em sua *Memória Justificativa* escrita às autoridades de Lisboa, "que até os europeus que me viram proceder assim desaprovavam a minha conduta e deram todas as provas de que me tinham aversão; e fui por eles designado com o afrontoso rótulo de Patriota!".

Enquanto isso, o que fazia "El-Rey magnânimo" para acalmar a justa revolta dessas sofridas províncias e de algum maneira beneficiá-las? Nada. Chegavam-lhe aos reais ouvidos os gemidos do povo? Certamente. Mas do nordeste do

Brasil nada interessava às oiças reais, a não ser os comunicados de que tudo se fazia em benefício do trono, que era louvado e obedecido. Perseguições, torturas, prisões, surras humilhantes nas ruas e julgamentos sumários eram meras circunstâncias tidas por necessárias... ou sem importância. Mas, se uma palavra sua era suficiente para sustar tanta violência, tanta injustiça – por que não a pronunciava Sua Majestade? *Esgueva* – devia pronunciar ou escrever El-Rey na beirada dos processos, enquanto mastigava os seus franguinhos fritos e se lambusava com suas melancias. *Esgueva!!!*[8]

Afinal de contas, talvez lhe cantassem aos ouvidos a tirada dos Padres Marianos do Recife, todos potugueses, que diziam e escreviam, abertamente, *"que o Rei de Portugal não lograria socego, em quanto não cortasse as cabeças a todos os pernambucanos".*[9]

E ainda continuavam-se a pagar pesados impostos para melhoramentos do Rio de Janeiro, por exigência dos nobres, enquanto o Recife continuava à matroca; e os beleguins reais recebiam a ridícula incumbência de obrigar os agricultores a um esforço sobre-humano a fim de conseguirem abarrotar a despensa Real com melancias de Pernambuco e da Paraíba, as que melhor satisfaziam ao exigente Real paladar, e acompanhamento preferido aos franguinhos fritos que Sua Majestade devorava sem cansar. Havia ordem expressa, e por escrito, *"para remeter-se por cada navio que fosse ter do porto do Recife ao Rio de Janeiro, cento e cincoenta melancias"*, que *"o comandante há de entregar no quarto de Sua Alteza Real"*. De uma feita, a ordem foi de enviar, pelo navio Vulcano, nada menos do que 280 suculentas melancias, sempre com a recomendação de que o comandante as levasse pessoalmente à alcova de Sua Majestade.[10] Entende-se que talvez a nobreza palaciana pretendesse disputar com El-Rey as saborosas cucurbitáceas que, por via das dúvidas, tinham de ir diretamente para a camarinha Real.

Enquanto isso, na Corte, curtia-se uma boa sesta, reclamava-se do clima do Brasil, ria-se das pragas da rainha louca e cheirava-se rapé.

V

"Amada das minhas entranhas..."

As notícias se espalharam como fogo em capim seco. Em todas as Províncias, e não apenas em Pernambuco, temia-se a devassa, e quem tinha meios ou sorte, fugia para se livrar das prisões, das palmatórias, dos chicotes e da morte. Eram comuns as deserções e as mudanças de partido. Aterrorizado, o mesmo povo que uns dias atrás dava vivas à República, ovacionava agora El-Rey "magnânimo e cristianíssimo" e o seu exército vencedor. Decepcionado, José Luís de Mendonça, um dos membros do Governo Provisório da República, praguejava: "Maldita liberdade! Morra eu de repente, se em quarenta anos essa gente souber compreender esta palavra!". Não se precisou esperar tanto.

Por não ter sido considerado cabeça do movimento, mas simples participante, Frei Caneca escapara da condenação à morte. Não escapara, porém, da prisão e das torturas e, junto com dezenas de outros militantes, foi recolhido ao Forte das Cinco Pontas.

— Excelência, dirigiu-se o Comandante de Armas ao Governador — esse Frei Caneca, aqui no Recife, será sempre um perigo. O seu poder de convicção e o amor que lhe devotavam os "patriotas" podem ser ocasião de uma nova revolta popular.

— O que V. S. sugere?

— Enviá-lo, como também a alguns de seus companheiros mais perigosos, para uma prisão da Bahia, onde ficarão isolados e, em conseqüência, inofensivos. Seria a melhor solução.

— Por que a Bahia?

— É que os baianos odeiam e desprezam os de cá, e... lá está o Conde dos Arcos, amigo de Vossa Excelência, que ficará feliz por poder, assim, melhor "cevar a sua sede de ódio e de vingança" contra os patriotas. Estes, garanto, não serão bem tratados.

— E o povo da Bahia?

— Está do nosso lado. Lembro a V. Excia. que grande parte do nosso exército vitorioso se compõe de soldados da Bahia. Quem de lá veio diz que se vêem nos muros da capital algumas quadras poéticas humilhantes, que bem o dizem do ódio e desprezo dos dessa terra pelos pernambucanos. Lembro uma delas:

"Bahia é cidade,
Pernambuco é grota.
Viva o Conde d'Arcos
E morra o patriota."

— Entendo, entendo.

A proposta do Comandante foi aprovada. Formou-se então uma escolta de soldados baianos, da inteira confiança do Governador, que acompanharia os prisioneiros, com as mãos amarradas por cordas, até um navio preparado para a longa viagem.

— Quero que com o Frei Caneca — e mais três outros prisioneiros, citados neste ofício, considerados os mais perigosos — as medidas de segurança sejam redobradas. No cortejo e no navio. A prudência nunca é demais em casos semelhantes. E o povo deverá saber e acompanhar esses malvados, pelas ruas e ruelas da cidade, até o porto, de modo a que lhe fique sempre na memória o que espera a quem desagrada ao Augusto Rey Nosso Senhor.

Foram marcados dia e hora para o desfile, que deveria ser acompanhado pelas bandas militares, o estouro de foguetes e grande massa de gente. Todos os sinos das igrejas por onde passasse seriam obrigados a badalar.

Damos a palavra novamente ao Monsenhor Muniz Tavares, que a tudo assistiu:

"Com a cabeça descoberta aqueles quatro indivíduos precediam a marcha dos outros, que em fila caminhavam rodeados por um forte destacamento; a música militar os acompanhava a fim de convidar com o seu som todas as classes da povoação a serem testemunhas da lúgubre procissão. O pranto das esposas, dos filhos, dos parentes desses presos, era o canto de glória, que ouviram com deleite os promotores do espetáculo".

No meio daquela multidão em prantos estava Aiaiá*, cujas lágrimas eram mais doridas, por não poder manifestá-las abertamente. Não podia deixar que des-

---

* Aiaiá era o apelido da mulher com quem Frei Caneca teve uma filha, Aninha. Nos documentos históricos nem uma vez é mencionado o verdadeiro nome desta mulher.

cobrissem a sua ligação com Frei Caneca. Os exemplos eram muitos de mulheres estupradas e com as mãos estouradas à palmatória, ou despeladas pelo azorrague, sem outro crime que o de serem esposas ou amigas de revolucionários. Havia ainda um sério agravante: Aiaiá não era esposa. O seu amor, tanto quanto a sua dor, era fadado a manter-se oculto.

Alguns meses antes, cuidando caridosamente daquele frade que apesar da admiração de todo o povo do Recife e Olinda era um homem solitário, Aiaiá, entre todas as mulheres que acompanhavam os combatentes, era a preferida do religioso, pelo seu maior zelo e dedicação. Zelo e admiração que, aos poucos, Aiaiá sentia que, no seu íntimo, se transformavam em algo mais. Em amor. Um amor que ela guardava só para si, que ela não podia revelar. Aiaiá sofria, pois estava certa de que a ninguém poderia jamais abrir o seu coração. Todos os seus desejos de mocinha pobre, decidida a realizar-se num casamento que lhe desse filhos, segurança, um lar, ela abandonara por um sonho impossível. Frei Caneca era um belo moço, cheio de ideais, orador de grande retórica... foi difícil resistir ao seu encanto. Que mulher não largaria tudo para segui-lo, ampará-lo nos seus sofrimentos, lavar os seus pés, servi-lo gratuitamente, como serviria uma escrava? Aiaiá se sentia uma privilegiada, mas penava, porque nem ao amado ousaria revelar o seu segredo. Procurava afastar os pensamentos que considerava impuros. O seu amor era pecado, dizia-lhe a consciência. Além de ser um religioso, com os seus votos de total dedicação à Igreja, Frei Caneca estava em plena campanha, lutando pela patria, que no momento era a sua maior e quase única preocupação. Notaria ele nos olhares que lhe lançava – no brilho diferente daqueles olhos, no excepcional desvelo com que cuidava dos seus parcos bens, de sua roupa, dos seus pés machucados – notaria ele que essa mulher lhe dedicava algo muito mais do que um mero serviço?

Notava, sim, concluiu ela, um dia, o coração pulando de alegria, quando achou por acaso, arrumando os seus papéis, uns versinhos que ele deixara ali, por descuido:

"Entre Marília e a Patria,
Coloquei meu coração;
A Patria roubou-mo todo!
Marília que chore em vão..."

Os versos continuavam em várias estrofes, falando de sofrimento, de patriotismo, e até de morte, como quem prevê o desastre da aventura em que se metera.

Talvez aquele fosse apenas um nome simbólico... Marília era a vida, a religião... todas as mulheres do mundo... Nada disso! Aiaiá só tinha olhos para essa primeira quadra, e jurava que lhe tinha sido dedicada, somente a ela. Não tinha a menor dúvida. E vibrava de alegria, ao imaginar que o seu amor era correspondido. Não pretendia mais do que isso. Já era muito. Continuaria a amá-lo, em silêncio, tal como ele próprio, que em outro poemeto declarava:

"Não posso contar meus males,
Nem a mim mesmo, em segredo;
É tão cruel o meu fado,
Que até de mim tenho medo."

Era a luta íntima do homem, do frade e do patriota – ela deduzia. Que outro mal poderia pesar-lhe tanto, a não ser um amor ao qual, pelos votos, havia renunciado? Que grande medo seria este, em se tratando de um religioso, a não ser o de cair em tentação? Que fado tão cruel pesaria nos seus ombros, senão a ausência e privação, mesmo voluntária, de um amor de mulher – na estafa, na laxidão, nas desilusões de uma guerra? Decidira: que haveria de guardar o seu próprio segredo, no seu coração, em silêncio, assim como ele mesmo o fazia. Jamais iria lhe falar desse amor, assim como ele, na certa, jamais falaria. A dor era grande. Consolava-se ao imaginar que o amado também sofria.

Pois o resto... Nem pensava em tornar-se amásia de um sacerdote, já que esposa não poderia ser; e o casamento era impossível. Satisfazia-se em amar e em ter a certeza de ser correspondida. Isto alimentava os seus sonhos de mocinha, ajudava-lhe a suportar os longos dias de sua ausência, os intermináveis momentos de espera e de angústia... se ele voltaria das batalhas, se retornaria ferido, mutilado ou até mesmo morto, como tantos outros...

O resto... o resto acontecera de repente, sem premeditação, fulminante como um raio que nunca se sabe quando ou onde vai cair. Uma noite, ao chegar de uma operação militar, o Frei cansado, suado, abatido... ela lhe tirara as sandálias e a túnica, como fazia sempre... ele quase adormecido... e começara a lhe lavar com água morna os pés maltratados e as pernas cobertas de pó, enquanto uma sopa esquentava na trempe. Nada demais. Era a sua rotina. Como era a rotina de todas as outras mulheres que acompanhavam os oficiais. Em seguida, curvada, deixando involuntariamente aparecer a pele morena do alto dos seus seios, passou a refrescar-lhe o rosto e o pescoço com um pano úmido. Os seus lábios, bem próximos, quase se tocavam. "Depois – recomendou ela – o meu guerreiro vai deitar e descansar, pois o dia de amanhã não será mais fácil que o de hoje". O Frei sentiu aquele hálito quente. Tentou com todas as suas forças resistir à atração daquele corpo. Quis afastá-la. O clamor da carne, porém, foi mais forte do que seus longos anos de penitência, do que os cilícios, do que a concupiscência a vida inteira reprimida. Ah, como a carne é fraca, mesmo sendo o espírito tão forte! Quase sem querer, num ímpeto impensado, não pôde mais resistir: enlaçou-a pelos ombros, e percebendo que ela cedia, beijou com furor aqueles lábios quentes e sensuais. Completara 39 anos de idade, e era o seu primeiro beijo. No furor desse abraço, os dois rolaram da cadeira e ali mesmo, no chão, se amaram desajeitadamente, enlouquecidamente, sem notar que a bacia entornara, fazendo um círculo de água morna na terra batida da barraca de campanha. O guerreiro logo adormeceu., Aiaiá, mais forte do que ele, levantou-se, recompôs a sua roupa, cobriu-o com um lençol, ajeitou um travesseiro sob a sua cabeça, enxugou a água derramada e retirou-se. Cuidou em não acordá-lo. De pé, à porta, fitou aquele rosto belo, másculo e tão placidamente adormecido e chorou, sem saber se de alegria ou de remorso.

Foi para a sua barraca, devagar, pensativa, com um misto de felicidade, de contentamento, de satisfação e de mágoa consigo mesma. Atravessou a noite escura, sem lua e sem estrelas. Ameaçava chuva. Parou um instante, pensou em tudo o que acabava de acontecer e não pôde evitar um sentimento de culpa: tinha seduzido um sacerdote, um homem de Deus. O prazer que sentira não tinha sido completo, pois nenhum dos dois, nem ele nem ela, tinha prática do sexo. Mas... (não pôde evitar um suspiro) aqueles abraços, aqueles contatos mal engendrados... o calor dos corpos... o sentimento de ter sido a primeira... de ter vencido... não, não poderia jamais esquecer aqueles momentos de êxtase. Mas... a dúvida! Como o encararia na manhã seguinte? Fingir que tudo estava bem... que o acontecido não passava de algo natural entre um homem e uma mulher... mostrar no rosto a felicidade que a invadia... e que a marcaria pelo resto da vida...

Ele, ao acordar, bem cedo, avistou-a a preparar a pequena refeição da manhã; olhou-a nos olhos, e nada disse, como se nada tivesse acontecido. Preferiu guardar no seu íntimo qualquer reação negativa ou positiva daqueles momentos de prazer que lhe haviam aberto um horizonte totalmente novo na sua vida de celibatário. Poderia esquecer aquele corpo, aquele cheiro de carne, aqueles contatos?... Sua vida lhe aparecia sempre um pouco mais misteriosa e cada vez menos entendia os desígnios de Deus. Deixara o convento por uma luta que lhe parecia cada vez mais inglória e inútil; largara o seu primeiro grande objetivo, que era o de ser um simples sacerdote, de ensinar, de inculcar nos seus alunos a verdade das ciências e da teologia... e se encontrava, agora, cheio de remorsos, por ter seduzido uma jovem e inocente mulher que o acompanhava por ideal, para servi-lo, vendo nele um sacerdote e um possível mártir da liberdade da patria. O que dizer a ela? Melhor nada dizer. Calar-se. Por covardia? Por respeito? Sofria. Ela também devia sofrer. Mais do que ele, até. O que poderia se passar na cabecinha de uma jovem mulher, pura, de sentimentos profundamente religiosos, que, certamente, achava que acabara de ser seduzida e deflorada por um monge em que tanto confiava? Melhor falar; pedir perdão; acalmá-la, repetir-lhe as velhas lições de moral, que ela não tinha culpa, que ele, sim, ... ou... ou... ou...

Ela não tinha o ar triste. Pelo contrário. Parecia feliz. Até cantarolava, baixinho, uma inocente cantiga de amor.

Estava na hora de partir. Seria preso? Ficaria quanto tempo sem vê-la? Talvez anos? Nunca mais a veria?

Agora ela estava ali, discretamente, no meio da multidão, toda em prantos, vendo o seu amado ser conduzido naquela procissão macabra, acorrentado, e ao pescoço uma pesada argola de ferro –, como se fosse um perigoso animal selvagem. Não podia sequer correr a abraçá-lo, a beijá-lo, a consolá-lo, a jurar-lhe o eterno amor. Agarrada ao seu seio, chorava Aninha, que mal completara doze meses. Aiaiá desejava tanto mostrá-la ao pai, para uma despedida...

Seu sofrimento seria maior, se Aiaiá soubesse o que aconteceria depois. Damos novamente a palavra à testemunha:

"Depois de correrem assim as principais ruas do Recife, chegaram os prisioneiros ao brigue Mercúrio destinado para transportá-los à Bahia. Nesta embarcação estava ainda reservado para aqueles patriotas duríssimo tratamento. Foram todos encerrados no fundo do porão: grilhões aos pés (...); uma gargalheira, atando estreitamente o pescoço de cada um com as duas pontas cravadas no pavimento, obrigava todos a permanecerem deitados, sem outro leito fora das alcatroadas tábuas do mesmo porão. Três sentinelas armadas de baioneta e chibata velavam continuamente, proibindo não só a comunicação da palavra como o desafogo dos gemidos. A sede aumentava pela qualidade do alimento salgado, que era

exclusivamente subministrado, não podia ser saciada senão por uma só medida de água em todo o dia; como se aquelas sentinelas não bastassem para a rigorosa vigilância, de hora em hora vinha um inspetor, que diligentemente examinava se os ferros tinham sido limados. O sono, refrigério dos aflitos, era de tal modo disputado por aqueles desumanos algozes. Leitor, aprende como são tratados os vassalos de um Rei absoluto!"

Foram quatro dias e quatro noites de viagem até o porto da Bahia. Ao chegarem à cidade uma multidão os esperava e os acompanhou até à cadeia debaixo de vaias, de pedradas e de gritos com palavras humilhantes. Um dos prisioneiros contou que a impressão de todos, ao entrarem, já tarde da noite, na cadeia, "naquela medonha caverna" à luz de um simples candeeiro, era de quem ingressava no inferno. O que sofreriam depois, pode-se resumir na recepção que lhes foi dada pelo carcereiro, que, empurrando-os, berrava com uma espada na mão: "Eu sou português e Governador deste castelo. Quero também ser o carrasco para enforcar hoje mesmo a vós todos, infames rebeldes".

O cronista acrescentava: *"Quereis saber o que era a vida nas cadeias da Bahia, se é que aquilo era vida? Eu lhes conto, pois lá estive: à noite não se podia dormir com os horríveis gritos dos escravos que eram barbaramente castigados com açoites, e o rugido selvagem dos depravados algozes que nos prometiam o mesmo tratamento, a qualquer dia, a qualquer hora. Cada cela, apinhada de gente sofrida e doente, recendia de nossa urina, vômito e fezes, pois não havia outro lugar para tais necessidades, a não ser o próprio chão; a barba, as unhas e os cabelos cresciam junto com a sujeira, pois não tínhamos água necessária; nojentos vermes devoravam a pele daquelas múmias viventes: a morte começou a dizimá-las. Soube-se, depois, que a Fazenda Pública destinava para a despesa diária de cada prisioneiro a quantia de 200 réis. Entretanto, os carcereiros os embolsavam em seu proveito próprio, e nos serviam uma porção de carne quase sempre putrefacta, envolvida em pouca farinha. Traziam esse alimento negros escravos acorrentados, semi-nus, com o corpo ulcerado, e vertendo ainda sangue por contínuos açoutes".*

Essa desumana condição mudou, meses depois, por dois motivos.

O primeiro foram a caridade e o zelo de algumas Freiras e de algumas senhoras piedosas da grande nobreza, que, sabendo do que se passava naquele inferno, obtiveram permissão, a peso de ouro, para melhorar a situação daqueles miseráveis, trazendo-lhes comida e roupas. Como agradecimento, Frei Caneca passou a dar aulas de gramática da língua portuguesa a essas piedosas senhoras. Essas aulas eram transmitidas por escrito, e não pessoalmente. Os carcereiros lhes entregavam os papéis, elas faziam os exercícios, devolviam, o Frei corrigia, e assim por diante. Desse modo elas estudaram e aprenderam a matéria, sem nunca terem visto o seu mestre, que também jamais as viu.

O segundo, muito tempo corrido, foi a substituição das terríveis Comissões Militares por uma Alçada composta de desembargadores civis. Passaram, então, a receber cartas dos seus familiares, bem como roupa e dinheiro que os parentes sempre haviam mandado, mas que jamais eram entregues pelos militares. Os prisioneiros, daí em diante, pagando bem caro ao chefe carcereiro, pois nada era de graça, conseguiram que este comprasse papel, tinta, penas e livros, com o que era aliviada a solidão, e os levava a fazerem algo de útil: foi organizada uma verdadeira escola na prisão, em que cada um ensinava aquilo em que mais era competente. Frei Caneca ensinava gramática, cálculos e geometria; o Padre Muniz, lógica; Francisco Martins, língua inglesa; Basílio Torrerão, geografia; outro ensinava francês, outro as primeiras letras aos analfabetos, e assim por diante. "Enfim, todo o mundo estudava; a habitação das trevas transformou-se em asilo de luz!"

1825. Oito longos anos se passaram. Terminara também em fracasso a Confederação do Equador. Aiaiá não se casara. Preferiu guardar para sempre, sem dividi-lo com quem quer que fosse, aquele amor louco que terminara por gerar Aninha – menininha de cabelos de fogo, linda como o pai, e tão rebelde quanto ele. De comum acordo com o seu belo guerreiro, Aiaiá resolvera ocultar – não foi nada fácil! – a verdadeira paternidade de sua filha, a quem ele chamava, por isso, de afilhada. O seu amor fora secreto; que permanecesse o seu fruto igualmente em segredo. A ela vieram logo juntar-se Carlota e Joaninha, órfãs de guerra, que Aiaiá adotou e que o Frei amava como se fossem também suas filhas.

Na prisão do Oratório, no Recife, nas vésperas de sua morte, sem saber o paradeiro de Aiaiá e das meninas, Frei Caneca escreveu três cartas, uma a Carlota, outra a Joaninha e outra a Aninha, que confiou ao seu advogado e amigo. A todas tratava de afilhadas, tal como combinado. "Carlota, minha cara afilhada. Recebi o teu bilhete, e ainda que não dissesses as tuas aflições, eu bem as previa". "Joaninha, minha afilhada do coração. Recebi o teu bilhetinho, que me deu muitos alívios às saudades que eu tinha de vocês todas". Na carta a Aninha, porém, o tratamento é diferente e revelador do estilo de um pai e não apenas de um padrinho:

"Aninha.

Minha afilhada *das minhas entranhas*; porque não me escreveste, como as outras? Porque nunca quiseste aprender. Eu bem te dizia, eu bem te chamava. Já vás sentindo as conseqüências do não saberes; ainda estás em tempo de te emendares, trata de te aplicares com o fim de saberes.

Ainda que não me dizes como tens passado com as minhas aflições, eu bem o conheço; e quanto mais nisto penso mais se me parte o coração; pois eu não sinto o meu estado por mim; porque já estou acostumado com atribulações, e já tenho vivido bastante para não ter saudades do mundo. Todos os meus cuidados e aflições são por causa de vocês, por vê-las tão desamparadas de socorros humanos, bem que logo me consolo, por lembrar-me, que de Deus é d'onde nos vem todo o bem, e que por sua vontade é que os homens fazem benefícios aos outros.

Ele te queira socorrer com a sua misericórdia; ele te dê virtude no coração, para lhe fazeres bons serviços; para amares e obedeceres a tua Aiaiá; e teres paciência com os trabalhos da vida.

Lembra-te sempre que todos padecem, e ninguém é feliz, senão na outra vida.

Adeus e o mesmo Senhor te abençoe."

As três cartas se completam. Mas, ao dirigir-se a Carlota e a Joaninha, que parece serem as mais velhas, os conselhos e as recomendações vêm junto com apelos à resignação diante da pobreza e com plangentes despedidas:

A Carlota:

"Minha cara afilhada (...). Podes ficar certa que a bondade de Deus não permite, que nós, suas criaturas, estejamos sempre em tormentos. Ele tempera os males com os bens (...). Padecemos hoje. Porém amanhã ele nos enche de consolações (...). Ama a tua Aiaiá, obedece-lhe, e consola-a nas suas aflições. Ama a teus irmãos e ao teu próximo; e deixa o mais por conta de Deus... Se ele sustenta os peixes no mar, as aves no ar, e os animais nas matas, como não há de sustentar a ti e a teus irmãos, que ele fez à sua semelhança? (...) Se a mim suceder algum mal, se eu te faltar de todo, não ficas ao desamparo (...). Ele é quem te fez, Ele é quem te há de sustentar (...). Eu não sei qual será a minha sorte[11]; mas seja qual for, eu e tu nos devemos conformar com a vontade divina(...)"

A Joaninha:

"Minha afilhada do coração. Estou aqui, porque Deus assim o quis; e o que houver de sofrer, é também porque ele assim há de querer (...). Eu, pelo perigo em que me acho, já nada te posso fazer. Agora só tens por ti a Deus e tua madrinha. Ela agora é tua mãe (...). Eu não sei qual há de ser a minha sorte, Deus é quem sabe; porém qualquer que seja, a recebo como vinda de sua mão benfazeja (...)."

Podemos imaginar com quantas lágrimas estas cartas foram lidas e relidas, com que carinho foram guardadas. Infelizmente nada se sabe do futuro de Aiaiá e das meninas. É que a perseguição continuava. O ódio de D. João VI e depois do Imperador Pedro I contra a *ardência revolucionária* dos nordestinos, máxime contra Frei Caneca, não foi aplacada com a morte cruel de centenas de patriotas, cujo sangue não foi suficiente para apagar as chamas destruidoras da sanha maldita dos tiranos. Parentes próximos do frade continuavam a se esconderem, muitos chegaram a mudar o sobrenome. A tal ponto que pouco se conhece de sua descendência ou parentela[12].

Aiaiá, por sua vez, era antes de tudo mãe. Desde a devassa que se seguira logo após a derrota de 1817, o nome do seu amado era amaldiçoado pelos poderosos e pelos covardes, que ainda eram muitos. Dissera-lhe ele um dia – "Na Corte, nos meios palacianos – tenho de fonte segura –, falava-se do meu nome, como de uma pessoa que deveria ser destruída". Não admira que Aiaiá tenha escondido as meninas, para protegê-las, fugindo para os sertões, no anonimato. A última visão que dele tivera foi aquela do seu rosto sofrido, triste e ensangüentado na macabra procissão dos presos para o exílio na Bahia. Depois, quase nenhuma notícia. Soubera tardiamente da anistia geral e do seu desembarque no Recife, em 1821. Fora aconselhada a não voltar, e a sufocar as saudades. As distâncias eram grandes, os caminhos inseguros, as meninas já se tinham refeito do choque e, sobretudo, era perigoso – nunca se sabia quanto tempo durava a paz em Pernambuco. Veio a saber, depois, vagamente, de um outro levante, em 1824, que denominavam Confederação do Equador, do qual o seu herói era de alguma maneira o líder. Chorou muito quando o fazendeiro que lhe dera guarita, nos altos sertões da Paraíba, trouxe a notícia do seu fuzilamento. O resto de seus dias os passou a recordar, a prantear, inconsolável, a rezar ao seu santo guerreiro por proteção. Ficaram-lhe na mente como testamento a ser transmitido à filha e às afilhadas, as palavras transmitidas ao fazendeiro que as protegia e que eram sempre um consolo: "Naquele terrível 13 de janeiro, foi morto Frei Caneca, um sábio, um patriota, um homem virtuoso, um herói, por quem Pernambuco e o Brasil derramarão, para todo o sempre, saudoso e orgulhoso pranto".

VI

Recordações

Em 1818, para comemorar a aclamação do Príncipe Regente como Rei do novo Reino Unido de Portugal, Brasil e Algarves, com o título de D. João VI, foram suspensas as devassas e as condenações à morte. Resolução inútil, diziam as línguas mais afiadas, pois não havia mais a quem castigar ou matar.

Passados três anos, no dia 26 de maio de 1821, foram anistiados todos os prisioneiros ainda não julgados, inclusive os da Bahia. Frei Caneca estava entre estes.

Ao voltarem para os seus lares, tantos anos depois, os anistiados foram recebidos com cortejos, folganças, bandeirolas, discursos patrióticos e solene *Te Deum*. Mas, terminados os festejos, tiveram uma grande decepção: pouca coisa havia mudado. Tudo estava absolutamente como dantes, no tocante às suas exigências anteriores sobre administração, moralidade, impostos absurdos, probidade pública, perseguições e injustiças para com os nativos. Luís do Rego continuava a dominar com azorragues, palmatórias, prisões, exílios e morte sem julgamento.

Frei Caneca queria saber das novidades.

— Justiça seja feita — corrigiu o Frei André — alguma coisa parece ter mudado: com a revolução liberal do Porto, em 1820, já se pode falar em Independência, palavra maldita três anos atrás. E ser patriota não é mais desdouro.

— Mas... com muita cautela — completou Frei Marcelo. O Brasil ainda é colônia! Alguns militares e governantes portugueses continuam a identificar Independência com infidelidade a El-Rey, e patriotismo com subversão. Aconselho a que se tenha muito cuidado com o que se diz e a quem se diz.

Foi chamado o Frei Fábio, que tudo anotava, para fazer um pequeno relato da situação, satisfazendo assim a justa curiosidade de Frei Caneca:

— Para começar, gostaria que o irmão soubesse que não foi total a derrota de 20 de março de 1817. Fomos derrotados nos campos de batalha, sim, mas isto não significou paz e sossego para os colonizadores. Nem sempre é vencedor aquele que esmaga. Vejamos alguns fatos que apóiam esta afirmação.

- Apesar da devassa e da brutalidade do regime de terror implantado desde o mês de maio daquele ano, os patriotas de Brejo de Areia, na Paraíba, corajosos e talvez imprudentes, se negaram a içar a bandeira de Portugal nos prédios públicos da cidade e chegaram a pegar em armas, ameaçando matar os representantes da coroa que lá foram em trabalho de inspeção.
- No início de junho, o Governador escrevia aos seus superiores que temia um levante por parte das famílias dos que foram mandados prisioneiros para a Bahia.
- Ainda em junho a rebelião continuava atuante em Itabaiana, também na Paraíba.
- E em outubro, o comandante luso enviado a Areia se queixava de não ter encontrado nessa cidade paraibana homens suficientes para formar um batalhão. Todos se recusaram a marchar sob a bandeira de Portugal. Os que foram forçados, desertaram. Outros preferiram o fuzilamento a se bandearem sob o jugo da tirania.
- No ano seguinte, 1819, o ouvidor da Coroa, Ribeiro e Cirne, enviou relatório de suas viagens pelos sertões, reclamando de que o seu pomposo título de "Ministro d'El-Rey fidelíssimo" não lhe valeu fazer-se respeitar. Em Pombal, ainda na Paraíba, não lhe deram sequer um lugar para dormir; e pelas estradas, tinha de estar sempre em fuga e em alerta, "pois os revolucionários chegaram a deitar tropas em seu seguimento".
- No mesmo documento, o Ministro declara ter encontrado focos de subversão em Mártires e em Caicó, no Rio Grande do Norte.
- Em Mimoso, aqui perto do Recife, a população em peso se negou a emprestar cavalos a oficiais portugueses para que continuassem sua viagem de inspeção. Uma tropa seguiu do Recife, e castigou severamente os autores "daquele insulto".

Frei Caneca exultava com essas notícias, e repetiu para os seus confrades o que lhe dissera uma vez o Padre João Ribeiro: "É em vão que se pretende abafar as idéias liberais. Pode-se adormentar por um momento a liberdade, mas ela terá sempre o seu despertar. Não duvideis disso!".

Foram os frades, em silêncio, passear por entre as árvores e as flores cercadas pelo claustro do convento. Uma suave brisa, vinda do mar, balançava a copa das árvores e refrescava o ambiente. Frei Carlos sugeriu que rezassem pelos mortos daquela infeliz empreitada. Pararam em frente ao cruzeiro do jardim e recitaram um "mistério" do Rosário.

Frei Caneca recebeu permissão do Provincial para ficar uns dias no convento de Olinda. Queria matar as saudades, rever os lugares que considerava sagrados, depois dos intermináveis anos encarcerado nas "medonhas cavernas" da Bahia. Olinda e o seu convento lhe traziam agradáveis lembranças. Lembranças de um tempo pacífico, de meditações e de estudos, que graças à tirania colonizadora tinha durado tão pouco. Entrou na biblioteca. Passeou o olhar pelas prateleiras e afagou, carinhoso, as lombadas de livros que lhe ajudaram a firmar algumas de suas idéias. A *Summa Theologica* e o tratado *De Regno*, de Santo Tomás de Aquino... E outros, em geral livros proibidos – quase todos – pelas autoridades portuguesas, por conterem idéias "perturbadoras" do "sistema de exploração colonial". Apesar da proibição, facilmente se podia importá-los da França, através dos frades dos conventos de lá, e escondê-los. Aliás, nem precisava tanta diligência em escondê-los, pois muito raramente os esbirros que faziam o seu suposto exame crítico tinham cultura suficiente para julgá-los. A maioria sequer lia o francês ou o inglês. Menos ainda o latim.

A coleção da revista *Mercúrio* ainda estava lá, com as notícias da Revolução Francesa e os seus sábios comentários. Ainda na letra M, podia-se ver, no mesmo lugar, o *Les droits du citoyen* do Padre Mably, considerado um dos livros mais perigosos pelos portugueses, precisamente por ser de autoria de um sacerdote. E depois Montesquieu e o seu *L'Esprit des Lois*... o mais proibido entre os proibidos! Foi indo, foi indo, até chegar à letra R. Logo no início dessa prateleira ainda descansavam os dois livros do Abbé Raynal, de que sabia de cor páginas inteiras – *L'Histoire des deux Indes* e *La Révolution de l'Amérique*. Não concordava com tudo o que Raynal escrevia, sobretudo no tocante à escravidão e ao regimento das grandes propriedades – idéias de que discordava totalmente. Mesmo assim, Raynal em muito lhe ajudara com o seu radical anticolonialismo. Eram idéias, muitas idéias... belas teorias, mas também "cousas concretas" – frutos de vidas inteiras dedicadas a melhorar a vida, a política, a sociedade...

Depois foi andar pelas ladeiras de Olinda. Rodeou a Praça do Carmo, subiu a ladeira de S. Francisco e parou um minuto no Convento de Nossa Senhora das

Neves, dos frades franciscanos, com sua bela igreja e sua impressionantemente bela sacristia. Na saída, ladeou o monumental cruzeiro, que sabia ter sido construído com pedras dos arrecifes que bordavam todo o litoral da região. De lá avistou, logo em frente, a Igreja de Nossa Senhora da Graça, colada ao venerável e histórico Seminário – o famoso, o mais do que famoso Seminário de Olinda, num dos pontos mais altos da cidade. Era uma boa subida. Mas não resistiu. Tomando o caminho do Alto da Sé, dobrou à direita e viu logo a igrejinha do Seminário, bem em frente. O portal estava fechado. Notando que uma das jambas estava destravada, empurrou. Ela cedeu. Uma coisa tão simples lhe deu uma grande alegria. Entrou, olhou, ajoelhou-se, fez uma prece pelos mártires de 1817; foi ao claustro, comoveu-se, relembrou as tertúlias, as aulas, os amigos e colegas de ideais, alguns barbaramente assassinados a mando "d'El-Rey cristianissimo e clementissimo"... Saiu pela igreja e se dirigiu a um dos recantos, num alto, do lado esquerdo. De lá contemplou a beleza da cidade e do mar. O Recife ao longe... O mar que daí avistava não parecia ser o mesmo das longas e dolorosas viagens de ida e volta da Bahia. Não era o mar dos porões dos navios, dos raros passeios pelo convés, acorrentado, febril, esfomeado, sedento, à espera de uma morte libertadora. Sentou-se numa pedra e ficou horas a mirar aquelas ondas, aquelas areias brancas, os arrecifes, aquele verde infinito. É diferente o mar quando contemplado em liberdade.

Atrás, estava a silhueta do Seminário, de tanta luta, de tanto ideal, de tanta coragem. E tudo, aparentemente, dera em nada.

As lembranças eram reavivadas pela visita à velha e venerável casa e pela paisagem que se estendia em frente. Um a um foram passando pela sua memória, cada um com as suas características, os amigos mortos por aquela teimosia, por aquela utopia de pretenderem construir uma nação livre e justa. O Padre Roma, meio louco, mas tão destemido... viajando de jangada, do Recife à Bahia, para levar aos baianos a mensagem da liberdade, traído ao chegar, preso, barbaramente torturado à frente do seu filho – o capitão Abreu e Lima, para que este visse de perto como El-Rey tratava um rebelde patriota – e afim fuzilado em praça pública, lá no Largo da Pólvora... O frade franciscano que o acompanhara até o pelotão contou que o Padre Roma pronunciara duas frases, aos seus ouvidos: "Não fui um bom sacerdote. Vou chegar diante de Deus com as mãos vazias, pois quase toda a minha vida passei em revoluções... muito pouco a serviço da Igreja". Ao ser amarrado e vendado no poste para o fuzilamento, chamou o frade e se corrigiu, alegre e sorridente: "Não, Padre, não vou chegar lá de mãos vazias, pois, como Cristo, eu vou morrer pelo meu povo". Que belas palavras! O Frei Miguelinho, baixinho, calmo, doce, um pouco lento nas decisões, mas de espírito penetrante e grande orador... Durante todo o seu julgamento, na Bahia, guardou silêncio, negando-se a defender-se. O tribunal, não se soube nunca por quais motivos, não queria condenar Miguelinho à morte. "Padre, disse o juiz, não sou um sanguinário, nem um vingativo. Tenho certeza de que Vossa Reverendíssima não participou como cabeça dessa maldita subversão. Como pode provar que esta sua assinatura nestes papéis não foi falsificada?" Pela primeira vez o Padre Miguel falou: "Minha assinatura não é contrafeita, Meritíssimo. Eu mesmo a fiz. Como prova, veja V. Mercê que num desses papéis falta a letra 'o' do meu último sobrenome Castro. É que faltou espaço no papel". Em seguida calou-se e não mais falou. Foi fuzilado junto com os companheiros o Governador revolucionário Domingos Martins, rico comerciante da Província do Espírito Santo, que veio a Pernambuco ajudar na nossa luta, e José Luís de Mendonça, notável jurisconsulto, tido como o mestre dos advogados do Recife. E o Padre Antônio Pereira, da Paraíba?... Sorriu, só de lembrar. Era um homem alegre e muito irônico. Mesmo nos piores momentos, sempre conseguia encontrar um motivo para rir... Já na forca, iniciou um ardente discurso sobre a liberdade. A certa altura sua voz começou a enfraquecer e a sumir, pois o algoz já lhe apertava o nó em volta do pescoço. Sem perder a conhecida veia cômica, assim ele perorou o seu discurso: "Patriotas! Muita coisa eu tinha ainda para dizer... mas... esta corda... já está... me sufocando..." Foram as suas últimas palavras. O Padre Tenório, de Itamaracá... espírito vivaz, grande facilidade de expressão... Apenas ouvia, via ou lia, e formava de imediato um juízo perfeito sobre os mais intrincados temas. Um perito em "economia rural". Foi preso quando ensinava aos seus paroquianos novos métodos de agricultura e algumas alterações na espécie da cana-de-açúcar, que a fariam mais abundante e suculenta. A base dos seus ensinamentos, na linha do irmão Arruda Câmara e do Padre João Ribeiro, era que o homem devia aprender duas coisas essenciais: a ser cristão e a cultivar a terra. Na prisão recusou qualquer comida. Ficou em tal estado de fraqueza, que não teve forças para caminhar até o patíbulo onde seria enforcado. Teve de ser carregado para o suplício.

Como todos os que foram sacrificados no Recife, o bom, o calmo, o humilde, o pacato Padre Tenório foi também esquartejado diante da multidão, pelo "carniceiro Real de Sua Majestade cristianíssima", sendo as mãos e a cabeça pregadas aos postes e o tronco arrastado à cauda de um cavalo, pelas ruas, até o cemitério da Igreja do Santíssimo Sacramento. As ruas nunca foram tão lavadas de sangue.

Agora surge a figura augusta do grande amigo, do grande chefe, o Padre João Ribeiro – Padre João Ribeiro Pessoa de Mello Montenegro. Frei Caneca levantou-se, como em sinal de respeito. Será que o Brasil inteiro, ao longo de sua história, se um dia for uma nação livre e independente, lembrar-se-á desse heróico sonhador, desse lutador incansável? Pés descalços, para dar o exemplo aos seus soldados das privações por que teriam de passar, seguia o Padre João à frente do resto, do que sobrara do seu valoroso exército vencido. Havia planejado, com os seus oficiais, uma retirada estratégica, pensando ressuscitar o sistema de guerrilhas utilizado com êxito total na guerra contra os holandeses. Contava com o reforço das tropas que estavam vindo da Paraíba. Com ele, também descalços, os Padres Tenório e Miguelinho. Nenhum dos Padres portava armas. Sua missão era rezar, dar ânimo, fortalecer na fé, reavivar os grandes ideais. Em Paulista, não longe do Recife, ficou claro que estavam cercados pelos realistas e tiveram a triste notícia de que os paraibanos tinham sido destroçados. Não havia mais esperança. Foi decidido então, pelos generais e oficiais, que se desmobilizasse o exército. Mas não se entregariam. Que cada um largasse os uniformes e fugisse como pudesse, para salvar a vida. O Padre João não aceitava tal situação, e ainda gritou aos seus comandantes o juramento que haviam feito de morrer mas não fugir, pois a liberdade de um povo valia uma e até milhares de vidas. Cedeu porém ao voto da maioria. E ficou só. Quase só. O Coronel José Maria da Veiga Pessoa de Mello, seu primo, um capitão e mais uns poucos soldados não o abandonaram e o viram ajoelhar-se na igrejinha da povoação e lá ficar horas a rezar. Ao seu lado alguns sacos com todo o arquivo do Governo revolucionário. Achou que seria uma traição deixar aquilo cair nas mãos do inimigo. Com uma vela do altar-mor queimou ali mesmo todos os papéis. Na memória, entretanto, guardava muita coisa comprometedora que não poderia ser revelada ao vencedor – nomes, lugares, planos... sobretudo nomes. Algum homem pode garantir que sempre se calará, se tomba sob os tacões de um perito torturador? Correria ele o risco, então, de terminar por revelar aos impiedosos tiranos tantos segredos? Nunca! Não iria trair os seus companheiros! Só havia uma solução, dolorosa e contra todos os seus princípios cristãos, mas não encontrava outra. Tirou de um bolso da batina uma dose forte de veneno e a bebeu. E pôs-se novamente de joelhos diante do altar. O veneno não fez efeito. O Coronel Mello contou que, então, o Padre tomou de uma faca, "rasgou uma das coxas e nela introduziu uma nova dose do mesmo veneno; feito o que, ajoelhou-se sobre uma cadeira ao pé do altar... e assim foi encontrado, morto". Depois de enterrar o herói, os soldados quiseram apoderar-se do dinheiro do Erário Público do Governo Revolucionário, mas o capitão protestou, alegando que o Padre João Ribeiro jamais o permitiria, pois aquele dinheiro era do povo. E arriscando a sua vida e a de alguns voluntários, formou uma escolta e levou o cofre são e salvo ao Recife, entregando-o às autoridades portuguesas. Como recompensa pela honestidade e heroísmo, receberam todos voz de prisão e foram jogados no calabouço.

No dia seguinte chegaram as tropas do Rei, desenterraram o cadáver do Padre, cortaram-lhe a cabeça, fincaram-na à ponta de uma lança e a levaram como troféu pelas ruas do Recife, em festa macabra, com cantorias e bebedeiras, deixando-a exposta na Praça do Comércio.

Essas lembranças, naquele local, abalaram Frei Caneca profundamente. Foi invadido por uma tristeza profunda. De onde estava, avistou a Igreja da Sé, a Igreja de Santo Antônio, São Bento e bem mais longe o Carmo. Persignou-se e só uma palavra lhe veio à mente, aquela pronunciada por Jesus em sua agonia no Horto das Oliveiras: *anima mea tristis est usque ad mortem – uma tristeza mortal me invade a alma.*

Desceu a ladeira e continuou até à praia. Tirou as sandálias e mergulhou os pés na tépida e agradável água do mar. Pensou em Aiaiá e em Aninha. Quanta saudade! Quanta preocupação! Nos anos de prisão, na Bahia, elas lhe vinham em sonho e amenizavam um pouco a solidão. – Já deve estar uma mocinha e deve ser bela como a mãe. Terá algum traço meu? Como dói... meu Deus!

Voltou à cidade e procurou notícias. Bateu à porta da casa onde moravam. Fechada. Ninguém atendeu. Falou com as vizinhas. Ninguém sabia do paradeiro de Aiaiá e de suas afilhadas.

– Um dia, começada a devassa, elas arrumaram uma trouxa com o pouco que possuíam, dobraram aquela rua... e sumiram na estrada. Não disseram para onde. Aliás, ninguém dizia. Ninguém falava nada. Todos tinham medo. Quem não tinha? Era o terror. E ninguém perguntava. Era melhor e mais seguro não se saber das coisas.

VII

"Nenhum povo depois de saborear a liberdade, se dispõe a sujeição"

Era uma manhã chuvosa e de muito vento. Ressaca no mar. Dava para ouvir, do convento, o barulho das ondas que quebravam nos arrecifes e arrebentavam furiosamente nos barrancos e nas areias da praia.

Bem cedo, como de costume, os frades já estavam de pé e já haviam celebrado a missa. Uns atendiam os fiéis, na rotina diária, outros voltavam às suas celas para o estudo e a oração.

Naquela manhã, Frei Fábio observava o amigo que, desde alguns dias, mostrava-se muito calado, triste, ombros caídos, sem o costumeiro porte vigoroso e altivo. Mais do que de costume, Frei Caneca se encerrava no torreão do antigo Palácio da Boa Vista, levantado, na antigüidade, por Maurício de Nassau, e então fazendo parte de um dos recantos do Convento do Carmo. Dos seus janelões, passava horas a contemplar os tetos do Recife, as torres das suas inúmeras igrejas, sozinho, braços cruzados, cabelos revoltos à forte brisa do mar. Seguia religiosamente o rígido regulamento do convento, não faltava aos exercícios da comunidade, atendia aos fiéis, mas não se via mais o antigo entusiasmo com que pregava nas missas do domingo e escrevia os seus artigos. Ninguém ouvia mais a sua voz cheia de entusiasmo que marcava sempre as conversas, mesmo nas horas vagas, entre os confrades. Ele as passava, agora, não mais entre os irmãos, mas nas janelas do torreão, calado, meditativo, tristonho.

Algumas vezes, a pedido do Frei Carlos, tinha ido visitá-lo o *shôr* Caneca, que respeitava o seu silêncio, não interferia nas suas ações políticas; apenas o abraçava e mostrava toda a sua alegria e felicidade em ver o filho vivo, com boa saúde, apesar dos sofrimentos nas prisões da Bahia. Sua discrição e o seu respeito pelo *Ruivo* e por suas idéias revolucionárias não lhe permitiam mais do que um ou outro suspiro de angústia calada, reservada, uma ou outra interjeição de dor, de preocupação e sobretudo de saudade, muita saudade.

Quem mais sofria com aquele silêncio e constante recolhimento no torreão era justamente o Frei Fábio, o amigo fraterno, o fiel confidente de antes. Passados uns dias, sua preocupação chegou ao auge. Sentiu-se na obrigação de interferir, de ajudar o amigo, seja lá como fosse. Tinha de tentar alguma coisa.

Era uma segunda-feira, o dia de maior folga no convento, quando resolveu chamar o irmão ao claustro, depois da primeira refeição, confiando que a velha amizade poderia ainda servir de ponte para a abertura de seu espírito e um desabafo. Frei Caneca sorriu para o amigo e com um gesto de cabeça aceitou o convite.

Frei Fábio temia piorar a situação se não usasse as palavras certas, e ficaram os dois algum tempo calados, andando lado a lado, nenhum deles se decidindo a iniciar a conversa. Frei Fábio sabia onde queria chegar, mas não atinava com a maneira discreta e mais segura para começar. Temia ser indiscreto, ofender o amigo, levá-lo a se fechar ainda mais. Ficou então à espera de um momento oportuno e pedia a Deus que lhe inspirasse as palavras e os gestos certos.

— O tempo está bom para os agricultores. Devem estar felizes — disse enfim, sem muito interesse.

— É... Pois é... — foi a única reação de Frei Caneca.

— (Parece que ele não pretende falar — matutou Frei Fábio). Insistiu, porém: — O irmão tem sofrido muito... tem sido muito magoado...

Frei Caneca deu um grande suspiro. (É agora ou nunca — pensou rápido Frei Fábio).

— Sente falta de... (gaguejou)... de Aninha...

Foi a palavra mágica. Frei Caneca descruzou e deixou caírem os braços ao longo do corpo, como quem abre as portas da mente.

— Muita! Muita saudade e muita preocupação. Ah, meu bom amigo... Gostaria ao menos de ter certeza de que está viva... como está... onde anda... como... (não terminou a frase, engoliu em seco, seus olhos se avermelharam, mas controlou-se).

Depois de um longo silêncio, continuou:

— Entretanto, não é somente a Aninha que me preocupa. Sei que ninguém a protegerá melhor do que Aiaiá. Dela o que sinto é saudade, uma saudade enorme, brutal, explosiva... que enche a minha alma e transborda do meu coração para o corpo inteiro; uma saudade que parece às vezes se transformar em dor... dor física. Como uma ferida... E também a curiosidade natural de pai, que quer saber... uma curiosidade que escancara as portas da alma e a deixa na escuridão, sem resposta... Afinal de contas, como diz a Bíblia, ela é carne de minha carne, sangue do meu sangue...

Fez-se novamente silêncio, interrompido logo depois pelo Frei Fábio:

— Sei, meu amigo. Posso imaginar. Sei também que uma angústia tão grande, senão maior, constringe o seu coração... o coração de um homem que daria a vida pelo seu povo, que colocou a Pátria acima de muitas outras contingências...

Frei Fábio tocara no ponto nevrálgico. Sentiu que o amigo começaria a se abrir, pois ele parou, de repente, olhou-o nos olhos, fixamente, e murmurou, com tanta mágoa, como se nada no mundo pudesse ser tão grave, nem tão doloroso:

— Fomos vencidos, meu caro Frei Fábio. Injustamente vencidos e vilipendiados. Os nossos sonhos se desmoronaram. A Pátria volta à escravidão. 1817 foi doloroso...

Frei Fábio foi duro na sua réplica, tentando mostrar uma outra face do problema, talvez mais dolorosa do que a derrota nos campos de batalha.

— O irmão sabe que se tivéssemos vencido, a situação não seria diferente. Nem melhor. Não se esqueça, meu caro, de que nos poucos meses em que estivemos vitoriosos, os grandes proprietários de terras e os senhores de engenho, "de coração ensopado na peçonha da ambição", já se digladiavam, já partiam a alma do Padre João Ribeiro com suas lutas inglórias pelo poder e pela manutenção dos seus privilégios – "Patriotas – bradava o Padre João, tentando acalmar a ambição dos magnatas –, vossas propriedades, ainda as mais opugnantes ao ideal de justiça serão respeitadas!" – inclusive a vergonhosa escravidão. Como esta resolução lhe deve ter doído! Sei que ele assinou esta declaração infame para evitar um mal maior. Uma revolta dos ricos, naquele momento, só viria agravar a luta dos pobres pela dignidade.

— Aquele grande ideal do nosso mestre, de fundar nos cafundós da Paraíba uma *República dos Lavradores*, bem longe, em lugar inacessível, para não sofrer os maus fluidos da Corte e da poderosa súcia dominante, iria se transformar, como já se transformou, nessa injusta e repugnante *República dos Magnatas*... – desabafou Frei Caneca.

— Nem isso... — corrigiu Frei Fábio — ... num império de proprietários!

— E se dizem liberais... ironizou Frei Caneca. Do liberalismo lá deles, importado da Europa... das nações colonizadoras e escravocratas. Seria apenas contraditório, se não fosse... tão trágico: um liberalismo sem liberdade.

Ficaram algum tempo calados. Frei Caneca, sem dizer palavra, fazia gestos com as mãos abertas, e as deixava cair, como quem tinha algo a confessar, mas as expressões não vinham. Quando conseguiu falar, seu rosto parecia mais calmo, seu ar era decidido; ou melhor — interpretou o companheiro —, a calma aparente era talvez desânimo e a determinação, perplexidade.

— Erramos? Acertamos? Só Deus sabe.

— Vou ler um trecho que o caro irmão escreveu, há tempos... Deixe-me ver... Está aqui, no meio destes papéis... Ei-lo. Vem bem a propósito.

"Sabem todos que as diversas maneiras de conceber o bem e o mal das cousas dependem do nosso temperamento, do estado de luz do nosso entendimento, das circunstancias em que nos achamos, e do lado por que consideramos as cousas; e porque essas circunstancias mudam a cada passo, e a mesma cousa pode ser considerada por diversas faces — a mesma cousa pode hoje produzir em nós um affecto, e amanhã um contrario. De maneira que um homem pode, em umas certas circnstancias, se figurar uma ação como boa, e ver depois a mesma ação como um mal, e os meios de a evitar difficeis ou até impossiveis. E lhe vem dahi temor, desconfiança e desesperação. E uma e outra cousa mostra que somos homens... isto é, que não somos Deus!"

Frei Caneca não pareceu se comover com a leitura. Deu a impressão, ao Frei Fábio, de que estava alheio e nada havia escutado. O que ele disse, em seguida, e no tom com que o exprimiu, não era do Frei Caneca que todos conheciam, não eram palavras do grande lutador, do idealista, do homem que não se deixava dobrar. Frei Fábio ficou atônito.

— Meu propósito, de agora em diante, meu caro Frei Fábio, é voltar a viver a minha vida conventual, fazer os meus sermões, dar as minhas aulas de geometria, confessar as piedosas senhoras, consolá-las ante os desatinos e as infidelidades dos seus maridos... Dizer-lhes, e aos seus esposos e filhos, que daqui, deste vale de lágrimas, só podemos esperar... lágrimas.

Estas últimas palavras foram proferidas aos soluços. Para admiração do Frei Fábio, aquele companheiro e amigo, sempre tão forte, tão rígido, tão valente, que a muitos parecia frio e insensível, caíra num choro convulsivo, incontrolável.

– Não acredito, não quero, não posso acreditar nesses seus propósitos – contradisse o Frei Fábio, quando notou que o irmão se recompunha. – Anotei mais uma de suas comparações... quando a vitória já nos escorria por entre os dedos (Será que está me ouvindo?...): "A liberdade – dizia o irmão com um entusiasmo que a todos contagiava – a liberdade é como as frutas mais doces. Uma vez experimentadas..." E concluía: "Nenhum povo depois de saborear a liberdade...

–... se dispõe à sujeição" – completou Frei Caneca, com um ar de riso. Lembro-me bem disto. Modéstia à parte, belas palavras!

– Ainda acredita? E então?

– Então, meu amigo, vamos esperar. Pois... acho... aliás (Frei Caneca mudou de repente, parecia transformar-se. Levantou o queixo e completou a frase com o dedo em riste), estou certo de que ainda se pode remexer no meio dessas cinzas e encontrar um resto de brasa... do fogo da esperança.

Frei Fábio vibrou, entusiasmado.

– Fico feliz com essa sua rápida e inopinada mudança, meu caro irmão.

– É que... Vossa Mercê me fez lembrar das frutas mais doces.

Riram muito, de muita alegria, e voltaram abraçados para o interior do convento, de ânimo renovado. No caminho um irmão leigo passou com uma cesta de mangas maduras e lhes ofereceu algumas.

– Muita coisa tem acontecido, que ainda não lhe contei – foi acrescentando Frei Fábio. – Vou tentar pô-lo a par de tudo, na medida do possível. Verá que não chegou ainda a hora de ensarilhar as armas. No pequeno relato que lhe fiz, a pedido do Frei Carlos, terminei em 1819. Mas antes de continuar quero que escute umas animadoras palavras que o próprio irmão escreveu e que mostram que, nesse momento, acreditava que 1817 não foi uma guerra inútil.

Pararam num sombreado. Depois de lavarem as mãos e a boca, Frei Fábio tirou da larga manga do habito uma folhas de papel e começou a ler:

"Sim, é verdade, que a revolução de 1817 não arraigou, nem deu fructos maiores; porém podes negar, que causou bens, que não são para ser desprezados?

As sementes do liberalismo, que ella semeou, se têm desenvolvido de um modo incomprehensivel.

Pois hoje não há homem do sertão mais interior, que deixe de conhecer a dignidade do homem, seus direitos, seus deveres, sua liberdade; e a origem do poder dos que o governam."

– Está lembrado? São palavras suas! Existe vitória maior do que esta, de fazer com os homens, todos os homens, do litoral ao mais profundo sertão se sintam cidadãos, dignos, com direitos e deveres para com a patria, para consigo mesmos e suas famílias, dispostos a lutar pela liberdade? A vitória nem sempre se conquista pelas armas.

– Oh, meu irmão, a lembrança dessas palavras em consolam e me renovam a coragem de lutar. Continue a leitura, por favor.

– Vou continuar:

"Todos sabem que os homens não são rebanhos de ovelhas para passarem de uns governantes a outros pelos titulos de herança e propriedade; todos sabem que como os governos foram instituidos para bem dos povos, e não estes para desfructação do governo, uma vez que o governo quando não felicita os povos, estes pela lei suprema de sua salvação e felicidade, podem mudal-os e escolher outro qualquer, em que julgarem estar a sua conservação e melhoramento".[13]

Isso tudo ficou na alma do nosso povo que, como o irmão escreveu, não é mais o mesmo. Pergunto, agora: 1817 foi uma revolução inútil, meu caro Frei Caneca? Nem espero sua resposta, pois tenho certeza de que, agora, com essas recordações, ela será positiva. Quero apenas acrescentar que, em 1817, estávamos ainda um pouco às cegas. "Os nossos agricultores – a massa da provincia – adoravam a Deos nos céos, e o seu Rei na terra, e temiam mais o Rei da terra do que o dos céos. Hoje – e isso é fructo de 1817 – hoje está tudo pelo avesso: adora-se a Deos, temem-se as leis, obedece-se ao Rei *racionalmente, não mais às cegas,* e ninguém está mais pelo despotismo". Lembra-se dessas palavras? São também suas, e espero que lhe façam o bem que a todos nós fez.

VIII

O sonho de uma nova República

Ao chegarem ao claustro conventual, os dois amigos procuraram um banco à sombra, no jardim, para que Frei Fábio continuasse o seu relato.

— Como disse atrás, o meu relato terminou em 1819. Vou prosseguir: a Revolução Liberal do Porto, em 1820, apesar de muito pouco liberal no tocante às colônias, trazia um reforço para os idealistas de 1817, por exigir do Rei, que ainda estava no Brasil, o juramento de uma Constituição que, entre os seus itens, recomendava eleições livres. D. João VI e a sua Corte não aceitavam essa Constituição, pois previam que ela iria, em vários pontos, diminuir os seus poderes "divinos" e absolutos. Sobretudo a novidade para eles absurda de eleições livres. A pressão porém era grande e D. João acabou cedendo. Jurou a Constituição quase à força.

— A propósito desse juramento de D. João VI à Constituição Liberal (em termos!) do Porto, contam-se algumas historietas interessantes que têm corrido de boca em boca:

- que D. João, alojado no palácio de S. Cristóvão, mandou D. Pedro dizer ao povo reunido no Largo do Paço, no centro do Rio, que estava tudo certo, pois havia jurado a tal Constituição diante dos palacianos, etc e tal. O povo do Rio, escabreado, não acreditou e a multidão, aos gritos, começou a exigir que o próprio Rei aparecesse, em carne e osso, na janela do Paço, e fizesse o juramento, em voz alta e clara, diante de todos, em praça pública. O povo queria ver para crer. Mais uma vez D. João teve de ceder;

- que D. João, trancado nos seus aposentos, tremia de medo ao receber a notícia; saiu de S. Cristóvão tremendo ainda mais; mais ainda tremeu quando, a meio caminho, os soldados, para agradá-lo, soltaram os cavalos da

65

carruagem Real e os substituíram; piorou a tremedeira Real, quando, de tão cansados, os soldados fizeram a carruagem ser puxada por escravos negros;

- que o Rei não estava entendendo nada, na sua tremedeira, e ficava a perguntar: – O que é que eles estão a fazer?
- que, enfim, chegou-se ao Paço Real e houve o juramento; que D João, na janela, com a Bíblia numa das mãos e uma espada na outra, beijava exageradamente o Livro Santo e apontava a ponta da espada contra o próprio peito, como a querer dizer que morreria pela Constituição;
- que, ao findar o juramento, a grande multidão e as tropas ali reunidas começaram a aplaudir, gritando a todo pulmão e pulando de entusiasmo – e D. João desmaiou de susto, pensando que todo aquele ingrazéu era uma tentativa de linchá-lo.

Frei Fábio quase não conseguia terminar as frases, de tanto rir. Frei Caneca, pelo mesmo motivo, chegou a ter um acesso de tosse e o companheiro precisou dar-lhe boas palmadas às costas, para que não se engasgasse. Quando os dois se acalmaram, Frei Caneca tomou a palavra:

– É verdade tudo isso?

– O que posso afirmar é que li todo o relato em periódicos portugueses.

– É a figura que os do Rio de Janeiro nos passam do Rei empreendedor e, ao mesmo tempo, bonachão e ingênuo. Bonachão, empreendedor, fundador de escolas e de artes e ingênuo para os de lá. Para os de cá, ele tem sido esse tirano que manda ou deixa que se prenda, se torture, se enforque, se fuzile, se esquarteje, que deixa que o povo morra à mingua; ou que prefere de nada saber, para que não se lhe tire o gosto dos seus franguinhos fritos e de suas melancias.

– Ficou famosa uma de suas perguntas, que bem mostra o seu alheamento aos problemas de nossas províncias: – "De que tanto reclamam esses meus súditos de Pernambuco?".

Essa Constituição jurada no Rio de Janeiro trazia uma grande novidade absolutamente inédita no Brasil, como foi dito atrás: os governadores e as Câmaras das províncias deveriam ser livremente eleitos, e não mais nomeados.

Ora, governava ainda Pernambuco o orgulhoso herói português Luís do Rego – o mesmo que, desde a derrota militar de 1817, presidia a grande devassa, com perseguições, torturas, muita morte e muito sangue pelas ruas.

— Eleições livres? Mas... mas... mas... isto é uma loucura! — que só servirá para dar mais fôlego ao *maligno vapor pernambucano*. Eu sou e continuo a ser o Governador legitimamente aqui imposto por Sua Majestade — rugiu Luís do Rego, furioso.

Mais calmo, sentou-se, coçou a testa, e dirigiu-se aos seus conselheiros, ponderando: — Deve haver nisto tudo algum engano.

— Vamos, então, procurar ganhar tempo — propôs um conselheiro. Em vez de marcar uma data para as eleições, enviemos um "auto de vereação" a El-Rey, solicitando-lhe melhores e mais claras explicações.

— Ao mesmo tempo alertamos Sua Majestade sobre essa cambada de Pernambuco e províncias vizinhas que não está nada preparada para tanta liberdade. Não há maior perigo do que soltar as rédeas a essa corja.

E assim foi feito.

Os representantes do povo, ao saberem de tal resolução, se revoltaram, acusando o Governador de desobedecer formalmente à Constituição que o próprio Rei havia jurado. Luís do Rego abafou a revolta, como sempre, mandando prender e castigar severamente os cabeças da revolta, com chibatas e palmatórias e depois com o exílio.

Nesse ínterim, chegou, bem clara, a resposta d'El Rey: que se reunissem as Câmaras e se marcasse a data das eleições para o dia 2 de abril.

Sob forte pressão dos portugueses o Governador procurou mais uma vez contornar a situação, a seu proveito: fez com que fosse eleita a Junta Governativa — no que obedecia às ordens da Corte —, mas teve a ousadia de nomear a si mesmo Presidente da mesma, com plenos poderes para aprovar ou não o resultado das eleições.

— Se esse infame chumbeiro[14] não obedece sequer ao seu próprio Rei, que ele adora mais do que a Deus que está no céu, o que fazemos nós aqui? — foi o que concluíram alguns patriotas, que decidiram abandonar o Recife e juntar-se na cidade de Goiana, onde se armaram e ficaram na expectativa do que poderia acontecer.

Nesse mesmo tempo voltavam da Bahia os prisioneiros anistiados e muitos deles correram sem tardar a unir-se aos rebelados de Goiana.

Luís do Rego e os portugueses da Província, na maioria absolutistas, sentiram-se porém fortalecidos quando surgiu a notícia de que D. João ia retornar a

Portugal, o que de fato aconteceu, e que, lá chegando, declararia sem valor a indesejada Constituição Liberal de 1820, que ele jurara com a Bíblia numa das mãos e uma espada na outra – o que de fato também aconteceu.[15] O que, diga-se logo, fez Frei Caneca exclamar: "O Rei que jurou, rejurou e perjurou".

Outro fato inesperado veio até certo ponto favorecer a causa de Luís do Rego: voltava ele de uma festa noturna, quando sofreu um atentado à bala, na Ponte da Boa Vista. Milagrosamente – foi dito ao povo –, ele escapou de morrer, tendo sido muito grave o ferimento. Na verdade – mas ninguém podia saber –, ele sofreu apenas um leve ferimento, de raspão.

Por outro lado, nunca se veio a saber quem realmente atirou no Governador. Há quem afirme que sequer houve atentado algum, e que tudo foi forjado por ele mesmo, para pôr a culpa nos liberais, sobretudo nos anistiados, e ter um motivo público para vingança e para mostrar a El-Rey o perigo de dar liberdade em Pernambuco. Dizem ainda que, chamado às pressas e com grande azáfama (para que tudo fosse bem visível aos olhos do povo), o médico examinou a suposta vítima e mandou, ingenuamente, que o Governador se levantasse e fosse trabalhar, pois nada havia achado de tão grave, a não ser uns arranhõezinhos talvez feitos por unhadas ocasionais. Foi quando se lembraram de que o doutor não tinha sido informado da tramóia. E se ele saísse por aí a contar a verdade? – Prenda-o! Deixe-o afastado por uns quinze dias, até que eu me... "recupere"! – berrou Luís do Rego.

Seja como for, na manhã seguinte, mal o sol nascia, a polícia se espalhava pela cidade, batendo às janelas, arrombando portas, e foram feitas umas duzentas e tantas prisões. Alguns dos prisioneiros foram deportados para Fernando Noronha, outros morreram de torturas no Forte do Picão, outros foram enviados para Portugal, para lá serem julgados. Não por acaso, muitos deles eram "perigosos" anistiados.

– Se houve atentado, houve um cabeça – concluiu o empestado major Merme, chefe de polícia, no seu pétreo raciocínio.

Não provaram a existência do atentado, mas... acharam o seu cabeça: João do Souto Maior, pacato cidadão cujo maior crime era ter sido um dos anistiados.

Surgiu mais de uma versão.

Uma, que esse coitado estava pescando siri do alto da ponte da Boa Vista, e despencou na água com o susto dos tiros e, por não saber nadar, se afogou.

Mas a do chefe da polícia, Merme, foi diferente: que o malvado Souto Maior estava na ponte, de tocaia, fingindo pescar, deu os tiros na autoridade, pulou no rio, e saiu nadando, tentando escapulir. Passava justo ali um canoeiro que, aos gritos da escolta do Governador – "Aqui d'El Rey! Pega o assassino!" –, correu atrás e, com medo de levar também um tiro, deu-lhe um par de remadas na cabeça, com tanta força, que o pobre desmaiou e acabou se afogando.

Evidentemente, valeu a versão do chefe de polícia.

– Então – rugiu o Governador – para que o povo do Recife fique sabendo, se já não sabe, quem é Luís do Rego, vistam o cadáver desse patife, filho de baé, com o seu capote, coloquem-lhe o seu chapéu de palha e suas botas, amarrem-no numa cadeira e o exponham na Rua Nova, esquinada com a ponte onde o safado me acertou, até que apodreça e seu corpo se desfaça em nojosos bocados. Se os urubus começarem a bicá-lo, os vermes a corroê-lo e os cães a retalhá-lo, deixem. Que fique de sobra apenas o seu imundo esqueleto.

E assim foi feito.

Dias depois era insuportável o mau cheiro que o pobre João Souto exalava e a tétrica visão daquele cadáver putrefativo que se diluía e espalhava sânie pelo chão.

– É o cúmulo da selvajaria e do desrespeito para com um cristão – comentava-se por toda parte.

Mesmo os portugueses, de tão enojados daquela profanação, voltavam-se contra Luís do Rego. Já não chegara a cabeça do Padre João Ribeiro espetada e levada em festa macabra pelas ruas, nem os troncos ensangüentados dos enforcados e fuzilados arrastados pelas ruas à cauda de cavalos?

Um professor luso mui letrado e de linguajar sempre escorreito, levantou a voz e, corajosamente, exclamou em plena rua: – Não deveria alguém cientificar El-Rey de que Pernambuco está sob a governança de um desnaturado monstro anencéfalo, carniceiro e necrólatra?

O monstro anencéfalo teve um enorme susto quando o Sargento Mor lhe anunciou que aqueles minguados patriotas de Goiana já contavam mais de 2 mil, fortemente armados e... suprema ousadia deles, exigiam que o malvado Governador voltasse imediatamente para Portugal, pois o haviam deposto e eleito um substituto brasileiro.

É impossível descrever o estado em que ficou Luís do Rego. Depois de muito gaguejar e de perder o fôlego, ele urrou, enfim:

– Quem pensam que são esses adoudados? Terá virado Goiana uma casa de orates?

– Excelência – respondeu o Comandante de Armas – não sei quem eles são, nem se são malucos, mas o povo, os membros das Câmaras e os quartéis só a eles pretendem obedecer. Nós lhes transmitimos as ordens de Vossa Excelência... e eles respondem... (o Comandante perdeu a fala).

– Respondem o quê? Fale!

– Que vossas ordens de nada valem, pois há um novo Governo em Pernambuco, sediado em Goiana, legitimamente eleito pelo povo, tal qual manda a Constituição jurada por El Rey.

Luís do Rego feriu os punhos de tanto esmurrar a mesa e estragou o bico das botas de tanto chutar as cadeiras do palácio. Mandou ameaçar os "malucos" com o seu bem treinado Batalhão de Algarves, que fazia todos tremerem só de ouvir falar. Em vão. Desta vez, ninguém tremeu. Mandou buscar tropas na Paraíba, e deu cabeçadas nas paredes ao saber que esses infames tinham aderido ao Governo de Goiana. Mandou que se enviasse o mais ligeiro dos seus navios pedir socorro ao Rio de Janeiro, onde já dominava D. Pedro, como Príncipe Regente, mas D. Pedro também o decepcionou: pretendendo agradar aos brasileiros, o Príncipe, em vez do socorro e dos reforços, mandou-lhe uma fragata ligeira em que o Governador poderia se refugiar e fugir em segurança para Portugal.

Enquanto isso, aumentava de maneira preocupante o contingente de Goiana, com patriotas chegando do interior e de outras Províncias. Estabeleceram o seu Quartel-General em Beberibe e começaram a avançar sobre o Recife. Já estavam sob cerco Olinda e Afogados, cuja população aderia em massa. As famosas tropas de Algarves não conseguiam detê-los. Mesmo assim, Luís do Rego não desanimou e assumiu o comando geral, confiando em seu passado vitorioso, nos seus triunfos militares, nas sete medalhas no peito, ganhas em sete batalhas gloriosas em guerras de Portugal. A última notícia é que os goianenses já estavam em Boa Viagem, na Torre, em Apipucos e em Ponte de Uchoa. O centro do Recife estava cercado. O povo criava coragem e saía gritando pelas ruas dando vivas aos heróis de Goiana e "Fora o General". Havia deserções até no exército português: "soldados têm ficado sem oficiais; e batalhões de primeira linha só têm oficiais, por haverem desertado quase todos os soldados". – confessava um oficial luso. Merme, o chefe de polícia, tão fiel, o homem mais temido do Recife pela fama de corajoso, valente e cruel, vestiu ligeirinho um hábito de frade, saiu correndo pelos becos sombrios, disfarçado, e covardemente se refugiou no Convento de São Francisco.

– Pilantra! Cobarde! – rugiu Luís do Rego.

Umas quadrinhas são escritas nos muros e cantadas pelo Recife inteiro, às gargalhadas:

"Luís do Rego foi guerreiro
Sete campanhas venceu;
Na oitava, de Goiana
Luís do Rego esmoreceu.

Luís do Rego foi chamado
De raiva ficou maluco;
Sete campanhas ganhara,
As perdeu em Pernambuco."

Era demais. Luís do Rego podia suportar tudo, menos o ridículo – que lhe doía mais do que tiros e golpes de espada. Tornara-se um frangalho, perdera a pose, o seu orgulhoso bigode já caía pelas pontas, mais parecia um morto-vivo a andar sem destino pelas salas do palácio, a bravejar – "As quadrinhas, não!".

A conselho de seus áulicos, mandou um emissário ao comando goianense, propondo um armistício. Era a derrota. Era a humilhação. Era a vergonha. Pior: os patriotas, de tão afoitos, não aceitaram as cláusulas do armistício.

– Mas, o que é isso? Onde é que estamos? – gemia o Governador.

Mal tendo tido tempo de digerir a sua raiva, chegava um ofício de Lisboa, da parte d'El-Rey, ordenando que o Governador: 1º – organizasse eleições livres; 2º – que não tivesse nelas qualquer influência; 3º – que desse posse ao Governo que fosse eleito; 4º – e que depois partisse de volta para Portugal, aproveitando o navio posto à sua disposição por D. Pedro.

Nunca imaginou o grande herói das sete batalhas que passaria, já quase na velhice, por tamanha vexação. Mas, obedeceu. Eram ordens d'El-Rey. Fez tudo conforme o disposto, mas se negou a cumprir a terceira determinação: não deu posse à nova Junta Governativa, quando soube que o novo Presidente, Gervásio

Pires, e três dos seis membros eleitos eram ex-prisioneiros de 1817 – ainda os malditos anistiados! –, que ele mesmo, na época, mandara surrar e prender.

– El-Rey que me perdoe, mas isto excede toda a minha resistência moral! Não vou, não posso, me recuso a dar posse a esses patifes!

A *Convenção de Beberibe*, que selava a deposição de Luís do Rego e proclamava o novo Governo, foi assinada em 5 de outubro de 1821, e foi um dos mais importantes marcos da história brasileira: pela primeira vez uma Província brasileira passava a ser governada unicamente por brasileiros, todos eles eleitos livremente pelo povo.

– E daí em diante, concluiu o Frei Fábio sua longa explanação –, não houve mais governantes, comandantes de armas, nem quaisquer outras autoridades portuguesas em Pernambuco. Pelo menos uma das Províncias brasileiras estava independente! Apesar de Portugal continuar a ser a metrópole colonizadora, deixava esse país europeu de existir, politicamente, para Pernambuco e os seus aliados..

– Foi a vitória, mesmo retardada, dos ideais de 1817 – acrescentou Frei Caneca.

IX

E foi proclamada a independência

O Rei tinha voltado para Portugal, e o Brasil inteiro passava a girar em torno de seu filho o Príncipe D. Pedro que ninguém, sobretudo nas províncias do Norte e do Nordeste – tão longe –, sabia ao certo quem era, nem o que queria. Ignoravam-se as suas idéias, os seus propósitos, o seu caráter. O país inteiro fica em suspenso, na expectativa. A exceção era o Rio de Janeiro, onde o Príncipe vivia uma vida fácil e leviana, correndo a cavalo, cantando modinhas na Lapa, acompanhado na viola pelo seu esperto amigo Chalaça, colecionando paixões extraconjugais e cooperando ativamente para o crescimento da mestiçagem nacional.

Dizem, porém, os fluminenses que, com a ausência do Rei, o Príncipe começou a sentir a responsabilidade que passaria a lhe pesar e, de repente, começou a levar a vida a sério: tinha de dar seqüência à dinastia da Casa de Bragança e, quem sabe, logo seria o Rei ou o Imperador deste território imenso, desmedido, ainda desconhecido, ainda sem unidade.

Dois caminhos se apontavam, logo de início, diante do Príncipe, ambos nada fáceis de se harmonizarem: a fidelidade a Portugal e à Casa de Bragança, de um lado, e de outro a glória de vir a ser o primeiro Imperador do Brasil, que o recebia sem muitas perguntas, pois ele era o primogênito do Rei e, portanto, o trono lhe pertencia, por herança. O maior problema do jovem Príncipe é que os brasileiros queriam um império, sim, mas um império constitucional e livre da tutela de Portugal, ou seja, um império independente e regido por uma Constituição, e não mais pelo arbítrio de uma dinastia. Aqueles anos em que o velho Rei aqui ficara tinham dado aos brasileiros o gosto de ser uma nação e de ser a sua metrópole. A grande dúvida é que D. Pedro era um Príncipe de sangue europeu, tendente, portanto, ao absolutismo – o que não combinava muito com a obediência a uma

Constituição. E a isto se somava o gesto de D. João VI, que, ao chegar a Lisboa, anulara o juramento de seguir uma Constituição liberal, feito a duras penas no Rio de Janeiro. Absolutismo em Portugal... por que não no Brasil? Por isso, em conseqüência, grassava também, de norte a sul, uma tendência republicana, muito forte em certas regiões, fraca em outras. Numa república não havia dinastia, o governo não era uma herança, era escolhido pelo povo. Como dizia em boa hora Frei Caneca, *"os homens não são rebanhos de ovelhas para passarem de uns governos a outros pelos títulos de herança e propriedade"*.

Em Pernambuco, e em todo o Nordeste, depois da Convenção de Beberibe (1821) e da expulsão de Luís do Rego, só se falava em Independência. Mas a situação era confusa. O Presidente eleito da província, Gervásio Pires, republicano até a raiz dos cabelos, não parecia muito entusiasmado com a maneira como a independência tomava corpo no Rio de Janeiro. Contradição? Não! Achava Gervásio que, no fundo, aquilo não passaria de um sutil jogo político que traria proveito mais para Portugal do que para o Brasil, um jogo entre D. João VI e D. Pedro, coisa de pai para filho. No fim, pensavam Gervásio e o seu partido, o Príncipe vai impor às Províncias um regime semelhante ao de Portugal, e isto será a morte do ideal republicano e da própria independência. "Que independência querem nos impor"? – era a pergunta.

Mas havia também um partido pró D. Pedro e pró independência.

Os fatos, entretanto, se sucediam rapidamente: em junho de 1822 D. Pedro é reconhecido, no Rio, como chefe do Poder Executivo, e promete convocar uma Assembléia Constituinte; no dia sete de setembro é proclamada a Independência e em outubro D Pedro é declarado Defensor perpétuo do Brasil.

No Recife, Gervásio Pires é deposto, sem derramamento de sangue, sem perseguições, sem saques e os republicanos perdem o antigo prestígio, em favor do partido imperial pró D. Pedro e pró independência. Todos os partidos, porém, em boa paz, aceitam o fato consumado, e aderem à Independência que, afinal de contas, era um sonho comum, era o desabrochar natural de tudo por que tantos haviam pugnado e derramado tanto sangue. Em todas as cidades e vilas, a independência foi comemorada, com festas, vivas a D. Pedro, danças nas ruas e solene *Te Deum* nas principais igrejas.

No Recife a celebração oficial foi realizada mais de um ano depois, precisamente no dia 8 de dezembro de 1823, festa de Nossa Senhora da Conceição, padroeira do Brasil, por ser o dia da aclamação de D. Pedro como Imperador constitucional. A festa contou até com um vibrante discurso de Frei Caneca, durante o *Te Deum* da igreja matriz do Corpo Santo, "com assistencia da Junta provisória, Relação, clero, nobreza e povo". O Príncipe foi elogiado e comparado, pelo orador, aos profetas e a outros grandes vultos bíblicos enviados por Deus para salvar Israel. Ligando a festa da aclamação à Independência, Frei Caneca exclamou, no mesmo discurso: "Transbordaram os vasos da nossa paciência; chegaram ao seu pincaro as injustiças de Portugal: apresentou-se o nosso libertador!". Afinal de contas, o Brasil estava independente, havia a promessa de uma Assembléia Constituinte, tínhamos um Imperador que prometia ser constitucional. O resto seria resolvido com o tempo.

Na Câmara provincial estranham tamanho entusiasmo e pedem ao frade uma explicação.

— Vossa Reverendíssima tanto lutou pela democracia e pela república...

— Nas atuais conjunturas, "não proclamamos a república, porque não queremos; e não queremos, não por temor de nada, sim porque esperamos ser felizes em um imperio constitucional".

— Um império constitucional...

— "O imperio constitucional, gostaria de acrescentar, ou é uma concepção de uma intelligencia acima da dos mortaes, ou é uma dessas verdades sublimes, com que nos costuma presentear o acaso, ou, si nasceu da reflexão, é a obra prima da razão, e o maior esforço do entendimento humano no artigo política".

— Por isso estamos a rejeitar, agora, a república?

— Absolutamente. Nunca rejeitamos a república. Não é porque queríamos uma república em 1817 que a devemos querer agora. As circunstâncias atuais mudaram, são outras. Naquele tempo, parecia-nos que a república seria o único meio de nos livrarmos de Portugal e do despotismo. Sua Alteza D. Pedro, entretanto, convocou a Assembléia Constituinte e, com isto, assumiu um sério compromisso com o povo: o de termos um império constitucional e democrático.

— No entanto, D. Pedro continuará Imperador. E, não podemos esquecer que ele é de sangue português, da Casa de Bragança, educado para exercer um poder que acredita vir diretamente de Deus, por herança, e nunca de uma Constituição feita pelos representantes do povo. "Como lá dizem, em Portugal, cavallo velho não toma andares".

– Não custa darmos a D. Pedro um voto de confiança – continuou argumentando Frei Caneca –, já que ele mesmo aceitou a "defesa perpetua do Brazil, proclamou a sua Independencia, e gritou com todos os Brazileiros – *De Portugal nada, nada; não queremos nada!*" E não é tão velho assim. Ainda vai poder tomar andares. Repito: não custa darmos a D. Pedro um voto de confiança, baseados em suas próprias palavras, no manifesto de 6 de agosto de 22 – "*Hei de defender os legitimos direitos e a constituição futura do Brazil... com todas as minhas forças e á custa do meu proprio sangue, si assim for necessario*". E na fala no dia da abertura do supremo Congresso, "todo transportado em jubilo", exclamou: "*Afinal raiou o grande dia para este vasto imperio, que fará epocha na sua historia. Está junta a assembléa para constituir a nação. Que prazer! Que fortuna para todos nós!*"

– Além do mais, Senhores – continuou o Frei –, precisamos convencer-nos de que o Brasil não é Europa. E cabe a nós convencer disto ao Príncipe. Se Sua Alteza quer governar o Brasil, tem de aceitar que "o clima do Brasil, a sua posição geográfica, a extensão do seu território, o caráter moral dos seus povos, os seus costumes e todas as demais circunstâncias" são absolutamente diferentes do que há na Europa.

– Vossa Reverendíssima está talvez a exagerar. Na verdade, é da Europa que temos haurido a nossa formação, a nossa cultura, naquilo que ela tem de bom e de mau...

– Perdão. Desculpe-me interrompê-lo, Excelência. Nós temos em nosso sangue muito dos europeus, admito, mas igualmente dos indígenas deste continente. "Dos europeus temos essas idéias de dependência e de submissão a alguém supostamente enviado por Deus". Dos indígenas temos, pelo contrário, "um espírito de insubmissão e de liberdade extrema, pois, sendo ateus, os indígenas não concebem que haja homens tão audaciosos para quererem comandar os outros; nem imaginam que existam homens tão loucos que se disponham a obedecer. Da harmonia destes dois elementos se formaram os brasileiros".[16]

– E uma Constituição, nesse caso...

– Será um freio tanto às paixões pessoais do Imperador e do povo, quanto uma barreira ao exercício da arbitrariedade, de ambos os lados. *Aliis verbis*, a Constituição pode amainar o excesso de ímpeto do nosso sangue indígena e sofrear o nosso instinto europeu de submissão. "Colocado entre a monarquia e o governo democrático, o império constitucional reúne em si as vantagens de uma e de outra forma, e repulsa os males de ambas. Agrilhôa o despotismo, e estanca os furores do povo indiscreto e voluvel".

– Mas... desculpe a insistência...e a república? Agora se contradiz o caro Frei?

– Não, absolutamente, não. Eu sou um "periodista" e, como tal, vejo os fatos e os interpreto na medida em que surgem. Acontece que por vezes os fatos mudam; hoje chove, amanhã faz sol. Sempre lutei e sempre lutarei por um regime justo. Isto não muda! Minha teoria é antes de tudo radicalmente liberal. Repito o que já disse e escrevi: *"Governe quem governar, seja nobre ou mecânico, rico ou pobre, sábio ou ignorante, da praça ou do mato, branco ou preto, pardo ou caboclo, só há um partido: que é o da felicidade do povo. E tudo o que não for isso, há de ser repulsado a ferro e fogo"*. No momento, tenho para mim, com toda sinceridade, que devemos confiar no jovem Imperador, e acreditar nas palavras que ele mesmo tem pronunciado e muitas vezes repetido: – *"na minha alma está gravada a monarquia constitucional"*. Que mais querem Vossas Senhorias? Não temos o direito de acreditar nas palavras de um Imperador? Não se diz, lá pelas Europas que palavra de Rei não volta atrás?

A reação da assembléia foi de silêncio. Um silêncio indecifrável, que poderia ser de aprovação total, ou parcial, ou até de repulsa. Depois, um murmúrio aqui, um balançar de cabeça acolá, um muxoxo... Em suma, todo o respeito que tinham aqueles homens pela palavra do Frei não os impedia de achar que ele estava enganado, ou... excessivamente otimista.

Frei Caneca e os mais ferrenhos liberais, entretanto, acreditavam, piamente, e se enchiam de entusiasmo. Ingenuidade? As discussões continuavam. Alguns, mais suspeitosos, repetiam, sem descanso: D. Pedro não é confiável, sobretudo dominado que é por esse Ministério que nada tem de liberal. Ele é um Príncipe europeu, filho de um Rei europeu, e como tal, acostumado a ter a sua vontade como *ultima ratio* e dono absoluto da lei e do direito, considerando-se herdeiro do "poder divino dos reis". Não é de esperar que mude, de uma hora para outra, tornando-se um monarca liberal, governando o país sob a égide de uma Constituição, só por ter declarado solenemente que o faria.

Infelizmente Frei Caneca cedo, bem mais cedo do que se esperava, iria descobrir que D. Pedro não era digno de tanta confiança e que, portanto, as dúvidas dos companheiros eram fundadas.

O ano de 1823 foi de grandes decisões para Pernambuco e para o resto do Brasil. Na Corte, D. Pedro e o seu Ministro José Bonifácio estavam às voltas com tropas portuguesas rebeladas e que não aceitavam de bom grado a independência. E ainda havia, em algumas províncias, diversos focos de republicanismo, naquelas em que, ao contrário de Frei Caneca, não se tinha tanta fé num império constitucional brasileiro, não se acreditava, tão piamente, nas boas palavras do Imperador.

Em Pernambuco, porém, as coisas caminhavam para um certo equilíbrio interno, malgrado a cisão entre simples constitucionalistas, monarquistas e republicanos.

Governava a província, em substituição a Gervásio Pires, o fidalgo Francisco Paes Barreto, Morgado do Cabo, livremente eleito, mas que logo se mostrou incompetente, perseguidor, injusto, filhotista, protecionista dos seus apaniguados.

Em vista disso, a melhor e mais justa solução encontrada pelas Câmaras foi depor, legalmente, o incompetente e corrupto Morgado e convocar novas eleições.

Isto era legítimo e totalmente de acordo com as normas vigentes. Punha-se em prática o artigo 28 da Lei Orgânica de 1817, que rezava: *E como pode succeder o que não he de esperar, e Deos não permitta, que o Governo para conservar o Poder de que se acha apossado frustre a justa expectativa do Povo, fica cessado de facto o dicto Governo, e entra o Povo no exercicio da Soberania para delegar a quem melhor cumpra os fins de sua delegação.* E isto foi feito, tendo as Câmaras deposto o Morgado e eleito, em seguida, o liberal da oposição, Manuel Paes de Andrade. Tudo de acordo com a lei.

Acontece, porém, que o Morgado era amigo e protegido do Imperador, além de íntimo do seu Ministro José Bonifácio. E daí surgiu um grande impasse: o Ministro José Bonifácio resolveu intervir na Província, e, em nome do Imperador, anulou despoticamente as eleições e ordenou que as Câmaras depusessem o Governador legitimamente eleito, Paes de Andrade, e sem tardar, e sem discussão, fosse reconduzido ao poder o Morgado, seu amigo*.

Não foi só isto. Este e outros fatos lastimáveis da política ministerial e imperial iriam se amontoando e formando uma barreira de nuvens carregadas a obscurecer os céus de Pernambuco.

Toda a província e o seu povo estavam feridos na sua honra e no seu patriotismo e sobretudo decepcionados. Naturalmente, não deixariam de reagir. Frei Caneca não demoraria a dar o seu famoso brado de revolta e de decepção: *"Fomos traídos!"*

---

* Voltaremos a este caso, pela sua importância histórica.

X

"Sua majestade traiu a confiança da nação"

Durante um certo tempo Frei Caneca ainda insistira em não atribuir as traições diretamente ao Imperador. As notícias da Corte demoravam a chegar. Eram confusas. No seu entender, por ser muito jovem, o Imperador era levado a tomar certas atitudes antidemocráticas, não por arbítrio próprio, mas pela influência maléfica do Ministro José Bonifácio, político dominador, de forte personalidade e antidemocrata até a raiz dos cabelos. Pode-se ver que, nos primeiros números do *Typhis Pernambucano*[17] os seus ataques nunca visavam diretamente o Imperador, mas o Ministério. Só a partir do n° XXIII do *Typhis*, de 24 de junho de 1824, o Frei se dá conta, enfim, de que era o próprio D. Pedro quem tomava as rédeas do absolutismo e traía todas as promessas democráticas e de independência, solenemente feitas ao povo brasileiro:

"Sopram contra nós os ventos do engano, do terror, da mentira, do despotismo!". Descobrimos, enfim, "que nossas verdades chocam os interesses de D. Pedro, Príncipe português, que o Brasil, imprudentemente e loucamente, havia aclamado seu Imperador".

Essa certeza viria diante de algumas atitudes pessoais de S. Majestade, que apenas confirmariam o de que todos já desconfiavam: o desprezo, a falta de tato e a brutalidade em relação a pessoas, a fatos e instituições que tocavam profundamente o coração do país, máxime de Pernambuco e das Províncias vizinhas. Frei Caneca fica chocado e começa a ver com outros olhos a figura de D. Pedro.

Alguns dos fatos que fizeram Frei Caneca mudar seu posicionamento:

No dia 3 de maio (1824), aniversário da abertura da Assembléia Constituinte, que o próprio D. Pedro tinha decretado "de grande gala", todo o Rio de Janeiro se preparou para festejar solenemente a data – "e quando o povo esperava ver a Corte de gala, ele se achou *como um gallo, e gallo das trevas*"– ironizou Frei Caneca. Para surpresa geral, não só o Imperador como também todos os Ministros, seguindo o seu exemplo, aproveitaram o dia de folga e se escafederam da cidade – foram para os campos, gozar a fresca da natureza e tomar banho de cachoeira. E o povo ficou em inútil espera nas praças, frustrado, humilhado, sem festa, sem comemoração. Bem que se dizia que D. Pedro não morria de amores pela Assembléia, que seria o ato máximo da nacionalidade brasileira.

Em seguida, também em 1824, a atitude do Imperador foi tão ou mais grave do que o exposto. O povo, ainda não refeito da humilhante decepção do dia 3, viu o Imperador e toda a Corte festejarem, com o máximo de pompa, o aniversário do Rei de Portugal, no dia 13 desse mesmo mês – "isto é – escreveu Frei Caneca –, o aniversário de um Rei nosso inimigo, e que está em guerra aberta com nosco; Sua Majestade deu beijamão no paço, e á tarde foi com toda a côrte á ilha das Enxadas, onde estava aquartellada a tropa portugueza e arvorou a bandeira de Portugal, com escandalo da cidade".

Para coroar, vieram a dissolução da Assembléia tão esperada e tão importante, a intervenção nas eleições de Pernambuco, com a imposição do Morgado e afastamento de Paes de Andrade, e a péssima recepção e a falta de apreço com que o Imperador tratou deputados pernambucanos que foram à Corte tratar pessoalmente dos problemas da província.

É esse o homem que prometera dar a vida pela independência do Brasil?

Convocação da Assembléia Constituinte.

Enquanto colônia de Portugal, o Brasil era um conjunto de províncias – ligadas individualmente à metrópole européia, não tendo, porém, qualquer vínculo de interdependência entre si. No dia 7 de setembro de 1822, portanto, não se proclamou a independência do Brasil, pois o Brasil não era uma unidade política, não existia como nação.

Nesse 7 de setembro, explica Frei Caneca, proclamou-se, de fato, a independência da província do Rio de Janeiro. – "*O Rio, então, pelo poder soberano que tinha em seu território, aclamou Sua Majestade Imperador constitucional; e Sua Majestade não ficou mais do que Imperador do Rio de Janeiro.*"

A partir desse momento, continua o Frei, *"as outras províncias, ou seduzidas pelos emissarios do Rio, ou por seu proprio conhecimento – e esperando que nesta forma de governo poderiam achar a felicidade a que aspiravam, foram-se chegando, muito de sua vontade, aos negocios do Rio, aclamando S. Majestade Imperador constitucional. Com o que, nada mais fizeram que declarar que se uniam todas para formar um imperio constitucional, e que Sua Majestade seria o seu Imperador"*.

Era essa a intenção, era esse o desejo dos brasileiros, era esse o sonho que Frei Caneca acalentava ao falar de *Império Constitucional*.

Em pouco tempo, todas as províncias aderiram a esse projeto. Tratava-se, porém, de uma união ainda provisória. Para que o Brasil se tornasse uma nação de fato, era de mister convocar-se uma Assembléia Constituinte que sacramentasse essa união. Frei Caneca concluiu, de maneira lógica e coerente: *"A união das províncias foi então anunciada e baseada no conjunto indissoluvel destas duas condições: 1º – sistema constitucional; e 2º – Sua Majestade como Imperador"* – propostas que D. Pedro aceitou plenamente.

A Assembléia iria, portanto, *constituir* a nação; ela seria, portanto, maior do que cada província, e maior do que o próprio Imperador, pois só a ela pertenceria a *"soberania – esse poder acima do qual não ha outro"* – explicou ainda Frei Caneca. Ao ser aberta a Constituinte, deveriam cessar todos os poderes, pois seria função da Assembléia *constituir a nação, fazer a nação* e, conseqüentemente, a ela caberia definir todos os direitos e poderes. Aceitavam-se todos os poderes em ação, mas como provisórios, inclusive o do Imperador.

E assim, no dia 3 de maio de 1823 – o dia da grande esperança dos brasileiros –, foi oficialmente inaugurada a nossa primeira Soberana Assembléia Constituinte, formada por representantes de todas as províncias, legitimamente eleitos, cuja gloriosa incumbência seria *constituir* o Brasil, dar-lhe o *status* de nação.

O Imperador "provisório" aceitou, sem discussão, a soberania da Assembléia. E, para provar a seriedade dessa aceitação – e isto é também importantíssimo –, Sua Majestade entrou no recinto, no dia da abertura dos trabalhos da Constituinte, *sem o cetro e sem a coroa imperial*, que eram os símbolos do seu poder – e assim fez o seu discurso inaugural.

Frei Caneca seguia, passo a passo, todos esses trâmites, e exultava de alegria. E com ele todos os liberais.

A alegria, porém, não durou muito: nesse mesmo discurso inaugural, D. Pedro revelou o seu vício de berço, de governante europeu absolutista:

— *"Como Imperador constitucional, e mui principalmente como defensor perpetuo deste Imperio, com minha espada defenderei a* **Constituição, se for digna do Brazil e de mim**". Na peroração, foi ainda mais restritivo: *"Espero que a Constituição, que façais, mereça a* **Minha imperial aprovação!**"

Não era isto o que se esperava. A decepção foi geral. Frei Caneca, ironicamente, rebateu: se a Constituição for digna do Brasil mas não for digna do Imperador, a quem Sua Majestade defenderia com a sua espada? E se houver um conflito e a Constituição não for aceitável pelo Imperador, mesmo sendo aceitável pela nação, de que lado ficará Sua Majestade? E o que será do agrado de S. Majestade... o que é que é, ou não é, digno dele? — D. Pedro não o diz. "Ora, não se determinando o que aceitará Sua Majestade, pode Sua Majestade rejeitar toda e qualquer (cláusula da) Constituição, dizendo (simplesmente) que não é digna dele etc". Aceitará a Assembléia tal absurdo?

O que D. Pedro preferia não confessar, é que jamais simpatizara com a Assembléia Constituinte, alegando, entre os seus, que ela acabaria por limitar os seus poderes. E isto, apesar das aparências e das promessas juradas solenemente, o Imperador não assimilaria, jamais. Já se considerava um modelo de democrata liberal, por ter entrado naquele recinto sem a sua coroa e sem o cetro.

As notícias que passaram a chegar do Rio de Janeiro eram cada vez mais desanimadoras. D. Pedro acabava de organizar um novo Ministério, sem consultar a Assembléia (o que não era permitido), e com cidadãos nitidamente contrários à autonomia da Constituinte. Ao mesmo tempo, sofria pressões de ordem econômica da parte dos comerciantes portugueses muito escutados pelo Imperador provisório, e que temiam um possível excesso de liberdade dos brasileiros. O comando das tropas, mesmo proclamada a Independência, ainda continuava, em grande parte, nas mãos de oficiais portugueses, que pressionavam D. Pedro, por não aceitarem a idéia de um Brasil desligado inteiramente de Portugal. E suspeitava-se, com bastante fundamento, que a independência, esta sim, era provisória, havendo a intenção de novamente unir o Brasil a Portugal, num único reino, com D. Pedro soberano dos dois países. Afinal de contas, ele era o herdeiro presuntivo da coroa portuguesa. A situação era agravada pelas influências exercidas sobre ele pela Marquesa de Santos, sua amante, e pelo Chalaça, um esperto violeiro luso, companheiro de noitadas do Imperador – ambos, visivelmente, dedicados aos interesses de além-mar.

E havia, sobretudo, a figura de José Bonifácio de Andrada e Silva – um antiliberal – que organizara o novo Ministério. Assim pensava Frei Caneca:

"Os Andradas colaboravam para que a nossa Constituição não fosse tão liberal quanto o Brazil o desejava(...). O Ministério (de José Bonifacio), por meio da perseguição contra os escriptores liberaes e patriotas, tolheu a liberdade à imprensa e destruiu o veiculo por onde se poderia instruir a nação de seus verdadeiros interesses e apontar-lhe os abismos em que podiam submergir a sua felicidade, a sua liberdade e a sua gloria. Calaram-se todos os escriptores de peso, não falou mais o *Periquito*, não viajou mais *O Correio*, nem ardeu a *Malagueta*.[18]

Frei Caneca relata, com todo o realismo, a maneira brutal de como se deu o fechamento da *Malagueta*:

"O redator da *Malagueta*... por se ter dirigido a S. M. I. e Constitucional, mostrando-lhe as manobras machiavelicas do ministerio para se conservar despotico com comprometimento do Imperador, e risco da causa do Brazil, succedeu... que horror! Cahe-me a penna da mão!... Quem tal esperava... na capital do Brazil, á vista do *seu perpetuo defensor*, á face do Supremo Congresso?... succedeu que entrando cinco assassinos pela casa do redactor, o deixaram por morto, com dous dedos cortados, tres cutiladas na cabeça, e todo mais corpo passado de feridas, e massado a páo, afogado em seu proprio sangue, e alguns de sua familia e dous amigos, que com elle estavam, tambem espancados e feridos"(p.315).

E o Imperador? Qual a sua reação? Nenhuma. Não abriu o bico. Agiu como se, tacitamente, aprovasse tanta brutalidade.

As desconfianças dos pernambucanos aumentaram, ainda mais, quando chegou a notícia de que, cumprindo ordens de José Bonifacio, eram violentamente perseguidos patriotas como Gonçalves Ledo e o cônego Januário Barbosa, os cabeças do frágil movimento libertário do Rio, e que abertamente haviam lutado ao lado de D. Pedro pela Independência. Nem essa honra lhes respeitavam. Para livrar-se da morte, Ledo teve de fugir dos capangas de José Bonifacio, disfarçado sob o burel de frade franciscano, aparecendo depois, não se sabe bem como, em Buenos Aires. O Cônego Januário foi preso e deportado para a França.

Frei Caneca não se calou:

"Uma inquisição politica se abriu na Corte, e mandou-se abrir aqui e no Maranhão contra republicanos, carbonarios etc, pelos quaes entendem todos os homens que não pensam como o ministerio. Foram no Rio presas mais de 300 pessoas... outras deportadas... outras emigraram de sua patria e foram procurar abrigo em terras alheia.

"Aquelles mesmos que mais haviam trabalhado pela independencia do Brazil, já com seus escriptos, já com suas ações, foram perseguidos, expatriados e presos. É um ministerio que sacrifica á sua ambição a vida, a virtude e a honra de seus cidadãos".

E D. Pedro, que fazia ele, o *nosso defensor perpétuo*? Continuava conivente? Mais uma vez, não abriu o bico. Quem cala consente?

Enfim, os dois, o Ministro e D. Pedro, entraram em choque. José Bonifácio foi demitido, virou a casaca, e passou a fazer oposição ao Imperador.

Enquanto isso, continuavam as sessões da Assembléia Constituinte, num ambiente de luta aberta entre liberais e absolutistas, tendo estes perdido a proteção de José Bonifácio, e de luta velada entre os brasileiros e a ala portuguesa que continuava a ver com maus olhos a Independência.

O povo, nas galerias, participava ativamente, ora com aplausos, ora com vaias. Os áulicos do Imperador interpretavam essa atuação do povo como arruaça, baderna e ameaça de revolta. E tomando isto como desculpa, mandaram pôr as tropas de prontidão. A ala portuguesa do exército invadiu as ruas e chegou a cercar o prédio da Assembléia, sob a alegação de... protegê-la. O constituinte Antônio Carlos gritou, da tribuna: "Faça-se saber ao governo que não há senão as baionetas que perturbam o sossego público. É ridículo querer persuadir que a inquietação de toda a capital procede dos *apoiados* das galerias. O que quero é que se diga ao governo que a falta de tranqüilidade procede das tropas e não do povo".

A maioria dos deputados continuava o seu trabalho, e reagia com coragem e patriotismo aos ataques diretos e indiretos à Constituinte, vindos a maior parte do próprio governo. Isto acirrava a raiva de D. Pedro, que insuflava os portugueses e os brasileiros não liberais, procurando um pretexto para impedir o andamento da Assembléia. Sua irritação chegou ao auge quando os constituintes declararam que era impossível trabalhar livremente com as interferências ilegais do Imperador e do seu Ministério, e com tropas portuguesas nas ruas a ameaçá-los, sob aquela alegação ridícula de protegê-los.

Dissolução da Assembléia.

Até que, no dia 12 de novembro de 1823, sete meses depois de tê-la inaugurado com toda pompa e solenidade, D. Pedro, não podendo domá-la nem dobrá-la, deixa cair a máscara e num ato ditatorial e antidemocrático, dissolve a Soberana Assembléia Constituinte. Frei Caneca escreve, triste e cheio de mágoa: *"Amanheceu o luctuoso dia 12 de Novembro, dia nefasto para a liberdade do Brazil e sua independencia".*

Afinal de contas, que motivos apontava o Imperador para ato tão contrário às suas promessas? Sua alegação "oficial" foi ter *"a Assembléia perjurado ao tão solemne juramento que prestou à Nação de defender a Integridade do Imperio, sua Independencia e a Minha Dinastia".*

Um novo decreto, complementar, datado do dia seguinte, 13, é, igualmente, de um cinismo impressionante, pois ninguém melhor do que o próprio D. Pedro sabia que os motivos alegados eram forjados, mas reafirmava que a Assembléia, como um todo, havia **perjurado**, quando se sabe que, de um total de 84 deputados, talvez não mais do que cinco poderiam ser acusados de falta de patriotismo e de moderação. Frei Caneca rebate: "Que especie de justiça pode haver em dissolver-se uma assembléa de oitenta e quatro deputados pelos desmandos de tres até cinco?"

De fato, o Imperador não mostrou à nação nenhuma prova de que os deputados haviam perjurado, ou haviam atacado a integridade do império ou negado o direito dinástico da Casa Imperial.

Frei Caneca, no *Typhis*, pergunta: "si tais provas há, porque se não mostra? – si este é um dever de quem faz uma accusação?" É que, continua, não convinha ao Imperador e a seu Ministério revelar à nação os verdadeiros motivos da dissolução da Assembléia, que, claramente, foram: **o restabelecimento do absolutismo no Brasil**, à imitação de Portugal, onde D. João VI logo anulara o seu juramento constitucional feito no Rio de Janeiro – que a Assembléia, em sua quase total maioria não aceitava; **e a recolonização do Brasil,** através de sua união a Portugal, sendo ele, D. Pedro, Rei ou Imperador de ambos os países.

Portanto, não mais um império constitucional, mas uma monarquia absoluta; não mais uma nação independente e constituída, mas um amontoado de províncias prontas para fazer parte de um novo império, com sede em Lisboa. Tudo isto com apoio total dos portugueses.

Frei Caneca, como já vimos, cita diversos fatos e atos que comprovam a sua interpretação. Até mesmo a espontânea reação dos portugueses: – 'Soubemos que no Rio de Janeiro alguns portuguezes, pois que ela lhes convinha –, applaudiram a dissolução da assembléa, desfechando em risadas, e outros foram no dia seguinte ao beijamão (do Imperador) por esta grande victoria, quando toda a cidade estava abysmada em dôr e terrorisada"[19].

Apesar de tudo, Frei Caneca, parece, ainda continuava a ter alguma fé em D. Pedro, e a depositar a maior culpa de tão horrorosas atitudes sobre o Ministério e sobre os portugueses – "inimigos encarniçados do Brazil e invejosos de sua futura gloria". Chegou a se perguntar: – Teria sido D. Pedro levado, à força, a tomar tais atitudes? Não é de duvidar, pensa o Frei. Não é de admirar que o Imperador receasse ser deposto, ou mesmo assassinado pelos portugueses do Rio de Janeiro. Afinal de contas, D. Pedro conhecia a história do seu país de origem, sabia da tentativa de assassinato de D. José I pelos lisboetas, do atentado pelos duques de Viseu e de Bragança contra El-rei D. José II. "A idéia de regicidio, ao mesmo tempo que horroriza, e não cabe no entendimento braziliense, é familiar aos espíritos portugueses, que têm dado os mais nefandos exemplos, como além dos traduzidos acima, o de Domingos Leite, que se vendeu aos Castellanos para matar ao Rei D. João IV". Os brasileiros, pelo contrário, só têm dado provas de adesão e de fidelidade, máxime os pernambucanos, aclamando Sua Majestade, festejando com solenidade ímpar a sua coroação, dando-lhe total voto de confiança e, em tempos passados, expulsando os holandeses do solo pátrio sem qualquer ajuda da Corte, e entregando a patria livre a El-Rey.

O fato, horrível e atual, é que os deputados foram expulsos do recinto da Assembléia pela facção do exército comandada por oficiais portugueses – armada de carabinas, espadas, sabres e até mesmo de canhões, como se os pacíficos representantes do povo brasileiro fossem perigosos inimigos da patria. Frei Caneca chamou isto de "cataclysma da arbitrariedade".

Ao se retirarem, alguns deputados, para mostrar bem claro o seu protesto, em vez de saudarem a bandeira nacional e os representantes do Imperador, fizeram continência aos canhões.

Para consolar os brasileiros, S. Majestade prometeu convocar imediatamente uma outra Assembléia – note-se o absurdo –, que trabalhará sobre *"o Projeto de Constituição que EU mesmo lhe hei de em breve appresentar"*. E como se fosse uma compensação à nação agredida, promete *também* que o seu projeto *será "duplicadamente mais liberal do que aquelle que a extincta assembléa acabou de fazer"*.

Essa nova Assembléia jamais foi reunida, e os seus deputados sequer convocados. O que o ditador fez (sem convocação dos deputados eleitos) foi reunir, a toque de caixa, dez juristas de sua inteira confiança, escolhidos a dedo, que lhe eram incondicionalmente obedientes, e mandar que redigissem um *projeto* de Constituição que, em suas palavras, fosse *"digno de Mim"*, e exprimisse *"os Meus sentimentos constitucionaes"* – isto é, que lhe desse plenos poderes, o que contradiria a democracia, e conservasse bons laços com Portugal – "que não tinha mais Constituição"–, o que faria perigar a Independência. Promete, também, enviar esse *projeto* a todas as províncias, para ser lido, discutido e até remendado pelas Câmaras e pelo povo e, uma vez isto feito, seria aprovado, e em seguida referendado por todas, sob juramento.

Mas D. Pedro temia a reação de Pernambuco, onde Frei Caneca reagia violentamente, pelo seu jornal *Typhis Pernambucano*, contra a dissolução da Constituinte e contra um *projeto* de Constituição que não era pensado, nem redigido, nem discutido "em Cortes" pelos legítimos representantes da Nação, que seria um perigo para a Independência e integridade do Brasil e que colocaria nas mãos do Imperador o poder absoluto. E que negócio é esse de uma Constituição que exprimisse os anseios e sentimentos do Imperador, e não os anseios e sentimentos da nação? O jornal era lido e discutido na Câmara, nas casas de família, nos conventos, nas paróquias, nas ruas, nos encontros públicos e clandestinos.

O que mais preocupava e irritava D. Pedro, os seus Ministros e os portugueses era a coerência da pregação de Frei Caneca. As suas inferências eram lógicas e sustentáveis, por serem deduções claras e insofismáveis de princípios aceitos, pelo menos teoricamente, por todos os pensadores políticos da época, e até mesmo preconizados pelo próprio Imperador em discursos e editos. Por ser tão coerente, Frei Caneca era perigoso. E por ser perigoso, era necessário calá-lo, seja lá como fosse, até com a morte, se preciso.

Para obrigar os pernambucanos a jurar o seu *projeto*, sem discussão, D. Pedro usou de um estratagema bem à sua feição: mandou que o navio que levava o *projeto*, a ser lido e discutido, passasse ao Largo do Recife e só voltasse a Pernambuco quando, terminado o prazo, coincidisse com a chegada do outro navio-correio portador do decreto, já assim obrigando todos a votarem o *projeto constitucional*, como tendo sido lido, discutido e aprovado pela maioria das províncias – o que era totalmente falso

Frei Caneca reage no *Typhis Pernambucano,* de 3 de junho:

"Agora, porém, depois de Rio e Bahia haver jurado o *projecto,* recebem as camaras do Recife, Olinda e Goiana as segundas vias da portaria de 17 de Dezembro, para discutirem o *projecto,* e **ao mesmo tempo** o decreto de 11 de Março para se jurar; porque a maior parte das provincias o tinham adoptado e pedido. Que homem, por mais simples, deixa de ver a doblez, o estratagema e a má fé do ministerio fluminense? Nunca se dirigira ele a Pernambuco sobre este objecto (...).

Si acaso se deve discutir o *projecto,* para ser adoptado ou não, visto ainda não se haver tractado deste negocio, que vem a fazer o decreto que o manda jurar? E si acaso, em virtude do decreto, se deve jurar sem fallencia, como se manda discutir e offerecer ao arbitrio dos povos?

Não se vê que isto é o mesmo que pedir-se uma esmola, pondo-se uma pistola aos peitos do esmoler?

Porque razão se não havia mandar a Pernambuco discutir este ponto em tempo habil, como as demais provincias?

É que o juramento exigia dos brasileiros uma obediência cega. A hipocrisia e o ardil eram tão patentes, que a Câmara da Bahia ousou, medrosamente, ingenuamente, sugerir duas pequenas reformas no texto *outorgado* por Sua Majestade, ainda dentro do prazo estabelecido para discussões e sugestões, e teve esta brutal resposta – "Que se jure o projecto sem restrição, não se podendo fazer nelle mudança alguma". Por que pedir, então, que se discutisse o *projeto?* Era esse o espírito *duplicadamente liberal* do Imperador?"

"Perfídia e traição!" – grita Frei Caneca. Em Pernambuco, não tinha havido leitura, nem discussão, nem aprovação; nem, no Brasil, maioria alguma. E não havia mais prazo.

A chegada ao Recife desse decreto causou um tremendo choque, "um choque electrico que abalou todo o imperio" – escreveu Frei Caneca. A Câmara da cidade reuniu-se com urgência e, diante da gravidade e magnitude do fato, resolveu que qualquer deliberação "pertencia a todos resolver, e não somente a ela, e menos ainda impor o seu voto e conducta aos cidadãos". Foi então convocado, através de cartas e editais espalhadas ao máximo, o maior número possível de pessoas, "de todas as classes", que comparecessem à sessão extraordinária, a fim de "darem o seu voto". Alguns cidadãos votaram oralmente, outros preferiram opinar por escrito. Frei Caneca foi um dos que entregaram o seu voto por escrito.[20] Esse texto passou de mão em mão e convenceu o povo e a Câmara a não aceitar o *projeto imperial*, como pode ser lido na ata da sessão: "Por unanimidade se conheceu e assentou, que se não deve receber nem jurar o mencionado projeto".

Em público, na Câmara e pelo *Typhis,* Frei Caneca reforça e explicita cada vez mais a sua posição, mostra defeitos e berrantes falhas políticas e jurídicas no *projeto imperial,* vai contra a obrigação de jurá-lo e contra um Imperador e um Ministério que humilhavam o povo brasileiro e descaradamente traíam os compromissos assumidos: "Quando estava a representação nacional, pela Assembléia Constituinte, usando de sua soberania em constituir a nação, Sua Majestade, pelo mais extraordinário despotismo e de uma maneira hostil, dissolveu a soberana assembléia e se arrogou o direito de **projetar** constituições..." E quais foram os motivos? Não me canso de repetir: o poder absoluto e a existência "de um plano concertado pela alcatéa portugueza contra a Independência do Brazil".

Frei Caneca relembra, e repete sem cessar, aos seus leitores, as duas condições aceitas oficialmente pelo próprio Imperador, para que se estabelecesse no Brasil um império democrático: que fosse D. Pedro o Imperador, e que ele se submetesse a uma Constituição escrita pelos legítimos representantes da nação. Ora, Sua majestade traiu e exorbitou, uma vez que nenhum governante, seja Rei ou Imperador, tem o direito de dissolver uma Assembléia Constituinte que, por vontade do povo, através de seus representantes livremente eleitos, é soberana. No entanto ele o fez – usando os únicos meios de que dispõe: "a força das armas e a fraqueza dos povos".

Portanto, dissolvida a Assembléia, "está dissolvida a prometida e não consumada união das provinciais; e por esta razão cada uma reintegrada na sua independencia e *soberania".* Não podia haver conclusão mais lógica. D. Pedro se esquecia de que, sendo a Assembléia soberana, o Imperador *"é criatura da Assembléia, não seu criador"* – grita Frei Caneca.

Em outro número do *Tiphis,* Frei Caneca continua veemente, em relação ao *projeto* que D. Pedro queria impor aos brasileiros: 'Como Sua Majestade não é nação, não tem soberania, nem comissão da nação brasileira para arranjar esboços de Constituição e apresenta-los, não vem este projeto de fonte legitima, e por isso se deve rejeitar por exceção de incompetencia".

Em novo artigo ele repete a sua conclusão radical: "Com um imperio absoluto e sem uma Constituição dada pela Nação, acabou-se a união das provincias! É necessario que Sua Majestade veja accomodado, e sem fazer bulha, reunir-se outra vez á nação brazileira e receba a Constituição que ela lhe der". E repete as palavras de D. Pedro em manifesto à nação (1 de agosto de 1822): – "Está acabado o tempo de enganar os homens. Os governos, que ainda querem fundar o seu poder sobre a pretendida ignorancia dos povos... tem de ver o colosso de sua grandeza tombar da fragil base sobre que se erguera outr'ora". Entretanto, ele nos enganou e o Brasil não é um povo ignorante. "Sai D. João, entra D. Pedro – mudam-se os atores porém fica a mesma peça no theatro".

E no *Typhis* de 8 de julho de 1824, Frei Caneca é veemente: "Os Brazileiros... conhecem afinal, que estavam illudidos, e que S.M., por factos, pretende lançar-lhes novos e mais vergonhosos grilhões. Que lhes resta fazer? Deixarem-se entregues ás illusões? Beijarem respeitosamente agradecidos os ferros que se lhes lança, e pendurarem no templo da memoria este novo anathema da escravidão? Parece-nos isto incompativel com o caracter brazileiro, ajudado das luzes do seculo, mormente em Pernambuco. (...) É necessario, repetimos, que S.M. ... reconheça a soberania nacional, que se deixe de legitimidades absurdas, que se lembre, que o titulo de Imperador... lhe foi concedido por graça, não de Deus, sim da soberana e generosa nação brazileira". E lança o grito que desencadeará a revolta contra os destemperos de D. Pedro e do seu Ministério –, e que será aproveitado pelos politicos do nordeste brasileiro como bandeira da Confederação do Equador: *"Não admitimos mais impostores, conhecemos o despotismo, havemos de decepá-lo".*

XI

"Fomos enganados: não temos uma Constituição liberal, santa e digna do Brazil"

— Não, meu caro Frei Fábio, acalme-se. Não estou pregando que se degole o Imperador. Longe de mim tal. Sigo Santo Agostinho: odiar o pecado, mas amar o pecador. O que gostaria era de sangrar as veias do despotismo para que ele morresse de inanição. Quanto à pessoa de D. Pedro, como já disse e escrevi tantas vezes, amaria muito que Sua Majestade Imperial cumprisse suas solenes promessas e aceitasse a Constituição redigida pelas legítimas Cortes. E aqui quero citar o que disse na Assembléia o Deputado Antônio Carlos, num de seus momentos de lucidez democrática: "Não precisa a nação pedir á sua creatura (o Imperador) o que é de direito seu".

— Deixe-me interrompê-lo, irmão. Vossa Mercê acha isto possível? Será que D. Pedro se submeteria a uma Constituição que lhe negasse o tão querido "absoluto poder divino dos reis"?

— Não, não acho. Acreditei; não mais acredito. Foi um terrível engano. Teríamos de esperar um outro Imperador, nascido no Brasil, já esquecido e liberado das taras do sangue europeu...

— Um déspota nunca se dobra, meu irmão.

— Por isso eu disse, ou melhor, eu gritei, naquela sessão da Câmara recifense, que tinha como certo ser "impossível Sua majestade viver no Brazil". Se o seu grande anseio é ser um Rei despótico, que ele volte para Portugal, onde o seu pai, D. João, de quem é herdeiro, já anulou a Constituição de 1820 e voltou a ser absoluto e... *divino*.

— Tenho aqui em mãos o que o irmão escreveu no *Typhis* de ontem:[21] – a questão que se põe é esta, e não há outra: se o Rio de Janeiro quer D. Pedro como

Imperador, "porém com um império absoluto", e "sem uma Constituição dada pela nação", que assim o faça por sua conta e risco.

— O que o Rio não pode e não deve é decidir, como um direito seu, impor sua resolução às demais províncias.

— O Rio de Janeiro pretende fazê-lo, estou certo.

— Mas só o conseguirá pela força. Pelo que conheço de Pernambuco e das províncias limítrofes — que Deus não permita! — correrá muito sangue, infelizmente.

— Seria mais democrático se as Cortes do Rio reconhecessem que se têm mostrado incapazes de formar um governo constitucional, e permitissem que alguma outra província o tentasse. Por que não Pernambuco, por exemplo?

— Volto a um tema anterior: D. Pedro, ao "prometer" convocar uma nova Assembléia, mandou, também, que as províncias elegessem novos deputados, dando a entender que não aceitaria que se reunissem os anteriores.

— Felizmente ele pensou, mas não o fez. Preferiu que seu *projeto* acabasse sendo pensado e redigido por sua panelinha de apaniguados. Talvez não o tivesse feito por saber qual seria a reação de Pernambuco. No *Typhis* de 3 de junho eu afirmei, representando o pensamento de todas as nossas Câmaras, que não se deveriam eleger novos deputados para a nova Assembléia Constituinte, pois, para eleger novos, seria preciso expulsar os antigos, e isto seria "contrário á dignidade e decoro da província, e mesmo contrario ao Direito — segundo o qual, os procuradores não poderiam ser expulsos senão por prevaricação ou suspeição". E nada disso foi provado, sequer posto em questão.

Depois de um longo silêncio, os dois frades parecendo meditar profundamente, Frei Fábio concluiu:

— Meu caro, para ser sincero, eu tenho medo.

*

Apesar de tudo, teimava-se em sonhar ainda com um império democrático. A distância entre Pernambuco e a Corte, o amadurecimento do jovem D. Pedro, sua preocupação com os problemas de Portugal, onde seu pai passava por maus bocados... Só não se contava com a força de um mau conselheiro. Quando mais se esperava um abrandamento do Imperador em suas atitudes absolutistas, eis que os seus conselheiros têm a péssima idéia de agravarem a situação da província pernambucana – talvez com boas intenções, mas de maneira totalmente inábil e alheia às circunstâncias políticas locais.

O que passou pelas cabeças desses Ministros?

Vamos voltar ao que foi atrás anunciado:

Temendo o acerbamento da rebeldia dos pernambucanos, eles aconselham o Imperador a depor o Presidente da província, Manuel Paes de Andrade, um liberal legitimamente eleito pelas Câmaras, e a *impor*, por nomeação, um outro, Francisco Paes Barreto, Morgado do Cabo, homem absolutamente fiel a D. Pedro – e a quem o Imperador até devia favores políticos. Assim, pensavam os ingênuos conselheiros, todos de mente politicamente assaz restrita, afasta-se um liberal e coloca-se em seu lugar um amigo da Corte – nada melhor para que se restabeleça a paz e a concórdia

Ingenuidade, ou maldade?

Maldade, sim. A prova é que o Ministério, sabendo muito bem que os pernambucanos não iriam aceitar sem protestos essa trapaça absolutista, convenceu D. Pedro a, por precaução, enviar a esquadra de mercenários escoceses, que ele havia contratado, sob o comando do capitão John Taylor, para bloquear o porto do Recife e garantir a posse do governador *nomeado* e expulsão do governador eleito.

De fato, como era mais do que previsto, as Câmaras não deram posse ao Morgado e enviaram mensagem ao Imperador, advertindo-o de que tal imposição não era prudente da sua parte – "sobretudo face à desconfiança em que se acham os habitantes desta província, pelo extraordinário acontecimento que teve lugar nessa Corte, no dia 12 de novembro[22], receando com grande inquietação o restabelecimento do antigo e sempre detestável despotismo, a que estão dispostos a resistir corajosamente".

As últimas linhas da mensagem foram tomadas pelo Imperador como grave ofensa à sua "augusta pessoa" e à sua indiscutível autoridade. Em represália, decretou oficialmente Pernambuco em estado de rebelião, suspendeu todos os direitos e liberdades individuais da província, e ameaçou enérgica retaliação por mar e por terra.

O Morgado, por sua vez, sabendo da vinda da esquadra de mercenários, encheu-se de coragem e, sob a proteção de algumas tropas fiéis a D. Pedro, apresentou-se à Câmara, exigindo ser empossado. A Câmara recusou, e as tropas do corajoso Morgado prenderam o Presidente eleito no Forte do Brum e deram posse ao intruso.

A Câmara de Olinda não se conformou com essa arbitrariedade. Tomou as dores da cidade irmã, reuniu os seus soldados e preparou uma marcha sobre o Recife, para libertar o governador legítimo. Não foi preciso, felizmente, pois a própria guarnição do Forte se rebelou e colocou o governador em liberdade. Prudentemente, o Morgado juntou a sua tropa e fugiu para Alagoas.

Nesse ínterim surge a esquadra imperial, composta de duas fragatas, comandada por "um gotoso alfaiate", o mercenário capitão Taylor[23] e deita ferros "num lamarão" ao largo dos arrecifes. O *Alfaiate* vai direto à Câmara, comunica que traz ordens do Imperador e, no seu nada sutil estilo militar e europeu, grita que ordens de um Imperador são para serem cumpridas. É assim que se faz na Europa. Em outras palavras, o Morgado tem de voltar e tomar posse.

O Presidente da Câmara pondera que estava partindo para o Rio uma delegação diplomática de deputados, para expor pessoalmente ao Imperador a verdadeira situação da província, e seria mais prudente esperar que ela voltasse com uma resposta da Corte.

O *Alfaiate* deu, enfim, mostra de inteligência: aceitou a ponderação e sugeriu que se convocasse uma grande assembléia para que, enquanto se esperava, fosse tentada uma conciliação entre os dois pretendentes à governança.

Frei Caneca, sempre irônico, insinua que a aceitação de Taylor às ponderações da Câmara se deveu mais à sua própria fraqueza que à prudência: "S. Majestade Imperial (...) esperava que a esquadra *invencível* quando aqui chegasse, acharia a praça em sitio, e o morgado montado a cavallo com a espada na mão, como Bonaparte na tomada de Abouckir, escumando de raiva. Chega a divisão naval de *duas fragatas*, achou a praça livre, e toda a provincia dançando á fôfa, e o morgado atolado nos charcos do Junco"[24].

A assembléia foi reunida, no dia 7 de abril, e foi eleito seu Presidente o Padre Venancio Henriques de Rezende, revolucionário anistiado de 1817 e deputado por Pernambuco à Assembléia Constituinte dissolvida por D. Pedro.

Taylor não compareceu à Assembléia, preferindo mandar um oficial representá-lo. Talvez estivesse atacado por sua gota.

Na abertura dos trabalhos, o Padre Venancio, fingindo que de nada sabia, perguntou ao militar o que, exatamente, vinha fazer aquela esquadra no Recife.

– "Dar posse ao delegado imperial", respondeu secamente o oficial.

— Vossa Senhoria comunicará então ao seu comandante – disse o Padre Venâncio – que, de acordo com os bons costumes, estamos impossibilitados de votar, e, por conseqüência, de dar posse.

— Qual o motivo, e que bons costumes são esses?

— Ora, é que estamos sob coação. Como tem escrito Frei Caneca, nosso "conselheiro literário" – "qualquer juramento, para ligar em consciencia e produzir seu effeito, é indispensavelmente necessario ser dado em plena liberdade, e sem a menor coacção... menos ainda com boccas de fogo aos peitos".

O oficial engoliu em seco, mas evitou replicar e se foi às pressas para o seu navio, "a remendada e esburacada fragata Nitheroy" – como Frei Caneca chamava a sua nau capitânia – relatar ao comandante o fracasso de sua missão.

O capitão *Alfaiate* não gostou, e resolveu dar início a uma verdadeira batalha verbal com a Câmara. E lá foi ele, pessoalmente, puxando a perna doente, mas cheio de brios.

Sua entrada na Câmara foi solene. Batendo com as mãos nos peitos e com a bengala no assoalho de madeira, falou alto e bom som, enquanto as autoridades reprimiam "o frouxo riso":

— Em nome de Sua Majestade, o Imperador, que para tanto me deu poderes, venho à presença de Vossas Excelências declarar "o porto do Recife e todos os mais adjacentes em estado de perfeito bloqueio, até que se deixe de puxar o carro de triumpho desse intruso Presidente". E o disse afoitamente e desrespeitosamente, apontando com um dedo de unha suja para o Presidente eleito.

A situação agora passava a ser muito séria. As palavras do *gotoso Alfaiate* eram, nada mais nada menos, uma declaração de guerra.

Como já havia encerrado a assembléia extraordinária, o Padre Venâncio, sabiamente, nada respondeu; apenas dirigiu-se ao Presidente eleito, Paes de Andrade, deixando por sua conta a réplica, fazendo com a cabeça e os olhos um discreto gesto de total apoio. O Presidente entendeu.

— Tragam-me depressa um amanuense, disse ele, que escreva um edital e o entregue, com cópia, a este oficial estrangeiro, nos seguintes termos: — A partir deste momento, o capitão Taylor, seus oficiais e todos os seus marinheiros são considerados espiões e, como tais, serão presos, caso pisem em terra pernambucana, ou por qualquer motivo saiam dos seus navios.

O *Alfaiate* ficou vermelho de raiva, bem mais do que era normalmente a sua tez escocesa, olhou para uns e para outros, sem encontrar apoio, mas somente risos reprimidos. Na sua cabeça de militar europeu, tudo aquilo parecia ficção de algum novelista maluco. Que homens eram esses, afinal, que ousavam não dobrar a cerviz diante do emissário de um Imperador, e ainda tratá-lo como se trata a um qualquer? Ferido profundamente no seu orgulho de oficial marinheiro de duas Majestades, preferiu nada dizer e menos ainda expressar com palavras o seu ódio e mal-estar. Apoiou-se na bengala, rodopiou sobre a perna sã, levantou o queixo altivo e se retirou, batendo fortemente com os tacões e a bengala no chão de tábuas.

E todos se preparam para a guerra, que felizmente não veio, porque logo a seguir chegou ordem de D. Pedro para que a esquadra mercenária velejasse imediatamente para o Rio, em missão secreta.

Em maio, no dia 24, correndo ainda o ano de 1824, chega de volta aquela delegação oficial de deputados enviada à Corte. O que eles relataram foi mais uma prova do desprezo de Sua Majestade pelas províncias do norte.[25]

Ao chegarem ao Rio, no dia 2 de maio, não puderam ir de imediato à presença do Imperador, por mais que tentassem. Ficaram retidos, afastados do palácio, como se postos de quarentena. Deputados pernambucanos na Corte não era coisa a ser vista com bons olhos. Formaram-se logo dois conselhos de estado para deliberar como se haveria de agir com aquela gente. O que eles discutiram entre si foi um escândalo. "Uns opinaram que fossem presos os deputados; outros, que se mandassem retirar sem audiencia; outros, que fossem, sim, ouvidos, mas sem o caracter de deputados; afinal venceu-se, que fossem ouvidos como taes, porém em uma audiencia ordinaria, depois dos despachos dos requerentes comuns".

No dia 14, enfim, teve lugar a audiência. O Imperador não os recebeu com a delicadeza e educação "que costuma liberalizar a todos, e que era de esperar da magnanimidade e generosidade de um principe" – sobretudo em se tratando de uma representação oficial. As palavras foram ríspidas, da parte de Sua Majestade. E o colóquio não durou mais que alguns minutos. Antes que falassem os deputados, D. Pedro, mostrando impaciência, andando para lá e para cá, e olhando por uma janela a sua cavalariça, como a lamentar o tempo ali perdido, virou-se para os deputados e, sem lhes dar tempo de abrir a boca, foi logo dizendo que já tinha resolvido os negócios de Pernambuco, e não atinava, portanto, com a necessidade daquela representação. Ao pedir a palavra um dos deputados, para uma melhor explicação, "o mandou Sua Majestade calar, de uma maneira que dá azos á acrimonia e malediencia do *Portuguez*". Ofendidos, os deputados, educadamente, pediram licença para se retirarem, e o Imperador, num linguajar bastante impróprio à sua posição, respondeu-lhes secamente: – "Quanto antes!".

Gostaria de lembrar, noticiava Frei Caneca no *Typhis*, "de haverem passado por cousas iguaes uns procuradores do Ceará Grande e Pará, que foram á côrte do Rio com partes dos successos de suas provincias ou requerimentos". Isso, portanto, não era necessariamente desmerecimento a Pernambuco. "É gosto de Sua Majestade" para com as províncias do norte.

O resultado desse infeliz e decepcionante encontro não tardou, e veio do Rio, por ofício. Talvez arrependido de sua grosseria, e querendo mostrar-se compreensivo em relação a Pernambuco, D. Pedro promete, nesse papel, "perfeita anistia e total esquecimento do passado" e propõe... uma solução conciliatória: demitia os dois governadores em litígio e, para agradar a todos, *nomeava* um terceiro, bem conhecido dos pernambucanos, José Carlos Mairinck Ferrão, homem "dotado de belas maneiras, muito insinuante" e conhecido também, na província, "pela inteligência, zelo administrativo e retidão de caráter". Apesar de nascido em Minas Gerais, Mairinck vivia em Pernambuco e era casado com "uma rica, nobre e virtuosa senhora", de uma das mais importantes famílias da sociedade local. Diziam, até, que tinha sido amigo íntimo do Padre João Ribeiro, a quem oferecera dinheiro para que este fugisse, quando soube, em 1817, que o governo pretendia prendê-lo. Enfim, todos simpatizavam com o mineiro. D. Pedro e os seus conselheiros orgulharam-se de sua sabedoria salomônica.

A Câmara do Recife, porém, tomou tal solução como um novo insulto por parte do Imperador, que não queria ou não tinha capacidade para entender que o problema não era a pessoa deste, daquele ou de um terceiro, mas o fato de que se tratava de um governador *eleito legitimamente pelo povo*, e de um outro, ou de um terceiro que era *nomeado, imposto*. Tratava-se unicamente da liberdade de escolha que pertencia ao povo "reunido em câmaras", e tão somente a ele.

É claro que não foi permitida a posse do terceiro homem. Nem ele o quis, pois Mairinck era um homem pacato, amigo, acima de tudo, da calma e da bonança, e não disto que acontecia entre Pernambuco e a Corte.

Solicitada a opinião de Frei Caneca, este afirmou que a centralização do poder nas mãos do Imperador fazia "das Câmaras provinciais meros phantasmas". Por que tê-las, então? O Morgado, por sua vez, não era o homem próprio para governar Pernambuco, só porque de confiança do Imperador. Já não é a primeira vez que as Cortes do Rio de Janeiro enganam-se, "quando assentam que os povos são toupeiras que não são capazes de ver estas espertezas grosseiras". Não será a confiança do Imperador que iria fazer do Morgado um governante apto. Além do mais, ele tinha, desde há muito, provado ser um traidor, um campeão do nepotismo e um incompetente.

No dia seguinte saiu no *Typhis* esta declaração de Frei Caneca:

"E é este o homem, que por ser nomeado por Sua Majestade devemos receber cegamente? E seremos rebeldes por representarmos a S. Majestade que, em lugar de nos mandar por Presidente um amigo, um patriota, um homem da nossa confiança, nos manda um inimigo declarado, sem interesse pelo nosso paíz, e da nossa execração? Que governo poderá fazer um homem, que, fora do talento para a intriga, não tem conhecimentos alguns; cujos despachos tem servido de objeto de riso?... Que governo se pode esperar de um homem, que, para adiantar seus parentes, tem atropelado a justiça dos outros, e saltado as barreiras da sua autoridade para satisfazer suas paixões e de seus indignos apaniguados? É um homem tal aceitável, só porque foi nomeado por Sua Majestade Imperial?"

Em outro artigo, Frei Caneca continuou, irônico: – "Sua Majestade pode de um peão fazer um fidalgo, de um escudeiro cavalheiro; porém, dar juizo a quem não tem, não pode, decerto. Pode Sua Majestade dar padrões de tensas, titulos de barões, viscondes, condes, marqueses e duques; porém dar ciencia a um tolo, valor a um covarde, virtude a um vicioso, honra a um patife, amor da Patria a um traidor, não pode Sua Majestade. Poder-se-há suppor e esperar que Francisco Paes Barreto, Morgado do Cabo só pela nomeação, que delle fez Sua Majestade, haja de ter agora outra natureza, outros conhecimentos, outra constitucionalidade? Quem nos pode assegurar este milagre?"

Alegaram, então, que afinal de contas o Morgado era um bom homem, um bom pai de família...

Frei Caneca rebateu: "Um cidadão, por ser um bom pai de familia, esposo fiel, amigo leal, economico de seus bens, não está por isso só na ordem de governar a nau da Patria. Esse empenho exige conhecimentos maiores, que não estão na posse de todos". A propósito, ironizou ainda Frei Caneca, "veio-nos á memoria a anedocta de certo marinheiro, que pedindo a um Ministro de Goiana provisão para advogar naquella villa, deu como sufficiencia juridica o ter morado em Lisboa defronte de um lettrado!"

Com isso, aumentam na Corte as ameaças contra Frei Caneca, mas ele não se cala. Sabe que tanto o povo quanto as Câmaras pedem, exigem o seu conselho e o escutam, e por isso se sente responsável pelo seu destino. Fala, prega, procura por todos os meios doutrinar a todos, didaticamente, pelos discursos, e através do *Typhis Pernambucano*; mostra, incansavelmente, donde vem a soberania, quais os limites do poder de um Imperador, quais os direitos e deveres dos cidadãos, que o ato de escolher e nomear um governante passando por cima da vontade do povo, mesmo em se tratando de um Imperador, é uma traição a todos os ideais por que tantos vinham há tanto tempo lutando.

A Confederação do Equador.

Dos altos de Olinda e das ruas litorâneas do Recife, ao ver ao largo, no horizontes, as velas dos navios do "Gotoso Alfaiate" se retirando, inchadas de vento, o assunto era um só:

— Veio notícia da Corte que D. Pedro, sendo herdeiro do trono luso, só tem um sonho: ser Rei de Portugal, do Brasil e de Algarves.

— Mas, para isso, ele teria de abandonar o Brasil e levar o trono para Lisboa.

— Outro de seus belos sonhos! Dizem que não suporta mais o Rio de Janeiro.

— Nem o Brasil. Um agente português de sua roda, parece que o tal Chalaça, lhe teria soprado aos ouvidos que "Sua Majestade não havia de ser somente Imperador de cabras e negros" – o que o deixou muito pensativo...

— Não foi o Chalaça. Sei, de fonte segura, que o dito foi de um Ministro português a um dos nossos deputados, querendo assim convencer Sua Majestade a novamente unir o Brasil a Portugal.

— E com isso... adeus a nossa independência! Pois lá se vai a nossa metrópole, de novo rumo ao Tejo!

— Ou, como escreveu jocosamente o nosso Frei no *Typhis* de 12 de fevereiro –, lá se vão igualmente muitas águas! –, pois o sonho dos *chumbeiros* seria fazer com que o rico Prata e o gigante Amazonas dirijam suas caudalosas águas ao caduco Tejo.[26]

Jura-se, até, que essa súbita retirada da esquadra de Taylor não passou de uma estratégia do Imperador para deixar este nosso porto desguarnecido, diante de um eventual ataque de tropas portuguesas.

— A tal missão secreta!

– Tem lógica, pois o Recife é o primeiro porto para quem vem da Europa.

– Boatos!

– Talvez não! Portugal voltou novamente a ser um reino absolutista, quando El-Rey anulou os resultados da revolução liberal do Porto e o seu juramento constitucional. E o que D. Pedro quer ser, se já não o é, senão um absolutista, como acusa o nosso Frei Caneca?

– Leu Vossa Mercê o *Typhis* desta semana? O Frei tem aí um artigo memorável, em que diz ter bom fundamento a suspeita de que, realmente, D. Pedro não morreria tão facilmente para *defender* a nossa independência.

– Que ele jura ter proclamado...

– E não nos defenderia se de fato Portugal pretendesse nos invadir e anular a independência. Por isso mandou que se retirasse daqui a esquadra mercenária.

– Faz sentido!

– Esse artigo do *Typhis* termina com estas palavras, referindo-se à proclamação de D. Pedro, de que seria o defensor perpétuo do Brasil, texto que sei de cor: "Que traição! Que perfidia! E ainda dirá Sua Majestade que é nosso defensor perpetuo? Defensores desta qualidade são defensores? Qual será o homem que tendo os miolos onde Deus os pôs, trate, se lembre e queira defensores que não defendem?"

Mais adiante o Frei ironicamente rebate: "Lá vai por esses ares a soberania da nação brasileira!"

– Parece – é o que se fala –, que a mesma suspeita se tem espalhado pelas províncias do Norte. E que muito já se luta na província do Grão Pará. O Imperador fecha os olhos e faz que não sabe das verdadeiras carnagens que banham de sangue essa província. Aqui no Rio, está "retido nas prisões o conego Campos", o seu grande herói. Pergunta, então, o *Typhis*: "Esperaes que depois de uma tal demonstração da parte daquelle povo, do Grão Pará, haja este de lembrar-se do *defensor perpetuo*, que longe de os defender, antes aprova os seus males, e os estragos e, deixando impunes os monstros castiga os inocentes?"

Esses três acontecimentos – a dissolução da Assembléia Constituinte, a demissão de um governador legitimamente eleito e a imposição do juramento de um *projeto* de Constituição não proposta nem escrita pelos representantes do povo – ainda mais sob a ameaça de canhões mercenários e de ataques por mar e por terra – eram a configuração genuína do "sempre detestavel despotismo", que desrespeitava a autonomia das províncias. A eles veio juntar-se essa suspeita de recolonização do Brasil.

E não era isso, nada disso, o que se desejava. Pernambuco, a mais visada das províncias pela intolerância do Imperador e do seu Ministério, era, conseqüentemente, a que mais sofreria.

Por mais que se discutisse à procura de uma saída, chegou um momento em que não havia mais como protelar. O Imperador era inamovível em suas idéias absolutistas, não aceitando sequer debater, de maneira civilizada, qualquer alternativa que o levasse a uma decisão, mesmo provisória, em favor da "felicidade do povo". Haja vista a brutalidade na recepção dos deputados pernambucanos. Uma dúvida, uma controvérsia, um ataque pela imprensa que ele declarava livre, uma desconfiança sobre métodos de governo – tudo, tudo era traduzido pela Corte como injúria grave à "augusta pessoa do Imperador".

A situação se tornava dia a dia menos suportável.

Reunidos na Câmara, o Presidente eleito Paes de Andrade, o conselheiro professor Saldanha, Frei Caneca e representantes do povo chegaram ao seguinte dilema: proclamar uma nação livre ou submetê-la aos caprichos absolutistas de D. Pedro.

No Rio de Janeiro, a quem apelar? Ao Ministério, composto de homens escolhidos entre os que só tinham ouvidos para o Imperador? Ao Senado? Pobre Senado! Os senadores – "*esses representantes dos apaniguados do Imperador*", como os definia Frei Caneca – mais parecem autômatos, a balançarem a cabeça, sempre em aprovação a tudo o que diziam os Ministros, sem terem o direito de pensar e a tremerem de medo ante os arroubos de D. Pedro! "Não foi tão servil, quanto este, o senado de Roma no tempo de Tiberio!!" Obedecer a quem? – a uma Constituição sem legitimidade, ditada e imposta pelo Imperador, sob a mira de canhões?

Na noite de 1º de julho, no ano de 1824, e varando pela madrugada, aqueles homens incansáveis, já quase pregados de sono, terminavam de redigir e passar em letra de fôrma o corajoso texto que proclamava a liberdade e a liberação de Pernambuco e conclamava todo o povo brasileiro a também quebrar as peias que o atavam ao jugo do absolutismo. Pernambuco se declarava livre e conclamava o Brasil inteiro a seguir o mesmo caminho – da liberdade e da democracia.

Na manhã do dia 2 já era distribuído pela cidade do Recife, e corria célere para Olinda, e daí para as províncias limítrofes, cópias do **Manifesto da Confederação do Equador**, assinado por Manuel Paes de Andrade, Presidente eleito.

O **Manifesto** anunciava o rompimento oficial de Pernambuco com o império. A denominação, muito bem escolhida, se inspirava no primeiro nome que se dera ao Brasil, de *Império do Equador* ou *Terra de Santa Cruz*.

Três províncias logo aderiram: Ceará, Rio Grande do Norte e Paraíba. O Ceará, açodado, já pulara na frente e, sob a liderança do Padre Mororó, lançara um edital em que D. Pedro era deposto do trono, e era proclamada a república.[27]

Essas províncias, lideradas por Pernambuco, declaravam-se desligadas do império, baseadas no princípio defendido por Frei Caneca de que "sem representação nacional, sem côrte soberanas, que ellas mesmas formem a nossa Constituição, **não há imperio!**"[28] Não havendo império, não há Imperador.

❖

No número de 27 de maio do *Typhis*, Frei Caneca, na previsão do que estaria para acontecer, fez este comentário: "A nenhum dos nossos numeros foi mais apropriada a nossa epígrafe, do que a este: *por toda parte vemos cerrações, nevoeiros e tempestades, que nos metem medo!*" E passou a repetir como epígrafe, em todos os seus escritos, os versos de Camões:

"Uma nuvem que os ares escurece
Sobre nossas cabeças apparece"

Em outra ocasião escreve: "Ah! Meu caro... não sei que phantasma robusto e valido me aterra e faz tremer..."

Furiosos ventos se preparam no Rio de Janeiro, que na certa iriam produzir no Brasil inteiro, mormente em Pernambuco e em todo o norte, tempestades destruidoras.

É talvez a primeira vez que Frei Caneca, de público, confessa ter medo.

XII

Interlúdio. Sem papas na língua. Algumas idéias sobre homens e coisas

O manifesto da **Confederação do Equador** era público. Demoraria a chegar ao Rio. Demoraria, também, a chegar ao Recife a esperada e temida reação, certamente brutal, do Imperador e da Corte. Sem dúvida, cairia por terra a máscara de democratas que esses cortesãos procuravam mostrar aos brasileiros e surgiria, com toda a sua crueza, a horrenda figura do despotismo, da tirania, da incompreensão, da vaidade e do orgulho ofendidos. Apesar da justiça e da justeza do manifesto e das razões que o motivaram, Frei Caneca tinha medo.

Somente no dia 26 de julho a notícia chegaria aos ouvidos de D. Pedro. Havia tempo. Tempo suficiente para se preparar para o pior e para pregar, ensinar, convencer.

Nesse ínterim, o Provincial Frei Carlos, vários componentes da Câmara, militares, "gente do povo" e vários outros religiosos passaram a se reunir no Convento do Carmo, para escutar e discutir "as razões" do Frei Caneca. Eram verdadeiras aulas de democracia, que o Frei publicava em seguida no *Typhis Pernambucano*, para que jamais fossem esquecidas – *ad perpetuam rei memoriam*.

A primeira discussão foi a respeito da célebre afirmação do Apóstolo S. Paulo, na Epístola aos Romanos, capítulo 13, versículo 1-2 e 6 – *omnis potestas a Deo* – isto é, "todo poder vem de Deus". Concluía-se, daí, que era divino o poder do Imperador, pois ele vem de Deus e só a Deus Sua Majestade terá de prestar contas. Movidos pelo escrúpulo, muitos tinham ido consultar o Cabido de Cônegos de Olinda, e estes afirmavam com um ar de autoridade que não dava margem a qualquer contestação: – "aquele que resiste ao chefe da nação, resiste á vontade de Deus". Sendo Frei Caneca um frade, um teólogo cristão, como poderia ser contrário a uma afirmação tão clara do Apóstolo?

A resposta de Frei Caneca foi baseada em toda uma tradição teológica cristã, que vinha de séculos.

— Não sou contrário a essa afirmação do Apóstolo Paulo. Porém, segundo o grande teólogo Santo Tomas de Aquino, só por milagres Deus costuma agir diretamente no mundo. O normal é que Ele aja através de *causas segundas;* isto é, através de intermediários. Todo poder vem de Deus, sim, mas nenhuma pessoa, Rei, Imperador ou seja lá quem for, pode ter a presunção de dizer: foi a mim que Deus transmitiu o poder. Deus, na verdade, pelo seu *poder direto,* é autor da lei natural, pela qual o homem é essencialmente social. Uma vez em sociedade, o homem precisa, necessariamente, diz ainda Santo Tomás, no *De Regno,* I, c.II, it.2, de uma autoridade, de alguém que comande; pois, onde não há governo, a multidão entra em caos, já que os *interesses individuais normalmente dividem os homens* e é necessário alguém que mostre, pela persuasão ou até mesmo pela força, se necessário, qual o interesse comum – o *bem comum*. Ora, pertence ao homem em sociedade fazer a escolha desse guia. É um poder que Deus dá diretamente ao povo organizado em sociedade. O que, inclusive, "dá aos cidadãos a faculdade de mudarem de governo quando julgarem de razão". Isto não seria possível se Deus fosse o donatário *imediato* do poder a tal ou tal governante, ou de tal ou tal regime político. "Do fato de ser Deus o autor da lei natural, é que se entende ter Ele mandado manifestamente, *imediatamente,* fazer as sociedades civis; e mais nada". Como vêem Vv. Mercês, não sou contrário à afirmação do Apóstolo. Apenas a completo, como já o fazia São Belarmino: *Omnis potestas a Deo... per populum –* "Todo poder vem de Deus... através do povo"[29].

– Não é raro pessoas metidas a teólogos interpretarem erroneamente palavras bíblicas, sobretudo quando tais palavras, aparentemente, desculpam os seus erros e lhes vêm em proveito. Dou um outro exemplo: alguns procuram justificar a escravidão, achando que Deus a aprova, baseados falsamente numa palavra do mesmo Apóstolo S. Paulo – *"Deus manda aos servos e escravos que obedeçam, aos seus senhores com temor e tremor".* Ora, diante de um fato – que existem escravos e servos – o Apóstolo simplesmente manda que eles obedeçam aos seus senhores. "Não se pode provar, com isso, que Deus mande positivamente estabelecer a escravidão"(291).

Outros tópicos essenciais da doutrina de Frei Caneca eram tratados naquelas reuniões e discutidos através de perguntas e dúvidas levantadas pelo auditório. Alguns deles:

Sobre a liberdade dos povos e nações, sobre o seu fundamento e sobre a noção de soberania.

– "É sediça a doutrina de que a soberania vem imediatamente de Deus e não dos povos; doutrina falsa, e que tantos danos tem causado ao universo".

– "É princípio conhecido pelas luzes do presente século, e até confessado por Sua Majestade (D. Pedro I, em decreto de 3 de junho de 1822), que a soberania, isto é, *aquele poder sobre o qual não há outro*, reside na nação, essencialmente; e deste princípio nasce como primeira conseqüência que *a mesma nação é quem se constitui*; isto é, quem escolhe a forma de governo, quem distribui esta suma autoridade nas partes que lhe bem parece, e com as relações que julga mais adequadas ao seu aumento, segurança da sua liberdade política e sua felicidade". D. Pedro reconhecia, portanto, que não havia poder divino do Imperador.

– "Estariam doudos rematados (os brasileiros) para fugirem de uma escravidão (a de Portugal) e se arriscarem a outra (a de D. Pedro)".

Sobre a relatividade do poder do Imperador.

– "O poder soberano é indivisível, ele está todo essencialmente na nação, e por comissão ou delegação, nas Cortes soberanas" – que representam o povo e não o Imperador.

– "A vontade do Imperador está circunscrita de alguns limites, e tem direções determinadas a seguir; o seu poder tem barreiras que ele não deve ultrapassar. Ele não pode dizer *sic volo, sic jubeo, stat pro ratione voluntas*".

– "É a liberdade política do cidadão, e a felicidade dos povos, o único alvo de todo e qualquer sistema político"

– "Sua Majestade é nosso Imperador não por ser Príncipe Regente do Brasil, nem da casa de Bragança, nem finalmente por ser o sucessor do trono português; sim, unicamente, porque, aceitando os nossos convites, desprezou e abjurou ser português e se naturalizou brasileiro".

Sobre a Constituição, sua matéria, sua necessidade e a quem compete redigi-la.

Quando D. Pedro dissolveu a Assembléia Constituinte e impôs um projeto de Constituição feito por ele mesmo e seus Ministros, e não pelos representantes da nação, ele errou, pois "Sua Majestade Imperial não é nação, não tem soberania, nem comissão da nação brasileira para arranjar esboços de Constituição e apresentá-los".

Se o poder é necessário para que se mantenha a sociedade civil, não é difícil prever que o seu depositário, se tem a ajuda das forças armadas, pode exorbitar e vir a oprimir o povo; ou relegar a um plano secundário a felicidade do povo. Para que isso não aconteça, é mister que haja um pacto lançado por escrito, jurado por todos, no qual estejam bem claros os deveres e direitos tanto daquele a quem se delegou o poder, quanto do povo, da sociedade. Daí vem a necessidade de haver uma Constituição. "Portanto, uma Constituição não é outra coisa, que a ata do pacto social que fazem entre si os homens, quando se ajuntam e associam para viverem em reunião ou sociedade".

O que deve conter uma Constituição?

– "Esta ata deve conter a matéria sobre que se pactuou: as relações em que ficam os que governam e os governados, pois que sem governo não pode existir sociedade".

Foi perguntado a quem competiria a escolha dessa matéria.

– "É sem questão que a nação, ou pessoa de comissão, é quem deve esboçar a sua Constituição, purificá-la das imperfeições e afinal estatuí-la".

– "Porque, residindo a soberania na nação, e sendo unicamente a nação a que se deve constituir, só ela usa de um direito seu, inauferível, na escolha das matérias que sejam objeto do pacto social – ou imediatamente ou pela *mediação de seus legítimos representantes* em Cortes. Ou se tem cometido alguém a esboçar o projeto da sua Constituição, este sempre deve ser aprovado em Cortes constituintes, pois só aí há representação nacional" – e, conseqüentemente, soberania.

Além de não ser feita pela assembléia representativa do povo brasileiro, a *Constituição outorgada* pelo Imperador contém graves erros:

– A Constituição outorgada pelo Imperador propunha entregar a Sua Majestade o *veto absoluto*, a *iniciativa das leis* e *a direção das forças armadas* – "querendo constituir no Brasil um Imperador que fosse maior do que todos os príncipes do universo... Que monstro! O de Horacio não é mais extravagante".

Há, na Constituição outorgada, a concessão, ao Imperador, do poder de veto absoluto e da elaboração e execução das leis.

– "É um abuso em política que aqueles que fazem ou influem na fatura das leis sejam os mesmos que as executem". Deve haver um poder que faça as leis, e outro que as execute. Frei Caneca propugna pela separação dos poderes, e também não admite que os magistrados façam as leis e os representantes do povo influam na administração da justiça. Qualquer cidadão, diz ele, "deve abjurar uma patria onde isso aconteça".

Alguns outros sintomas de despotismo Frei Caneca descobre no projeto imperial de conceder *vitaliciedade ao Senado* e aos altos comandos das Forças Armadas, ao lado de uma Câmara de deputados que poderia ser dissolvida. D. Pedro queria, ainda, as Forças Armadas sob o comando absoluto do Poder Executivo.

Quanto à vitaliciedade do Senado, Frei Caneca diz que se trata de um grande absurdo e significa, no fundo, uma espécie de saudosismo do Imperador que quer assim criar no Brasil uma Corte de nobres semelhante à da Europa: "a qualidade de ser vitalícia a Câmara do Senado é o meio de criar no Brasil, que felizmente não a tem, a classe da nobreza opressora dos povos".[30]

Além do mais, isto dá ao Imperador "o poder de dissolver a Câmara dos Deputados, *que é representante do povo*, ficando sempre no gozo de seus direitos o Senado, *que é o representante dos apaniguados* do Imperador".

Os representantes do povo, portanto, ficariam sempre à mercê dos arroubos do Imperador, enquanto a sua Corte de nobres, uma Corte artificial e nomeada, o Senado, permaneceria incólume, sempre a aprovar os seus desvarios.

Como já foi relatado, o Imperador, sem ter esse direito, dissolveu a Assembléia Constituinte, e em seguida prometeu uma nova convocação dos representantes do povo, para que se fizesse um outro texto constitucional, *duplamente mais liberal*.

Frei Caneca, sempre muito perspicaz, alertou o povo sobre as falácias que poderiam estar inclusas nessa promessa. Primeiro, como ele previa, essa nova convocação jamais foi feita; e o *projeto* de D. Pedro acabaria por tornar-se uma Constituição definitiva. Segundo, se essa nova convocação fosse realizada, na certa o Imperador decidiria que se convocassem novos constituintes, o que seria um absurdo, uma vez que os antigos tinham sido eleitos legitimamente pelas províncias, e nenhuma delas os havia destituído. Os seus mandatos estavam, portanto, em vigor.

E quanto à promessa de uma Constituição *duplamente* liberal, Frei Caneca responde irônico, citando Marmontel[31]: "desconfiai de todo aquele que pretende fazer os homens mais felizes do que eles querem ser. É esta a quimera dos usurpadores e o pretexto dos tiranos".

Ademais, o Imperador não tem direito de fazer tais promessas, pois não é dele o poder de *constituir* a nação; e a história ensina que todas as vezes que uma carta constitucional foi *presenteada* por um governante, o povo saiu sempre perdendo: – "se foram dadas por eles, quase nunca são cumpridas, porque o executivo fica com o direito de interpretar, alterar e obrigar a lei, quando lhe dá vontade".

E lançou ele este angustiante brado, por ser o Brasil obrigado a aceitar um *projeto de Constituição*:

– "E quando teremos Constituição feita pela nação? Nunca, nunca, nunca! E que Império vem a ser então o Brasil? Império *projetado* e não Império constitucional; e por isso nunca um Império; e um Império tal, em que ordem deve ser colocado entre as potências? Será uma potência de primeira ordem? Será de segunda? Nem de uma nem de outra. Será uma potência *nullius dioceseos*, porque até hoje é incógnita a ordem das potências *projetadas*".

Note-se o arguto jogo de palavras de Frei Caneca: pela vontade do Imperador, só teríamos um *projeto* de Constituição, e nunca uma Constituição – o que faria do Brasil um Império *projetado*, e não um Império *constitucional*.

Sobre a liberdade de opinião, de expressão e de imprensa.

Frei Caneca foi alertado sobre o perigo de ter falado e escrito contra D. Pedro, contra o seu Ministério e contra o *projeto* de Constituição por eles outorgado e em seguida imposto.

– "A matéria é arriscada, mas direi o meu pensar, que todo se funda em documentos que tenho à mão, escudado com a liberdade que Sua Majestade Imperial deu, nas pessoas dos procuradores gerais, a todos os brasileiros, para advogarem a causa do Brasil, ainda que seja contra a sua pessoa".

–"A *liberdade de imprensa*, ou outro qualquer meio de publicar esses sentimentos, não pode ser proibido, suspenso, nem limitado".

– "Estamos firmes em o princípio de que é livre, a cada cidadão, sem jamais incorrer no crime de sedicioso, anárquico e revolucionário, o dizer os seus sentimentos sobre qualquer matéria antes dela estar determinada, estabelecida por aqueles que para isso têm legítimo poder e autoridade".

Frei Caneca pensa sobretudo na ajuda que a imprensa poderia prestar ao poder legislativo, legítimo representante do povo:

— "O Ministério, se não retrograda na carreira em que vai, se não consentir que falem os escritores, veículos da opinião pública, a fim de que os deputados possam conhecer os sentimentos e a vontade dos seus constituintes, para constituírem a nação de uma maneira digna do seu caráter brioso... — está tudo perdido!".

Mas nem sempre essa liberdade de expressão e de imprensa foi respeitada, pois o despotismo só consegue viver à sombra.

— "Bem certo é que o despotismo não pode suster-se e progredir nos lugares em que é lícito ao homem dizer com franqueza os seus sentimentos; o Ministério, por meio da perseguição contra os escritores liberais e patrióticos, tolheu a imprensa e destruiu o veículo por onde se poderia instruir a nação de seus verdadeiros interesses, e apontar-lhe os abismos em que podiam submergir a sua felicidade, a sua honra e a sua glória. Calaram-se todos os escriptores de peso, não falou mais o *Periquito*, não viajou mais *O Correio*, nem ardeu a *Malagueta*".

— O Imperador garante que dará a sua vida pela liberdade dos povos. "Mas que liberdade é a nossa, se temos a língua escrava?"

Sobre a neutralidade.

Em face de tanta discórdia, até de uma reação brutal por parte do Imperador, não seria mais prudente manter-se neutro, nessas questões? — foi uma pergunta que um tal Padre Quintela fez num jornal do Rio de Janeiro..

A resposta de Frei Caneca é admirável pela concisão e pela profundidade.

"Ser neutral não é só ser inimigo, como é peor do que inimigo; entende? Explico: quando dois partidos se opõem diametralmente, a Justiça está somente de uma parte. E aquelle homem que abraçar o partido injusto, sempre o fará debaixo da face do bem e do justo, e nisto mostra que é accessivel aos encantos e atrativos da Justiça, e que abraçaria o realmente justo, se a sua justiça lhe fosse appresentada de um modo mais claro e forte.

O neutral nem abraça a virtude e a Justiça apparente nem a Real; o que o torna peor de que o injusto.

O que se decide por um partido injusto, para o sustentar, arrisca sua pessoa, os seus, sua fazenda e tudo o que lhe pertence; se é feliz, compra a sua felicidade a expensas dos mais custosos sacrificios. Se perdeu a demanda, fica bem castigado com as perdas, que fez.

O neutral, por isso que sempre segue o partido vencedor, ganha tudo, sem arriscar nada. E porque nem sempre o partido vencedor é justo, o neutral é um malvado que está disposto a abraçar, e de fato abraça, a injustiça e o crime, atendendo unicamente ao seu comodo, sem se importar nem com o bem nem com o mal da sociedade. Por isso com toda razão se louva a disposição testamentaria daquelle Rei da França, que supprimindo uma rebelião de seus vassallos, determinou ao Delfim que premiasse todos os vassallos que lhe foram fiéis, perdoasse aos rebeldes, porém que mandasse matar ou destruisse a todos os neutrais".

O que é democracia?

O redator do jornal o *Conciliador Nacional* afirma que a democracia é impraticável e injusta, pois colocaria todos os homens no mesmo nível, destruindo as classes, as personalidades, os talentos e as diferenças humanas criadas pela própria natureza, e ainda poria em pé de igualdade o vício e a virtude.

Frei Caneca responde, num longo texto – do qual transcrevemos a parte mais significativa – que democracia não é isso, e só os publicistas em "estado de loucura podem projetar semelhante absurdo".

"Em todas as democracias, antigas e modernas, apesar de que todos os cidadãos – qualquer que seja a sua estirpe, seus talentos, suas virtudes, seus merecimentos – serem iguaes diante da lei; contudo, sempre as autoridades e os mesmos povos prestaram mais estima e acatamento ao sabio do que ao ignorante, ao proprietario, que enriquece o Estado, do que ao maltrapilho ocioso que consome os frutos do trabalho alheio; mais ao virtuoso que ao perverso, ao velhaco, ao trapaceiro. Em toda e qualquer forma de governo Bastos não se deve nivelar com Lagos, Filinto Elisio com Josino, Vieira com Frei Leocadio, Gervasio com Teotonio, Fernandes Veira com Calabar, Catuzadas com o capitão-mor dos Ilhéus, Santa Teresa com Delmonse –; porque o contrario é querer destruir a natureza das coisas.

Os homens, nada obstante, nascem livres, com igualdade de direitos quanto á conservação de sua vida e comodidades e a tudo o que deve aperfeiçoar o seu ser. Contudo, apparecem sobre a terra differentes talentos espirituaes e corporaes: uns têm cinco, outros tres, outros um (como dizem os Evangelhos); estes se desenvolvem, aquelles duplicam o que receberam, alguns o sepultam na terra... estes têm a ciencia das linguas, aquelles a da cura... Pedro é Apostolo, Paulo doutor das gentes.(...).

O que se quer nas democracias é que (...) a lei puna, proteja e comande igualmente os cidadãos e os chefes.

Em segundo lugar, sendo o princípio da democracia a virtude, e (sendo) parte desta a justiça distributiva, é inteiramente falso que, nas democracias, se nivele a virtude com o vicio, o merecimento com o demerito, os talentos com a ignorancia, a industria com a ociosidade.

Esta igualdade, e ainda a preferencia do vicio sobre a virtude, é só propria das *aristocracias* e *monarquias*, quer temperadas, quer absolutas. Isto nos ensina a razão e nos confirma a historia dos povos que têm povoado este planeta".

Quanto às Forças Armadas...

– "A atribuição privativa do Executivo de empregar, como bem lhe parecer conveniente à segurança e defesa do império, a Força Armada, é a coroa do despotismo e a fonte caudal da opressão à Nação, e o meio de que se valeram os déspotas para escravizar a Ásia e a Europa, como nos conta a história antiga e moderna".

O exército deve ser o povo e estar submisso ao poder legislativo, pois é este poder que representa o povo.

– "Para que o Poder Executivo não oprima a nação, é necessário que as tropas que se lhe confiam, sejam o povo e tenham o espírito do povo".

– "É necessário, ou que o Exército não seja permanente, ou que aqueles que se empregam no Exército, tenham bens para responderem da sua conduta aos demais cidadãos, e não sirvam mais do que um ano; ou, sendo permanente, que o *Poder Legislativo* os possa demitir, quando julgar a propósito. Fora dessas circunstâncias, a Força Armada sempre foi o instrumento da tirania; assim nos mostra a história desde a estabilidade deste corpo de Estado".

Em seguida Frei Caneca passa a historiar o absurdo das forças armadas francesas, no reinado de Carlos VII,[32] quando elas eram permanentes e sob o mando absoluto do poder executivo:

– "Eles (os soldados) deixaram de se olhar como cidadãos do Estado, votados unicamente à defesa dos bens e direitos do povo. Eles não conheceram, no reino, senão o Rei, prestes a degolar em seu nome os seus próprios irmãos. Enfim, a milícia nacional não foi mais do que a milícia do Rei... Esta invenção de Carlos

VII prejudicou com o seu exemplo a liberdade de todos os povos da Europa; e prejudicará a nossa, se a força for entregue à direção do *executivo*, muito principalmente enquanto se sustentar a máxima *da obediência cega do soldado em todas e quaisquer circunstâncias; ou se ele for definido uma máquina de fazer fogo".*

Em outra ocasião Frei Caneca rebate furiosamente a idéia que surgiu na cabeça "de uns paulistas e quatro peões fidalgos do Rio" – que "aconselharam o nosso adorado Imperador, que formasse um batalhão de Suissos para guarda de sua pessoa. Pois... Sua Majestade carecia ser guardado por tropas estrangeiras? Não há contradição tão palmar a tudo o que S. M. Imperial e Constitucional tem dito e feito pelos Brazileiros(...). Esta creação, além de odiosa, porque traz consigo preferencia, emulação e choque entre este corpo e os batalhões do paiz, é impolitica, porque produz a desconfiança nos Brazileiros; e da desconfiança à inssurreição o ascenso é muito pequeno e fácil; e seja qual for o fim que teve em vista o ministerio nessa creação, as provincias todas se têm desgostado muito desse passo do Ministério, e estão alerta".

E os militares na política?

– "O fim a que se propõe a milícia é outro, muito distante destas coisas: não lhe competem os negocios politicos (...). A ciencia que compete aos militares é a arte militar. Não lhes está mal não serem filosofos, medicos, jurisconsultos, estadistas. Infeliz a patria em que o soldado é filosofo!"

Quais seriam, pois, as virtudes típicas do soldado?

– "São a fortaleza no corpo, o valor n'alma, a paciencia nos trabalhos, a vigilancia na campanha, a continencia nos costumes, a fidelidade à Patria, a subordinação aos chefes. Quando, passando desta linha de demarcação, pretendem influir nos negocios civis e politicos, são despoticos, obstruem os vasos vitais da sociedade, empecem o andamento regular das suas molas, são inimigos da Patria e temerosos aos seus cidadãos".

Não se pense, porém, que Frei Caneca fosse sempre esse modelo de calma e de puro intelectual. Apesar de ter normalmente uma linguagem lógica e respeitosa, por vezes ele perdia as estribeiras, quando se sentia ofendido por ataques excessivamente injustos.

Alguns exemplos:

- Quando perguntam a sua opinião sobre *José da Silva Lisboa*, Visconde de Cairu, que atacava o *Typhis Pernambucano* no jornal *Rebate Brazileiro*, Frei Caneca é terrível:

— Ah, trata-se "do degenerado bahiano José da Silva Lisboa, Visconde de Cairu", parte de uma "matilha de gosos[33] rabugentos e uivadores"(...). "Não são os ladrados desse rabugento sabujo, que destroem as nossas predições". Ele, pelo menos é coerente, uma vez que "é o *achiles* do ministerio despotico e unitario do Rio de Janeiro".

- *José Bonifácio* era um dos corifeus da ala maçônica intitulada *Apostolado*[34]. Para definir os *Apostolos*, Frei Caneca se aproveitou de uma crítica contra um jornalista do Rio que o atacara: "Vmc. hoje é conhecido em todo o Brazil, em todo o mundo, por um escriptor incoherente, contradictorio, venal, fautor do despotismo, servil, sem caracter, immoral, vendido aos *Apostolos*, digno do desprezo e credor de publica execração".

- De um escritor que, além de ignorante, escreve mal, Frei Caneca diz: "Que esôfago de peixe, que ventrículo de avestruz, que suco gástrico é necessário para devorar e digerir o bom autor!"

- A outros que demoravam demais a entender as coisas, era preciso "que o duro martelo da experiencia abrisse aquellas cabeças de pedra e cal".

Os que continuavam empedernidos eram "almas de lama, espiritos ferrenhos, impenetraveis á luz da razão, corações fofos, cegos de philaucia".

- Os *Cônegos do Cabido*[35] de *Olinda* escreveram uma Carta Pastoral para uso do clero, no dia 4 de março de 1823, aconselhando, entre outras coisas, que os padres recomendem aos fiéis católicos que jurem obedecer às ordens do Imperador pois – "*o que resiste ao chefe da nação, resiste à vontade de Deus... pois não há poder que não emane de Deus*". Frei Caneca fica revoltado, pois essa doutrina contraria a todos os seus ensinamentos. Além do mais, a carta pastoral é mal escrita – um bom prato para a verve do frade. Depois de expor mais uma vez, e longamente, a doutrina de que o poder, a soberania pertence ao povo, que a delega ao Imperador, ele rebate: "É (a Carta Pastoral) um papel tão miserável, tão provocador a riso até pelos erros crassos na parte grammatical, que por vezes me tenho querido persuadir, que é apocrypho, e que alguma mão inimiga pregou aquelle rabicho ao cabido; mas, o silencio deste, e a falta de reclamação contra uma tal perfidia, me persuadem que a pastoral é mesmo do cabido. Notarei algumas das suas faltas e puerilidades, deixando ao leitor outras", etc, e por aí vai.

- A Bahia tinha traído os pernambucanos em 1817 e Frei Caneca jamais perdoaria os seus dirigentes, como outros, *"filhos ingenuos da escravidão e defensores natos do servilismo*[36]. A Bahia, illudida pelos *Viannas, Caldeiras e Calmons* e outras gralhas apavoradas, eclipsou o esplendor do seu espirito liberal e se gloriou de ser escrava; mas ao depois, agarrando fortemente da calva e veloz occasião, recobra o seu vigor, suspende os passos, e triturando o projecto machiavelico, está mostrando a grande escoria de que se compunha, e esperamos que faça ver que naquella mistura se encontram muito poucas priscas de metal que se aproveitem". Isro foi escrito no *Typhis* de de agosto de 1824, já proclamada a Confederação do Equador, à qual a Bahia não tinha aderido.

- Contra o *publicista José Fernandes Gama*, que ousa atacar a revolução de 1817 e o "honradíssimo Paes de Carvalho", Frei Caneca se expande em agressividade verbal.

– "Que desavergonhamento! Que desaforada mentira! Mentes, *Carasuja!*" (...). "Ah! *Carasuja, rei dos ratos!"*(...). "Chora na cama, que é lugar quente! (...)". "*Responde agora, embusteiro safado e sem vergonha; responde, se és homem!*" Ao criticar um amigo e protegido do *Carasuja*, diz que ele é famoso por "comer á barba longa; encher á tripa forra; servir mal a nação; graval-a com augmentos de ordenados; e, quando Deus quer, roubal-a; e os mais que os soffram".(...).

- O Gama continua a agir, e Frei Caneca não deixa de reagir. Sua linguagem vai num *crescendo*, cada vez mais asselvajado. Como o Gama se dá o pseudônimo de *Arara*, é levado ao ridículo: "És uma Arara na crueldade e lingua bifida; abutre no fétido e gosto pela podridão; condor na voracidade; falcão no bico negro e aguçado; gavião na audacia; môcho nos maus agouros; pavão no orgulho; cuco na ingratidão; etc". E, mais adiante, o Gama "é filho de algum diabo incubo, mas não qualquer diabo, sim do diabo mais feio, mais rabudo, mais abodejado, mais levado de todos os diabos...".[37] E para terminar, pois não era tão desrespeitoso no geral o estilo do Frei, fiquemos com esta, ainda dirigida ao Gama: "Eu te chamo cachorro pela decencia publica, por que cá no meu coração fico te chamando outra coisa, que principia por C... que tu bem sabes, e eu não quero dizer".

- *O que é um canalha.* No *Typhis* de 15 de abril de 1824, o Frei dá uma definição muito interessante do que seja *canalha*. "A Canalha de qualquer lugar é a parte mais ínfima do povo, pela sua qualidade, pelas suas occupações, pelos seus vicios, pela falta de educação honesta; é a *infima plebe* dos Latinos, cuja approvação detestava Horacio: *non ego ventosae plebis suffragia venor.* N'estas idéas desde a infancia, chamava eu *canalha* os filhos de baés, regateiras, scorsos e outras que taes da Rua da Madragoa, Currall de Valadares, etc, que viviam de sordidas chanfanas, sem idéas de virtude, satisfeitos de seus vicios, ou aquelles homens, que, estando fóra destas circumstancias, se foram metter nesses deboches".

*

Mas ele também sabia ser irônico.
- Sobre o Morgado do Cabo, um homem inculto, diz que "tem a habilidade de, com palavras quasi potuguesas, fallar uma gíria africana".
- Quando se tratou de desenhar novos escudos, armas e bandeira do Brasil independente, alguém se revoltou contra a decisão de não mais se colocarem nos nossos símbolos pátrios as moedas, os castelos e, sobretudo, as chagas de Cristo tradicionais nas armas de Portugal. Chegaram a escrever que "em todo reino christão há chagas nas armas e nos escudos, e que tiradas das nossas é destruir a religião, porque Jesus Christo appareceu no campo de Ourique ao D. Affonso Henriques. E lhe deu suas chagas por arma".

A resposta de Frei Caneca vale ser transcrita, literalmente: "Não temos cousa alguma com castellos, dinheiros e chagas de Portugal; podemos escolher as armas que bem quisermos. Si houvesse obrigação de trazer por armas alguma cousa sagrada ou sobrenatural, e eu fosse consultado sobre esse objecto, o meu voto era que, em campo vermelho, tivéssemos um pé humano branco, em memória do apostolo S. Thomé, que, como se diz, andou por aqui pregando aos indios, e de si deixou um sinal, que é a pegada de seu pé, em uma pedra, na borda do rio Jaboatão, como consta na chronica dos franciscanos. Está a rir?

"Este facto não é menos verdadeiro do que a *apparição* de Christo no campo de Ourique; do que o *escudo* que cahio da céo em Roma; do que as flores *de lis* que cahiram do ceó dos Francezes; nem finalmente do que o *auriverde* que desappareceu depois que os reis da França usaram delle contra christãos.

Donde se vê que o senhor Portugal não deve ter muito orgulho pelas suas chagas mandadas figurar nas armas, porque nem só vemos que outras nações têm tido iguaes privilegios, como até corporações particulares, como os carmelitas o escapulario dado a S. Simão Stock por Maria Santíssima, e os franciscanos as mesmas chaga de Christo impressas no seu patriarcha; Santa Rita de Cassia o cravo da cruz e Santa Thereza a lança do cherubim. E por tanto, os que se arrepiam da destruição das chagas nas armas do imperio, acommodem-se e não me façam guerra".

- Frei Caneca volta ao Gama, que se orgulhava de ser nobre, espécime da raça branca, sangue puro: "Ora, o sangue é um fluido encarnado composto de tres substancias, o *soro branco*, o *soro vermelho*, ou a parte colorante, e a materia *fibrosal*, ou o principio *mucoso*, segundo M. de Hain. Estas partes são geraes no sangue das variedades da especie humana (...). Em que consiste pois a differença do teu sangue ao do negro? Só se o teu tem mais alguma dose de oxido de ferro, ou melhor de cascalho... Se a pureza do teu sangue consiste em não ser vermelho, como o dos outros homens, sim em ter a cor branca... ninguem te inveja a extravagancia: ficarás classificado entre os vermes e os insectos! (...) Infere-se do exposto, que é estupida a tua basofia de branco, e que pelo lado do sangue não és mais *puro* que... o chinês, que o negro da Guiné, que o da Nova Zelandia".

- De outra feita, quando corria a notícia de que, na tentativa de invadir o Brasil e anular a Independência, fazia-se em Portugal o recrutamento de "dez a quinze mil homens que viriam sob o comando, entre outros, do velho Luiz do Rego, conquistar o Brazil", Frei Caneca não se conteve e escarneceu: "*Risum teneatis, amici!* Caberá no Brazil tanta gente? Ou ainda haverá Portuguezes que queiram vir ao Brazil fazer a guerra, quando daqui sahiram tão escalavrados? Si elles não poderam sustentar os pontos de que estavam senhores, poderão esperar pisar segunda vez nosso solo e sustentar-se nelle? O peixe já sangrado desconfia si ver surgir isca, mesmo á tona d'água".

- Frei Caneca era contra uma segunda Câmara – o Senado –, por achá-la inútil, antidemocrática e uma maneira de criar no Brasil uma nobreza artificial, já que não tínhamos uma nobreza de sangue. Contra essa nobreza artificial, Frei Caneca vai longe, na sua ironia: "é um engodo para juntar ao partido aristocrata desolador os homens vãos e fofos, e os servandijas, que, não tendo virtudes e probidade, se querem distinguir da sua classe pelos retalhos de fitinhas e pedacinhos de metal; e eu espero que para se aggregarem tambem os hypocritas, se crie uma nova ordem; que tragam uma de chumbo no chapeo... Os homens se deixam levar mais das exterioridades, do que da essencia das cousas; e que pesam no conceito dos servandijas as fitas, as veneras, os placaes em si, (mais) do que as virtudes e os merecimentos; querem antes parecer bons, do que serem-n'o".

- O Imperador e o seu Ministério prefeririam legislar e enviar leis, decretos e manifestos aos deputados para que estes os comunicassem ao povo – o que era um grande erro, pois não se devia dar ao executivo o poder de legislar. Frei Caneca pergunta, com ironia: "Os deputados seriam de sentimentos tão baixos que se honrassem do mero officio de correio?"
- Em outra ocasião, rebate contra os que acham que é tolice lutar contra o Ministério e as Cortes: "Tolos são os que se deixam cavalgar".

*

As reuniões eram sempre encerradas com um amargurado brado de Frei Caneca, que veio a ser uma dolorosa profecia:

"Cautela, e mais cautela;
atenção e mais atenção, ó pernambucanos!
Temos trabalho!
Temos absolutismo!
Temos escravidão!"

XIII

"As garras da perfídia"

Ao ter conhecimento do levante da Confederação do Equador, D. Pedro nunca foi tão rápido na represália. Ordenou que imediatamente se suspendessem as garantias constitucionais da província, ressuscitou as famigeradas Comissões Militares, com plenos poderes para arrancar confissões, mesmo sob tortura, julgar e condenar; organizou um exército sob o comando do General Francisco de Lima e Silva para invadir o Recife por terra, e contratou o mercenário inglês almirante Cochrane, com a incumbência de transportar essa tropa até Maceió e, com os canhões da sua frota, bombardear e bloquear o Recife por mar.

As recomendações ao General e ao almirante eram de, no menor prazo possível, cercar a cidade, esmagar o levante a ferro e fogo, julgar e condenar os chefes sem dó nem piedade, "em processos sumaríssimos". Não permitia qualquer tipo de desobediência às suas ordens e, menos ainda, que alguém, sobretudo em Pernambuco, pusesse em dúvida os seus poderes e os seus caprichos.

Estavam, assim, constituídos um exército nativo e uma marinha mercenária para destruírem os sonhos de liberdade dos patriotas do nordeste.

Frei Caneca, incrédulo e ao mesmo tempo confiante, escreve, referindo-se aos mercenários contratados pelo Imperador: "Si o nosso actual estado não é o mais respeitavel na guerra, com tudo está muito acima do de 1817. Temos tropas, não estrangeiras, que militando unicamente por soldo, são venaes, são traidoras; sim (temos) tropas indigenas, que defendem seus lares, seus filhos, suas mulheres, suas propriedades, sua liberdade, sua patria, por cujo motivo preferirão cobrir com os seus cadaveres o lugar onde nasceram, a se arrastarem com os grilhões do captiveiro".

Em outras palavras, o povo de Pernambuco e das províncias vizinhas, à exceção de Alagoas, estava disposto a resistir e a lutar, até a morte, contra a tirania.

Ao saber da iminente invasão e bloqueio, o Presidente Paes de Andrade mandou postar forças nos limites da província, no norte e no sul. O maior perigo estava no sul, nas fronteiras com Alagoas, para onde tinham fugido as tropas do Morgado, que certamente se juntariam ao exército imperial sob as ordens de Lima e Silva.

O comando das tropas da Confederação foi entregue ao General José de Barros Falcão de Lacerda. Só tarde demais, infelizmente, percebeu-se que essa nomeação tinha sido um grande erro. Barros não era o homem certo. Ele não era, no dizer de Frei Caneca, aquele "chefe mui decidido e energico, capaz de commettimentos heroicos, e dotado desses *lances de olho* felizes, que muitas vezes prevalecem contra a superioridade do numero". Frei Caneca foi moderado no seu julgamento, pois o que mais faltou ao General Barros, além de tudo isto, foi a coragem e a fidelidade às promessas. Ele foi um traidor, como veremos.

No Recife, a situação começava a ficar insustentável. Os canhões dos navios do almirante Cochrane, durante toda uma madrugada, bombardearam impiedosamente a cidade. Fome e desespero já maltratavam a população urbana. Mesmo assim o Recife não se rendeu, fortificava-se e defendia-se.

Algumas notícias eram más, outras confortadoras. Por um lado, a província de Alagoas "nos hostilizava" e as divisões de patriotas postadas em suas fronteiras tiveram de bater em retirada por falta "de supprimentos de guerra e de boca"; o General em chefe José de Barros partira ao seu encontro, "com abundantes supprimmentos", porém lá não chegou, e jamais se soube o motivo, que ele próprio não soube, ou teve medo de explicar. Seu silêncio e as suas reticências levaram Frei Caneca a desconfiar de que se tratava do primeiro ato de traição do General. Não seria o último.

Por outro lado, era confortador saber que a província da Paraíba aderira à causa da liberdade e, correndo todos os riscos, "forcejava por ligar-se" às tropas pernambucanas. Na cidade de Itabaiana, nessa província do norte, a meio-caminho do Recife, já se lutava valorosamente.

Lima e Silva avançava e procurava romper as defesas do Recife, enquanto espalhava o terror com promessas de vingança, de torturas e de perseguições. Para seu desalento, porém, tais ameaças produziam efeito contrário sobre a população, levando-a, apesar das tristes lembranças de 1817, "à mais obstinada e indomavel resistencia".

Damos a palavra a um cronista da época:

" – Neste estado de cousas o brigadeiro Francisco de Lima e Silva, que commandava em chefe as forças imperiaes, espalhava uma *fraternal e bem conciliadora* proclamação, na qual com damnado animo e furia satanica, vociferava:

Malvados, tremei! A espada da justiça está por dias a decepar-vos a cabeça! Rendei-vos, ou aliás estas bravas tropas, que eu commando, entrarão como si fossem por um paíz inimigo; pois mais inimigos que revolucionarios não podem haver. Não espereis mais benevolência: o modo de vosso julgamento não admitte appello; uma comissão militar, da qual eu sou Presidente, é que vos há de fazer o processo e mandar-vos punir. Soldados, deponde as armas; prendei esses que vos tem conduzido, não ao campo de honra, como deviam, mas ao da deshonra, do aviltamento e da ignominia!

Esta linda peça prova bem, e recommenda á posteridade, o liberalismo, gratidão e juizo do imperial mandante e do algoz mandatario".

Na manhã do dia 11 de setembro, Paes de Andrade recebeu esta outra carta do próprio punho de Lima e Silva, mais um modelo de prepotência e de arrogância:

"Em nome de Sua Majestade o Imperador constitucional e perpetuo defensor do Brazil, intima a Manuel de Carvalho Paes de Andrade, intruso Presidente da mesma provincia, e a José de Barros Falcão de Lacerda, ex-governador das tropas, que immediatamente deponham as armas, que tão louca, como escandalosamente, tem levantado contra a legitima autoridade de Sua Majestade, e contra o systema jurado pela nação, si algum resto de sentimentos humanos lhes fere as consciencias em favor de um povo etc.

E declara, outro sim, a esses dous conspiradores, **que por cada victima que de hoje em diante fizerem, entre as pessoas, que se tem conservado fieis, padecerão dez dos seus partidistas!**

O que, para chegar ao conhecimento de todos, o general em chefe faz publico pelos meios que estão ao seu alcance. Quartel General em o engenho de Garapú, 10 de Setembro de 1824. Ass. *Francisco de Lima e Silva*, brigadeiro general."

Nessa mesma manhã, Paes de Andrade convocou alguns patriotas, entre os quais Frei Caneca, dirigiu-se à região dos Prazeres, onde acampava o grosso das tropas confederadas, comandadas por aquele General José de Barros Falcão de Lacerda, e mostrou aos comandantes e oficiais a intimação e as ameaças de Lima e Silva. Reuniu em seguida um corpo de tropa de trezentos homens e com ele marchou para reforçar um ponto fraco por onde poderiam passar as tropas de

Lima e Silva, na sua tentativa de invadir o Recife. Frei Caneca seguiu junto com o Presidente. Logo depois se desgarrou, quando a pequena tropa se dissolveu, ao tentar uma retirada estratégica para Olinda, onde o frade permaneceu, à espera dos acontecimentos.

A meio caminho, Paes de Andrade veio a saber que de nada mais adiantariam os seus reforços, uma vez que Lima e Silva já havia penetrado na cidade, pelo engenho Santanna, no dia 12 de setembro, e se assenhoreado dos Afogados, já nas imediações do Recife. Paes de Andrade tentou, então, continuar sua marcha para Olinda, onde pretendia reunir tropas e organizar um ataque para libertar a capital.

Viagem esta que teve algo de burlesco.

Para não chamar a atenção dos invasores, o Presidente tomou uma atitude muito estranha: dispensou a sua guarnição e resolveu fazer o perigoso trajeto sozinho, e... de jangada. Não foi fácil encontrar um jangadeiro disposto a transportá-lo, apesar de todos saberem que se tratava do Presidente da província. A prudência, ou o medo, os paralisava e abafava-lhes toda a intrepidez patriótica. Até que surgiu um corajoso voluntário que se prestou ao serviço. O Presidente embarcou e deu ordem para que o jangadeiro desse uma parada na Praia do Brum, antes de seguirem até Olinda. Nesse momento, a embarcação já ao largo, começou a barulheira dos combates em Afogados e na Boa Vista, e já avançando para Santo Amaro. O jangadeiro, desconfiado de que logo estaria no meio da linha de fogo, perdeu a coragem e se negou a continuar. Enrolou e arrochou a vela, jogou na água o tauaçu, sentou-se no banco do bico-de-proa, e calmamente pôs-se a fumar o seu catimbau. De nada valeram as imperiosas ordens do Presidente dadas aos gritos, nem suas promessas, nem suas ameaças. O jangadeiro só se animou a fazer alguma coisa, quando o Presidente, parecendo não ver outra solução, pediu que encostasse a embarcação numa fragata inglesa, ancorada ali bem perto, questão de uns cinquenta metros, para onde pulou e se refugiou.

O povo do Recife, ao saber do *causo*, se dividiu nas interpretações. Uns debochavam, outros apenas sorriam, outros abertamente criticavam ou lamentavam. Na beira do cais, virou assunto de conversa e controvérsia de grupos de jangadeiros, marinheiros e gajeiros.

– O quê? Será que ouvi direito? Vossa mercê disse mesmo que se tratava de um navio de guerra inglês? Daquele inglês que veio aqui bombardear a cidade?

— Do tal do Almirante Cochrane, sim senhor. E o Presidente foi muito bem recebido, com continência e rapapés.

— O que eu acho, raciocinou o mestre Januário – também dono de jangada – é que o Presidente amofinou.

— Atraiçoou.

— Não foi isso o que contou o mestre Juanúncio, que era quem levava o Presidente, de reboque – não é, mestre?

— O que sei – e só sei uma coisa! – é que os ingleses chamaram, lá na língua deles, e abanando as mãos, quando se aperceberam que a jangada, ali parada, no remanso, podia acabar emborcando ou levando uns tiros.

— E o homem foi correndo! – comentou, irônico, o marinheiro Josias, que não parava de cutucar os dedos dos pés.

— Diz por aí que foi um ato de caridade dos ingleses.

— Sei não, retrucou o gajeiro Matias, que pitava num canto, e resolveu entrar na conversa. O que todo mundo está por aí atabulando, é que o homem, quer dizer, o tal Presidente, já não agüentava mais essa guerra, que já dava por perdida.

— E achou um jeito de se escapulir. O navio inglês já esperava. Tudo bem arrumado.

— E como é que eles sabiam que quem estava ali era o Presidente?

Mestre Antônio também entrou na conversa: — E o navio inglês não é um navio inimigo? Eles não vieram aqui para prender o Presidente e botar o Morgado no lugar dele? Como é que, de repente, o inglês ficou tão amigo, tão caridoso?...

— E no melhor da história, o Presidente se desaperta, como quem não tem nada a ver com a baralhada, e deixa que morra quem quiser morrer.

— E se arrancha no navio, "comendo à tripa forra", enquanto o povo se danava.

— Traiçoou –, é o que eu digo.

Essa leréia entre jangadeiros e marinheiros não era só deles. Já corricava por todo lado e se espraiava pela cidade inteira, nas esquinas, na porta das igrejas, pelas ruas e até mesmo – bem às escondidas – nos quartéis. Desmoralizava o Presidente, pois mesmo se nem todos acreditavam na covardia, traição ou conchavo com o inimigo, nada como um boquejo e um bom boato para animar as conversas de beira de cais e de ponta de rua.

Mas havia quem defendesse o Presidente. Mesmo assim, parece que eram poucos, uns e outros, não davam para encher meia canoa.

E houve muito bate-boca, muita caquinada, muito disse-que-disse, ataca, defende, etc e tal. Muita gente, falando disso, "nem podia suspender o frouxo do riso". Era a desmoralização do Presidente.

O fato é que Paes de Andrade só veio a dar notícias de si quando, passado muito tempo, desembarcou em Londres, são e salvo, e de lá mandou um arrazoado com explicações e desculpas que nem todo mundo aceitou.[38]

XIV

"Fomos traídos, esmagados e destruídos"

A fracassada viagem de Paes de Andrade a Olinda, segundo Frei Caneca, não foi marcada apenas pelo burlesco. Foi maculada também, "pela perfídia e traição". O frade é muito claro na sua acusação: o ponto pelo qual as tropas de Lima e Silva penetraram no Recife, no dia 12 de setembro, "foi de propósito o menos fortificado e marcado para se abrirem as portas da cidade ao inimigo". A questão que se põe é esta: Paes de Andrade, ao marchar para essa região, já estava ciente, ou não estava, de que sua empreitada era inútil? Foi ele um ingênuo, ou um esperto traidor? Até que ponto ele estava mancomunado com o General José de Barros? Só o futuro diria.

– O que sei ao certo – Frei Caneca disse e escreveu[39] – é que o General José de Barros demonstrou ser um covarde e um traidor e planejava render-se às tropas de Lima e Silva – "preparava-se para a entrega da cara Patria". Com esse propósito, atravessou o Capiberibe, com parte da tropa, e marchou até a Boa Vista, sem dar um único tiro, e sem ser incomodado, apesar de todo mundo saber que essa região já estava sob o poder do exército imperial. Não há dúvida, ele se entregou, e sem lutar –, traiu um comando que a duras penas, e sob graves ameaças, lhe fora confiado pelo povo. Isto explica porque ele, anteriormente, não havia chegado às nossas tropas, "com os supprimentos" que transportava.

Outra evidência: antes da retirada do General Barros, Frei Caneca, que não o seguira e ficara no acampamento, foi procurado, muito às escondidas, pelo capitão Francisco de Barros de Lacerda, "filho do mesmo trahidor (General) Barros".

– Caro Frei, tenho algo a dizer-lhe, com todo segredo.

Já desconfiado, Frei Caneca gracejou: – Seria algo em meu benefício?

– É, sim, em seu benefício – retrucou muito sério o capitão. E o faço em nome da amizade e agradecido por ter sido seu aluno de geometria. Sei que Vossa Reverendíssima tem sido obrigado a permanecer no nosso acampamento, não por querer, mas por impossibilidade de retornar à cidade do Recife.

– Meu prezado capitão, é impossível guardar segredo no meio de tantos soldados. Corre a notícia, no meio das divisões deste exército, que a maior parte dos oficiais está disposta a "sacrificar a patria ao inimigo", com a infeliz aprovação do pai de Vossa Senhoria. Já notei que "toda a oficialidade está dividida em grupos... falando em voz baixa... indicando uma secreta manobra". Que manobra seria essa?

– Nada posso revelar sobre isto. Mas posso advertir-lhe de que sua presença não é aceita de bom grado por todos, sobretudo pelo Estado-Maior aqui aquartelado.

– V. Senhoria sabe que estou aqui por acaso, não sou soldado, recuso-me a portar armas...

– Mas... a sua presença... as suas palavras... as suas idéias... que Vossa Reverendíssima nunca escondeu, desde 1817... Tudo isto tem tido grande influência sobre os soldados e sobre um bom número de oficiais. O Estado-Maior está profundamente receoso... Enfim, é melhor que Vossa Reverendíssima se afaste, pois... dói-me profundamente confessar... "se pretende a sua prisão". Chegam a este acampamento notícias de que "no Rio de Janeiro, fala-se de vosso nome como de uma pessoa que deverá ser... não apenas aprisionada... mas... destruída". E que logo essa notícia chegará aqui como uma ordem. Siga o meu conselho, caro mestre: fuja! Vossa Reverendíssima não está no lugar certo.

Frei Caneca aceitou o conselho do capitão, agradeceu o seu aparentemente amigável empenho, porém, não tardaria a entender, num lampejo, todo o plano. "Longe de ser essa revelação um efeito de amizade – escreveu ele em seu diário –, era um meio de me separarem do Quartel General, a fim de eu não poder observar e estorvar os perversos planos do General trahidor".

Ora, perguntava-se depois Frei Caneca, tudo isso, mais a fuga de Paes de Andrade e o seu refúgio num navio inimigo, não teria sido parte de todo esse covarde plano?

De como Frei Caneca, quase sem saber, uniu-se às tropas da Confederação.

O próprio filho do traidor facilitou a fuga.

Frei Caneca partiu para Olinda. Não estava só. Alguns amigos patriotas, nove ao todo, também foram aconselhados a se retirar. Eram eles, além do Frei, os civis João Soares Lisboa, Francisco de Souza Rangel, José Mathias e um seu irmão, o Coronel José Antônio Ferreira, o major José Gomes do Rego, o capitão Braga "e um soldado mouco, camarada do Braga" – "a amizade que de muito lhes consagravamos, a identidade do perigo e semelhança de fortuna nos uniu no mesmo arbitrio e plano de salvação; e assim tratamos de nos pormos a salvo, e livres das garras da perfidia".

Chegando a Olinda não mais encontraram o exército liberal, e ninguém soube, ou ninguém quis dizer, que direção ele havia tomado. Passando incógnitos por vários piquetes, conseguiram os nove amigos chegar a Igarassu, escondendo-se durante o dia e viajando toda a noite, alimentando-se "com cannas de açucar e um pedaço de bacalháo com farinha".

Uma noite, antes de chegarem a Igarassu, houve séria desavença entre eles, o que dividiu o grupo, ficando com Frei Caneca apenas João Soares Lisboa e Francisco de Souza Rangel. Os demais já "nos olhavam como pessoas de maior perigo e comprometimento, e por esta razão, um obstaculo grandissimo para a sua salvação" – escreveu Frei Caneca.

Na manhã do dia 18 (de setembro), os três amigos restantes tomaram o rumo de Goiana, onde supunham que estariam reunidas as forças de Olinda e Recife decididas a marchar para o Ceará, depois de juntarem-se às tropas da Paraíba. Foram estas as informações do rendeiro amigo José Carneiro de Carvalho da Cunha – "depois de por ele refrescados com sangrias de vinho, e sortidos de algumas camisas e roupas".

Ao saírem do engenho de Carvalho da Cunha, vieram juntar-se a eles mais dois companheiros, o major Manuel Santiago e o ajudante Francisco Carneiro Leão.

À meia-noite chegaram a Goiana e encontraram a cidade "deserta inteiramente".

"O escuro da noite e o medonho silencio em que estava sepultada a villa, os uivos dos cães, tudo cooperou para nos encher de terror, e nos julgarmos nos maiores perigos. Corremos varias ruas em busca das pessoas do nosso conhecimento, mas tudo foi baldado; porque a ninguém achamos".[40]

Foram ao convento do Carmo onde por certo tempo Frei Caneca havia morado. Lá, certamente, encontrariam abrigo, comida e notícias. A grande porta da frente estava escancarada – o que deixou o Frei desconfiado. Deixando os companheiros na praça fronteira, ele entrou, percorreu no térreo todo o claustro, foi ao refeitório, à capela, subiu ao andar de cima, chamou por seus irmãos, gritou, bateu às portas das celas e ninguém respondeu. O convento também estava esvaziado. As portas entreabertas, as celas abandonadas, o fogão ainda quente eram sinais claros de que os frades haviam fugido ou sido expulsos há não muito tempo, ou até presos ou mortos.

Voltou à praça e pôs os companheiros a par. O que fariam? Alojarem-se no prédio abandonado, para descansar? Havia o perigo de as tropas imperiais voltarem, com a mesma intenção, e os prenderem ou até mesmo assassiná-los. Decidiram ir em frente. Seria um risco menor, apesar de tudo.

Depois de andarem todo o resto da noite, "pela estrada da Soledade", deram, enfim, com a retaguarda das forças liberais, "duas legoas acima da villa".

"Raiando a aurora", vendo-se entre amigos, puseram-se em marcha na direção de Goianinha. No caminho encontraram, em inspeção, o tenente-coronel Manuel Ignacio de Mello, que fora proclamado, no dia anterior, comandante-geral das tropas. Nessa vila alcançaram "o grosso da divisão, e um povo numeroso, com algumas famílias honestas". O Presidente da Câmara da vila, um grande patriota, corajosamente os hospedou em sua casa.

Daí em diante, Frei Caneca, no seu *"Itinerario"*, passaria a fazer uma pequena descrição de cada cidade ou vila por onde passava.

"Goianinha é uma povoação não pequena e representa ter algum commercio do genero de lavouras. Tem uma igreja pequena; ella e as casas da povoação são de má ou nenhuma architectura; á excepção de mui poucas, as outras são de palha".

Depois de passarem o dia na vila, descansando, seguiram caminho, à tarde, para o engenho Cangaú, separando-se da tropa, que continuou a sua marcha para Nazaré.

"Aqui tivemos a primeira perda daquelle pouco com que sahimos do Recife, isto é, nos furtaram os cavallos da nossa montaria, e fomos providos de outros pelo mesmo Presidente"[41] (...)

"Sahimos de Cangú depois de refeitos d'hum abundante e politico almoço e fomos passar a calma do dia ao Monte Bello na Laranjeira, e jantamos na casa da família de João Velho, um grande patriota. Este sitio foi o mais lindo ponto que havíamos visto. Tem uma casa de campo de sobrado não pequena, em um alto, e com um grande pomar de mui bellas laranjas etc., o qual está á borda d'um rio, que corre com boas agoas".

Em Poço Comprido, no dia 20, os fugitivos encontraram a força que vinha da Paraíba, sob o comando do capitão João da França Câmara; que estava à procura do grosso das tropas do Recife. Todos se surpreenderam, quando estas, em tão pouco tempo, apareceram sob um outro comando: nesse ínterim, o Coronel Mello, voluntariamente se demitira e, por aclamação, foi eleito novo comandante-em-chefe o capitão José Victoriano Delgado de Borba Cavalcanti e Albuquerque, da Paraíba, que acabara de chegar – "lançando mão do seu bem conhecido patriotismo".

Em nome dos companheiros, Frei Caneca apresentou-se ao capitão José Victoriano e lhe pediu permissão para ficarem sob o seu comando, alegando que, perseguidos pelos *ceroulas*[42] e temendo o traidor José de Barros, haviam chegado à conclusão de que unirem-se às forças patriotas era "o único meio que restava para a sustentação da causa da Patria, e salvar-se das garras do tyrano".

O capitão comandante deu imediatamente o seu consentimento, e, dizendo-se honrado por poder conhecer pessoalmente Frei Caneca, mostrou grande alegria em ter tão valentes homens em sua companhia. Os soldados e oficiais vibraram e, aos gritos, deram vivas e boas vindas, pois consideravam o Frei o seu verdadeiro guia espiritual e achavam que sua presença transmitia coragem e confiança.

Frei Caneca, que até então era apenas um fugitivo, estava agora, por força das circunstâncias, definitivamente ligado ao exército revolucionário. Não como combatente, de armas às costas e dedos no gatilho, mas como o pregador, o homem de fé que levantava os ânimos, dava coragem, apontava o caminho da liberdade e da verdadeira democracia. Perseguido pelas tropas imperiais, ele percorrera, com seus amigos, léguas e léguas pelo interior, livrando-se dos piquetes, das armadilhas, das traições, e chegara, enfim, são e salvo – como que empurrado pelo destino –, ao centro do movimento liberal que já reunia mais de uma província e estava disposto a resistir e a lutar contra "a perfídia e a fúria vingativa de D. Pedro I" e do seu Ministério. Logo tornou-se não apenas um companheiro, mas o líder espiritual daquele bando de patriotas.

– Veja, meu irmão – diria ele meses mais tarde a Frei Carlos –, veja o que é o destino, ou melhor, a vontade de Deus: se lá estivessem os irmãos no Convento do Carmo de Goiana, eu teria ficado junto com eles, o direito de asilo talvez fosse respeitado, e não estaria eu, agora, entre guerreiros. Entretanto, não me arrependo.

A Divisão Constitucional da Confederação do Equador.

21 de setembro deste ano de 1824 foi um grande dia.

O comando tinha em mãos o ultimato do General Lima e Silva que, entre outras exigências, impunha rendição incondicional, prisão imediata de todos os oficiais, a entrega do Frei Caneca, líder moral da revolução, execução sumária dos cabeças do levante e liberdade para os praças. O Estado-Maior, tendo consultado a oficialidade e os principais da tropa, decidiu, por unanimidade, não ceder ao ultimato, em nenhuma de suas exigências. Ao conhecer a corajosa resolução, a soldadesca a aplaudiu com entusiasmo.

Era urgente, entretanto, organizar militarmente as tropas, pois o inimigo era forte e não poderia ser vencido apenas pelo entusiasmo.

A força patriótica reunia, ali, em Poço Comprido, quase três mil homens entre soldados de 1ª e 2ª linha, artilharia, guerrilhas e paisanos. Outros milhares se juntariam a eles, ao longo da caminhada, e logo seriam cerca de seis mil combatentes. Havia, pois, premente necessidade de fazer desses homens um verdadeiro exército, uma tropa que iria enfrentar uma longa caminhada, difícil e cheia de perigos, através de pelo menos três províncias, até chegar ao seu destino, nos sertões do Ceará, onde pretendiam localizar e consolidar um regime democrático e constitucional.

Seguindo orientação de Frei Caneca, o comando resolveu que daí em diante, não tomaria qualquer decisão, sem antes consultar, em conselho, os representantes da tropa.

Celebrou-se, então, um grande conselho, composto pelo Governador eleito das armas e Presidente temporário da Paraíba, o capitão José Victoriano Cavalcanti (agora general), pela oficialidade e por uma representação da tropa, escolhida entre "as pessoas mais attendiveis pelo seu estado, talento e patriotismo"; e depois de ampla discussão, ficou resolvido, sob juramento, que, "para segurança da causa da liberdade e salvação daquella força e povo":

– nenhuma capitulação aceitariam do General Lima, comandante das tropas imperiais;

– exigiam "a instalação da assembléia constituinte do Brazil", ilegitimamente dissolvida pelo Imperador;

– que fosse ela instalada "em um ponto central do país, onde em liberdade e fora da influencia das armas do Rio de Janeiro, se pudesse discutir e decretar a Constituição ou leis fundamentais do Brazil". Este era um ponto fundamental – "pois que de nenhuma forma recebiam Constituição alguma, que não fosse feita pelos legitimos representantes da nação brazileira, reunida em congresso soberano", rejeitando-se, assim, "aquele projeto de Constituição escrito e imposto por Sua Majestade Imperial";

– "que tomando-se todas as medidas necessarias para a defeza da liberdade da Patria", se levantasse o acampamento, e se procurasse um local de onde, com mais facilidade, se pudesse entrar em comunicação com os patriotas do Ceará, do Rio Grande do Norte, do interior da Paraíba, com a divisão de Garanhuns e especialmente com o General Filgueiras, respeitado herói do Ceará, afim de combinarem os planos de defesa contra o inimigo, caso fossem atacados;

– que se organizassem e se unissem todos "os homens d'arma" ali presentes, e se lhes desse o nome de **Divisão Constitucional da Confederação do Equador.**

A proclamação, redigida por Frei Caneca e devidamente aprovada pelo conselho, foi lida para toda a tropa, que a recebeu entusiasticamente, com vivas ao Brasil, à religião, ao Imperador Constitucional e à Confederação do Equador. Os soldados jogaram para o alto os seus bonés, deram-se salvas de carabina e de artilharia, e muitos não puderam conter as lágrimas da comoção.

No dia seguinte (22 de setembro) foram distribuídas circulares a todos os comandos das províncias limítrofes, em que tudo era explicado em detalhe, e se rogava que as diversas tropas permanecessem estacionadas, em qualquer ponto em que se achassem, para defesa dos patriotas locais e para hostilizarem o inimigo o quanto pudessem.

Para melhor organizar as forças, o comando resolveu sair da vila e partir para Pindoba das Flores, a quatro léguas, propriedade do capitão Joaquim Cavalcanti. Foi grande a alegria de aí encontrarem uma outra companhia de forças paraibanas, que trazia uma oportuníssima peça de artilharia.

Nesse mesmo lugar, as tropas foram divididas em batalhões, corpos de cavalaria, corpos de guardas, de guerrilhas, etc.

– 1º batalhão: formado de todos os corpos de 1ª linha de Pernambuco e Paraíba, comandado pelo capitão João de Deus; 2º batalhão: composto pelas milícias e artilharia dos Henriques, comandado pelo major Manuel Joaquim

Parahiba; 3º batalhão: formado pelas milícias do mato e soldados de guerrilhas avulsos, sob o comando do capitão Francisco Antonio Pereira dos Santos; 4º batalhão: composto por todas as milícias da Paraíba, sob o comando do capitão João da França Câmara. E mais um corpo de artilharia, reunindo todas as praças dessa arma, comandado pelo major José Maria Ildefonso; um corpo de cavalaria, composto de todos os oficiais que não estivessem fazendo parte de outros batalhões, bem como os paisanos, sob o comando do tenente-coronel José da Costa Machado; e uma guarda avançada de guerrilha comandada pelo capitão Antonio Carneiro Machado Rios. A turma do capitão Vicente Ferreira formou a guarda especial do Exmo. Sr. Comandante-em-chefe. Foram também nomeados os componentes do Estado-Maior e os ajudantes-de-ordem.

No Recife quase não se tinha notícia dos rebelados. A população urbana, triste, sofredora, vencida; e as tropas, umas vindas da Bahia e outras do Sul, na inércia: um povo deprimido e esfomeado não tinha forças para ameaçar a harmonia dos tiranos; não dava trabalho às tropas invasoras. Havia então o perigo de os soldados, na inércia, para sair do torpor, começarem a molestar a população civil. "Os exercitos, constatava Frei Caneca, são como as ágoas, que, quando estanques, se enchem de materias heterogeneas, apodrecem e evaporam miasmas contagiosos e mortiferos; e com o continuo movimento e embate nos penedos se conservam claras, puras, salutiferas". Prevendo isto, e para que os soldados pudessem espantar um pouco aquela monotonia, uns oficiais, entre os vindos do Sul, vendo que em frente ao quartel havia um velho e abandonado teatro – pomposamente conhecido como *Casa da Ópera* –, incentivaram os artistas locais a o reabrirem, o que foi aceito, com alegria. Porém, às vésperas da primeira récita, um contratempo: um dos atores adoeceu, e não havia outro à disposição. Foi feito, então, um apelo ao exército por um substituto entre os soldados. Em vez de procurarem alguém com tarimba de ator, os oficiais preferiram fazer um sorteio dentro da tropa. Foi sorteado um anônimo furriel, apesar de fazer parte dos batalhões o soldado João Caetano, já famoso no Brasil inteiro como ator. Já então se improvisava, deixando de lado os reais valores.[43]

XV

Pernambuco, Paraíba, Rio Grande, Ceará – a marcha heróica em busca da liberdade

Depois desse arranjamento, o exército liberal marchou confiante para Limoeiro, no dia 25, três léguas adiante.

"Foi essa vila o primeiro lugar em que pusemos à prova as nossas forças", e temos a felicidade de assinalar que esta ação teve pleno êxito. Eis como aconteceu: na tarde do dia 26, veio um aviso por um capitão de guerrilha, um frade franciscano, de que havia fortes tropas imperiais no Limoeiro, dispostas a embargarem a passagem das forças da Confederação.

— Pusemo-nos em ordem de batalha – relatou um oficial – e avançamos, para o nosso primeiro embate. E apesar do intenso fogo dos inimigos, entramos vitoriosamente na vila, "os quaes inimigos acharam a salvação na rapidez da fuga".

— Aquela poeira na estrada – veio contar um sargento da guarda avançada, com alegria juvenil – foi o rasto que deixou um outro frade franciscano, capitão da força inimiga, que, "vendo o denodo das nossas forças, foi o primeiro que correu a todo o galope, desamparando os seus".

— Tivemos seis feridos e dois mortos. Um dos feridos foi o major comandante do batalhão dos Henriques, Manoel Joaquim Parahiba, que, felizmente, depois se recuperou. Não foi devido ao ataque dos inimigos imperiais que os nossos dois soldados morreram. Na comemoração da vitória, esses dois parvos entraram em luta por um motivo ridículo, se não tivesse acabado em tragédia. O soldado Pororoca, do Brejo de Areia, na Paraíba, começou a dar *vivas* ao Presidente fujão Paes de Andrade. O outro, de Pernambuco, respondeu com *morras*. Gritos de cá, gritos de lá, a contenda se exasperou e só teve fim quando os dois dispararam suas armas, um no outro, ao mesmo tempo. Pororoca morreu na hora. O outro, de apelido Cavalão, resistiu alguns dias, mas também faleceu.

"A villa do Limoeiro, constante de uma só rua, muito comprida, tem a igreja matriz ao entrar da mesma rua; as casas são de má edificação, a maior parte velhas e de taipa. O melhor edificio que ali se encontra, é a casa do inglês Kerne, onde há uma machina de ferro para descaroçar algodão, bater e ensaccar o mesmo. E para fazer azeite e outras muitas cousas, sendo essa machina de grande preço e de muito valor.

A villa estava quase deserta de seus habitantes; assim mesmo foi dado o saque, respeitando-se porém aquellas casas que estavam com seus proprietarios e inquilinos".

*

Daí em diante, até o final de novembro, a vida das forças patriotas foram três meses de marchas e contramarchas, de vitórias e derrotas, de avanços e recuos através de quatro províncias, de desânimo e de muita coragem, sofrendo a seca e muitas vezes os males das enchentes. Tendo sempre nos calcanhares as fortes tropas inimigas, comandadas pelo capitão Lamenha, o exército liberal passaria a viver uma epopéia de sofrimento e de heroísmo jamais igualada em toda a História do Brasil, e que, por si só, valeria para resgatar a causa desses homens.

— Quando atingirmos o sertão do Ceará — era o sonho de todos, um sonho que lhes dava ânimo — nos juntaremos às aguerridas tropas de Tristão de Alencar Araripe, comandadas pelo General Filgueiras, e estaremos salvos. Nós e "a chara Patria".

*

Era noite, uma noite calma, com uma brisa refrescante. As nuvens que durante o dia cobriam o céu trouxeram um pouco de chuva e alívio à canícula que escaldava. Passada a aguaça, o céu se abriu limpo e sem nuvens. Frei Caneca, sem sono, gostava de aproveitar esses momentos, e saía a vagar pelo acampamento. A lua cheia brilhava como se fosse um enorme facho de luz, muito mais brilhante e clareando muito mais do que as pequenas fogueiras de uma ou outra barraca em que soldados vigilavam. A grande maioria ressonava, a sono solto. Com que estariam a sonhar? — perguntava-se o frade. Certamente com a família — a esposa, os filhos –, os amigos, a casa, a plantação... grande parte era de agricultores. Sonhavam com uma patria livre, em que todos fossem irmãos... Não era raro, nesses passeios noturnos, ouvir, vez ou outra, um choro contido, um soluço abafado...

Voltando à sua barraca, tomou da pena e escreveu no seu *Itinerario*:

"Viviamos em descanso em nossa patria, a cidade do Recife de Pernambuco, trabalhando na educação litteraria da mocidade, regendo tres annos a cadeira de geometria elementar, na qual empregavamos todos os nossos desvelos, para deixarmos á posteridade justa razão de terem saudades dos nossos dias; quando as mudanças politicas do Brazil nos penhoraram para que ajudassemos nossos compatriotas com a curteza de nossas idéas, e deslindando as trevas intellectuaes do povo, reunissemos todos os entendimentos em uma só verdade, que produzisse o bem geral e a felicidade de todos..."

Era isto o que queria, somente isto: ajudar o povo a ser feliz. Estava agora vendo parte desse mesmo infeliz povo, de batalha em batalha, cair por terra, ensangüentada, alguns em tais sofrimentos que melhor seria que com presteza morressem. Alguns escreviam aos seus familiares, sem saber se receberiam... Outros tinham resposta e liam, ou faziam ler, centenas de vezes... chegando a inutilizar o papel com o uso e com as lágrimas.

☩

Durante essa longa caminhada, alguns fatos são dignos de nota.

Em Couro Danta, Pernambuco, no dia 29, soube-se que "os scelerados *calhombolas*[44] commeteram roubos, estupros, mortes, incendios e outros attentados". Isto revoltava muito os Henriques, que também eram negros, tinham sido escravos, ou descendiam deles, mas que agora combatiam pela liberdade de uma mesma patria – uma patria de todos, brancos, negros e mestiços.[45]

Nessa mesma vila, no dia seguinte (30 de setembro) a força patriota sofreu a sua primeira grande derrota, talvez por falta de experiência do comando da guarda avançada. Entrando açodadamente por uma passagem perigosa e muito apropriada a uma armadilha, não se fez o necessário reconhecimento para descobrir onde se postava o inimigo, "e fomos recebidos com várias descargas, quase a queima-roupa". Soldados e oficiais de valor foram feridos ou mortos. Entre os feridos, estava o comandante de armas, o que deixou a divisão em pânico.

Outro fato lamentável e de difícil explicação, durante esse embate: o capitão João de Deus, "comandante do 1º batalhão, que marchou em frente, e devia rebater o inimigo, desamparando o batalhão, se entregou todo a lamentar o ferimento d'um soldado, a quem amava tanto como Virgilio ao cruel Alexis".

Tinha saudades do convento, da sua cela pobre mas querida, de seus irmãos de hábito, dos seus livros, das aulas, que eram a sua vida... Mais que tudo, ah! – saudades, muita saudade de Aninha, a filha querida de suas entranhas.

1824. Outubro

A derrota de Couro Danta serviu de lição. Mudou-se, mais uma vez, quase todo o comando, e a Divisão passou a ser organizada de maneira mais técnica.

Frei Caneca foi nomeado "novo secretario para a Divisão".

A pior perda, entretanto, foi a de João Soares Lisboa, ferido gravemente, e que veio a falecer no dia seguinte, 1º de outubro.

"A memoria de João Soares Lisboa é saudosa. Portuguez de nascimento, era brazileiro por affeição; decidiu-se pela liberdade do Brazil, e por esta se dedicou a escrever o *Correio do Rio de Janeiro*... Por causa desse jornal, foi preso, pela intriga dos Andradas por oito meses, e em seguida degredado para Buenos Aires, por oito anos". Anistiado, mudou-se para Pernambuco, onde escreveu *O Desengano dos Brazileiros*, contra os planos de tirania do Imperador. "Mostrou toda a coragem, quando encarou a morte; fortificou-se com o Sacramento da Penitencia, único que lhe podia ser administrado... Recostado a um amigo e rodeado de outros, quando supôs que acabava á violência de uma ancia, disse aos que o cercavam: 'Morro nos braços da amizade!' Ele soube dar preço a este laço da sociedade. Morreu afinal o homem livre, aos hombros, e no meio das lagrimas e soluços dos amigos. Foi enterrado no alveo do rio Capibaribe".

A marcha continuou, passando por Topada, "um arraial de muitas casas com uma pequena igreja". Aí foi destroçada uma força inimiga que pretendia "obstar a nossa passagem para um lugar chamado Onca".

No dia 3, a tropa se dirigiu para o Brejo da Madre de Deus, mas, enganando o inimigo, "deixou a ribeira do Capibaribe", que seria a direção normal e esperada, e foi aquartelar-se na Barra Vermelha, onde "achamos grande quantidade de feijão, que foi não pequeno auxilio, e boa agua".

No dia 4, "viemos acampar na Pedra d'Agua do Monteiro, que é um rochedo aberto pela natureza, onde se conserva agua de chuva, purissima. Esta agua era porém mui pouca, de modo que não chegando para a Divisão, alguns beberam lôdo".

"Antes de chegarmos a este lugar, passamos pela Cajuvara, um dos pontos mais pitorescos que haviamos visto. Ao poente está o principio da encosta da serra de Taquaritinga; ao nascente a vista acha espaço immenso por onde se extende, por não haverem montes. O céo é lindissimo, o terreno plano e povoado d'um arvoredo, que respira a estação da primavera.

No alto da serra de Taquaritinga vimos pela primeira vez uma carnaubeira, que é uma especie de palmeira de muito uso no sertão. Della fazem cumieiras, frexaes, caibros e ripas. Das palhas, tecem-se esteiras e cordas para diversos usos. Das raizes, além de serem uma especie de salça anti-venerea, se sustentam os porcos e outros animaes. Das folhas se tira cera, e das bruscas, onde se acham os fructos, usam para aquecer fornos"

A noite serena, a lua brilhante, as estrelas que cintilavam, as paisagens belíssimas que se estendiam sob os seus olhos, em vez da calma da poesia, com freqüência só lhe traziam um sentimento profundo de solidão. Às vezes de remorso: olhando os feridos e os mortos, de ambos os lados, se perguntava – até que ponto seria culpado pela desgraça de tanta gente? Rezava. Rezava muito. Que Deus o iluminasse. E confortasse. E vinha às vezes a resposta divina de que se houvesse ali um culpado, não seria ele, Frei Caneca. Ou não apenas ele. Ele também sofria. Também morria aos poucos.

"À proporção que nossos trabalhos se estendiam a beneficiar nossos compatriotas, nós caminhavamos ao perigo e á ruina, pois que nossas verdades chocavam os interesses de D. Pedro de Alcantara, principe portuguez, que o Brazil imprudente e loucamente havia acclamado seu Imperador."

No dia 5, ao entrar numa fazenda, perto do riacho Santo Antônio, a tropa sofreu "um grande fogo do inimigo, sem contudo haver perda alguma".

Mas, infelizmente, nem todos os soldados são heróis. Frei Caneca narra um "sombrio episódio":

"Ao entrar da fazenda, que ahi há, o 2º batalhão deu o maior escandalo, em não querer avançar para a frente, por se dizer que aqui nos esperava o inimigo com alguma força(...) E por mais que se tocasse avançada, deixaram-se ficar deitados, a ponto do major Agostinho Bezerra Cavalcanti assestar uma peça (de artilheria) contra elles, e quando ia fazer-lhes fogo, então se levantaram e marcharam".

Nesse mesmo local chegou a primeira notícia a respeito do General Filgueiras, e não foi confortadora: ele havia perdido mais de cem homens de sua guarda avançada, num ataque inimigo no Rio do Peixe. Foi indescritível o abatimento de todos, pois havia grande confiança nesse General e nas suas tropas cearenses.

No dia 7 a Divisão foi pernoitar no Riacho dos Canudos, onde sofreu algum fogo do inimigo, e uma bala matou um oficial de Goiana, Manoel Rodrigues Cravo. Por ser um oficial muito querido, os soldados, que conduziam preso um *calhambola* espião, o mataram, por vingança – o que foi condenado por Frei Caneca.

Dirigindo-se para Carnoió, já na Paraíba, a Divisão teve uma jornada trabalhosa, pois o inimigo tinha "entupido a estrada com arvores que derrubaram". Nessa estrada existe uma passagem muito estreita, como se fossem "duas muralhas de altos penedos", donde o inimigo poderia destroçar facilmente "todo um exército de cherifes; o inimigo não soube aproveitar desta vantagem, que lhe offerecia a natureza: prova de sua estupidez". Rezaram todos, agradecendo a proteção divina.

No dia 10 a Divisão foi pernoitar em Cravatá, onde, pela primeira vez, surgiu a figura do Padre Galdino Villar, um adepto fanático das idéias do Imperador, e que viria, daí em diante, por várias vezes, incomodar as forças patriotas. Já a seus conselhos, o sargento-mor dessa localidade negou a venda de 2 mil rações para a Divisão, antes prometida.

No dia 11, ao passarem por Cabaceira da Paraíba, puderam os patriotas conhecer o ódio que lhes devotavam os *corcundas* – encontraram destruídas as casas de todos os liberais.

À noite a Divisão chegou à fazenda Bom Jesus, de José Pereira de Castro, "homem o peor que nesta digressão havemos encontrado – somitico e miseravel. Nada nos quis dar nem vender. Poderíamos tomar-lhe tudo; mas não o fizemos, em honra de nossos ideais."

Os dias 13 e 14 foram sem novidades.

No dia 15 houve um pernoite em Santa Anna, onde "apareceram algumas cousas a vender-se, porém com tanta carestia que a farinha foi a 51$200 o alqueire, uma garrafa de aguardente branca por 4$000 rs., bolachas muito pequenas por 60 rs". Não houve argumento, patriótico ou não, que demovesse o coração desses comerciantes usurários e aproveitadores e os fizesse baratear suas vitualhas. "Alguns soldados e até mesmo comandantes propuseram arrancar-lhes à força o de que necessitávamos, mas falou mais alto a retidão de nossos propósitos: compramos apenas um pouco do estritamente necessário e os deixamos em paz com os seus armazéns abarrotados entregues ao mofo."

Na madrugada de 16, chegaram a Timbaúba, lugar em que a água era "lamosa e de ruim sabor". Há tempos não chovia, na região.

No dia 17 saíram de Timbaúba, pelas 5 horas, e foram "tomar quartéis em Olho d'Agua do Borges, cinco leguas de jornada". Foi preso e fuzilado, numa fazenda próxima, um português "malvado que andava derramando um bom dinheiro a quem quisesse fazer a guerra contra os liberais."

Neste ponto, para despistar o inimigo, deixou-se a estrada geral que corre por Campina Grande e vai ter ao Embuseiro. Além de ter sido uma estratégia certa, esse desvio "nos levou, por acaso, ao pé de uma serra, à direita, onde achamos um grande tanque com muita boa agua".

Continuando a marcha, na manhã do dia 18, depois de um pernoite, passou a Divisão pela fazenda Caianna, "com um bom tanque d'agua, bem que algum tanto suja e lodosa". Nesta fazenda os soldados "mataram um mulato velho do Brejo d'Areia, por supporem-no inimigo". Foi um erro só tardiamente descoberto.

Na "calma do meio dia" de 19, chegou a Divisão a Lagamar. "A agua, alem de quasi nenhuma, era muito pouca e fetida, e de pessimo sabor". Que falta faz uma boa chuva! Era a seca e a conseqüente falta de boa água um dos piores inimigos da Divisão.

Dia 20, chegada em Pedra Lavrada, na hora do jantar. "Caminho trabalhoso para a artilheria, com riacho lamoso e estrada cheia de pedregulho. A água é boa, mas o ar é assaz quente".

Dia 21, saída de Pedra Lavrada em direção a Malacaxeta. Muito tiroteio da parte do inimigo, comandado por um tal capitão Romeo, um homem sem palavra: tinha prometido, por ofício, que não atacaria a divisão, se esta não passasse por dentro da vila de S. João. Mesmo assim, atacou, de surpresa, espantou os "animais cargueiros da bagagem", e seus piquetes mataram dois homens e roubaram seis cargas, "sendo quatro dellas da familia do Presidente Felix Antonio, que nellas perdeu o melhor que tinha". A guarda avançada da Divisão invadiu e tomou a vila, prendendo o comandante do lugar, que se preparava para um outro ataque. Houve ainda alguns entreveros e muito tiroteio. "Tivemos a perda de um sargento, que nos morreu. Não se pode saber da perda do inimigo, porém viram-se cahir alguns delles".

Nem tudo porém era desgraça:

"A descida da serra da Borburema, ainda mesmo nesta estação, é lindissima; apresenta golpes de vista os mais pitorescos e capazes de encantar os olhos do viajante".

O dia 22 foi inteiro de descanso. A noite, nessa serra – o coração da Paraíba –, foi de poesia e de saudade. A beleza da paisagem ajudava. Como de outras vezes, sempre que se tinha calmaria, o acampamento ressoava melancólicas cantigas. Alguns soldados ainda conservavam suas violas e acompanhavam as toadas dos companheiros que sabiam cantar. Os temas, em tais circunstâncias, não podiam mesmo ser alegres. As exceções eram um ou outro modilho heróico. Frei Caneca gostava de contemplar o acampamento com suas pequenas fogueiras ao pé das barracas e de ouvir, comovido, a cantilena dos companheiros de luta. Vez por outra fazia também as suas improvisações, descantando algumas trovas. Nessa noite, sentando-se numa roda de cantoria, assim ele improvisou:

"Quem passa a vida que eu passo,
Não deve a morte temer;
Com a morte não se assusta
Quem está sempre a morrer."

O silêncio que se fez na roda, acompanhado pelo som da viola, foi boa prova de que seus versos tocavam fundo naquelas almas, todas perseguidas pelo mesmo susto da morte, presente dia e noite. O Frei tentou logo amenizar essa idéia triste, cantarolando outra quadra em que procurou dar àquela luta um sentido heróico:

"Tem fim a vida daquelle
Que a patria não soube amar;
A vida do patriota
Não pode o tempo acabar!"

Não podia porém esconder que a morte e a saudade eram as tônicas dominantes de todas as reuniões nos intervalos dos combates e dos perigos, e preferiu mudar o tema da cantoria.

– Quem é que sabe cantar coisa mais alegre?

– Eu sei – gritou um soldado da Paraíba, levantando a mão.

– Pois cante!

– É pra já!

"Fiz um buraco no soalho
Para espreitar a vizinha
uma formosa casadinha
espertinha que nem alho.
Reconheço, foi pecado.
Mas desculpe esse meu fraco.
Imaginem tudo o que vi
Olhando pelo buraco!"

No meio das muitas risadas, outro soldado se animou e foi logo cantando, se dizendo de Alagoas:

"Eu tenho, mamãe, eu tenho
Saudades de Maceió;
No tempo que era pobre,
Mamãe, eu andava só."

– Pois vou cantar uma de Olinda, retrucou um outro:

"Se eu brigar com meu amor,
Não se intrometa ninguém.
Que acabadas as brigas,
Ou eu vou ou ela vem."

– Deixemos de lado as cantorias. De que Vossas Mercês têm mais saudade, aqui neste fim de mundo?

As respostas mais comuns eram a dor de penar com as lembranças dos filhos, da esposa – da família, de algum outro amor longínquo, de algum olhar e aperto de mão cheio de promessas.

O lamento de um soldado deu o mote para trocarem o rumo da conversa:

– Eu não tenho família, não tenho pai nem mãe, nunca me casei... Não tenho de que penar.

– Entretanto – observou o Frei – de alguma coisa Vossa Mercê deve ter saudade...

– Ah, não sei se isso vale: eu sou de Olinda, e o que mais me faz falta é uma bem apimentada caldeirada de peixe com molho de coco, muita cebola e pimentão. Sobretudo quando misturada com marisco, polvo, lula e um pirão de caranguejo – tudo coisa do mar.

– Pois eu sou do sertão do Rio Grande do Norte – atalhou um outro –, e o que me deixa com água na boca, só de pensar, é um chambaril bem temperado, junto com pirão mexido. Não existe coisa melhor no mundo.

– Pois eu também sou da Paraíba, mas não sou sertanejo. Sou do brejo, da região de Gorabira. E que todo mundo me perdoe aqui: não existe no mundo inteiro coisa melhor de se comer, pelo gosto e pelo cheiro, do que tudo o que se faz na minha terra, no mês de São João – canjica, pamonha, mangunzá, cuscuz, e um sem-conta de outras coisas, tudo baseado em milho verde.

– É porque Vossa Mercê nunca cheirou um pirão de goiamum que minha tia prepara lá em Goiana.

Frei Caneca ria e estava feliz com a mudança do tema das conversas para coisas menos tristes.

– Tem mais algum aí do Rio Grande?

– Tem eu. Sou das bandas de Patu. Minha mulher faz uma galinha da roça com feijão verde e manteiga de gado, como só ela sabe fazer. É de matar de gostoso. Se a tropa passar por lá, Vossas Mercês vão ver! E desde já o Frei está convidado.

– E o pirão de queijo com carne seca lá de Campina Grande – alguém aqui já *chêrou*?

E voltaram as cantigas, dessa vez bem mais alegres.

Um sargento pediu que o frade trovasse uma quadra que ouvira dele, muito tempo atrás, lá pelos idos da revolução republicana. O Frei não se fez de rogado e entoou, apesar de temer que voltasse a tristeza:

"Entre Marilia e a Patria
Colloquei meu coração;
A Patria roubou-m'o todo;
Marilia que chore em vão".

— Quem é Marília? — perguntou um soldado, com um pouco de malícia.

— Marília — respondeu o Frei — não precisa ser uma pessoa determinada; pode ser a família, o lar... pode ser até mesmo essas comedorias de que Vossas Mercês...

Não pôde continuar. Um soluço a custo abafado lhe cortou a palavra. Todos em volta baixaram a cabeça, tentando esconder a emoção que cada um sentiu. Alguns chegaram a fungar, escondendo o choro. Quem não tinha no peito uma saudade a recordar, a lamentar?. O violeiro, como que distraído, continuou a dedilhar, sozinho, solando nas cordas uma lamentosa melopéia de cortar o coração.

Dia 23, deixando a Província da Paraíba, marcha forçada seguindo no rumo de Conceição, já no Rio Grande do Norte, passaram por "uma povoação com sua igreja nova, ainda por acabar; ahi achamos farinha, feijão, milho, aguardente, queijos etc".

A tropa deu vivas pela notícia chegada a Conceição de que o General Filgueiras se achava em Mariz, com uma grande força.

Numa dessas tardes sem lutas e sem perseguições, Frei Caneca escreveu este lamento, no seu *"Itinerario"*:

"Por duas vezes tentamos viajar os sertões da nossa patria, do Brazil, e por duas vezes não vimos o fim dos nossos desejos. Então, todas as circunstancias nos favoreciam: o vigor dos annos, a licença dos superiores, o preparo e o arranjo para a viagem comoda e segura; a tranquilidade dos povos sertanejos... tudo tinhamos para conseguir nossos intentos; e apesar de tudo isto, por incidentes imprevistos, que naquellas occasiões attribuimos ao mero acaso, não viemos ao sertão, e ficamos nos patrios lares...

Agora, porém, oh! Profundidade dos juizos do Altissimo! sem o esperarmos, em continua marcha para o interior, em um tempo improprio, sem dinheiro e sem fato, quando opiniões politicas tem introduzido a discordia entre os homens, que esquecidos dos laços mais sagrados da natureza, se despedaçam uns aos outros mais barbaramente do que as mesmas bestas ferozes, que não offendem as da mesma especie; agora que encontramos mil perigos á direita e dez mil á esquerda, e que por toda a parte encontramos os satelites da morte; agora, peregrinos, deixamos a cara patria, os lares paternos, os nossos penates e, qual outro pio Eneas, vamos conhecendo novos lugares, novos povos, novos costumes e ritos. Oh! Profundidade dos segredos eternos!"

Mais três dias de marcha forçada, e a 26 foi a entrada triunfal na vila liberal de Caicó, região do Seridó, no Rio Grande do Norte, ao meio-dia, onde foram soltos dois soldados patriotas que lá estavam injustamente presos. A chegada em Caicó foi muito festejada pela tropa: "depois de fazermos oração, deram-se vivas á religião, á grande nação brazileira, ao Imperador constitucional e liberal, e ao povo liberal da villa de Caicó; e deu-se uma salva de artilheria de sete tiros".

O Presidente resolveu, a conselho de um seu parente, deixar nessa vila a sua família, que até então o acompanhava.

"A villa tem uma igreja não pequena, nova e bem paramentada. A casa do vigario é de sobrado e boa; todas as casas são novas e de pedra e cal; e fazendo um como circulo, com um diametro de trezentos passos em uma chã por detrás das casas, o terreno é plano; mas pedregoso. Tem o rio tres grandes poços de boa agua, que nenhum verão por mais forte á capaz de seccar. Achamos alguma farinha, milho e arroz. O capitão Manoel de Medeiros Rocha, commandante geral, e mais gentes, nos receberam bem. O commercio da villa é pouco ou nenhum".

1824. Novembro

A força ficou vários dias em Caicó, até o dia 2 de novembro, para descanso e conserto das carretas de artilharia. Uma nota triste foi a prisão do nosso major Manuel Joaquim Parahyba, comandante do batalhão dos Henriques, "por falta muito desabonadora da boa ordem".

Seguiram caminho.

Até o dia 5, passaram pelo rio das Piranhas, pelo rio Seridó e pelo riacho dos Porcos, indo descansar na fazenda Cachoeira, de João Saraiva. Foram cinco léguas de caminhada, sofrendo algum tiroteio e emboscadas inimigas.

De manhã, pelas dez horas, sumiu uma junta de bois puxadores da artilharia, o que não deixa de ser verdadeiro descalabro.

"É aqui de advertir, que os soldados artilheiros eram summamente negligentes em pensar os bois que lhes serviam para puxar as carretas, pois que já era esta a oitava junta, que os ditos soldados deixavam sumir-se; o mais é, que o commandante desta arma o major José Maria Ildefonso, que aliás era um militar completo na sua faculdade, homem probo, honrado, digno certamente de todo o elogio, pelo seu patriotismo, coragem e desempenho de suas obrigações, não deixou de dar alguma occasião a essa negligencia de taes soldados, porque vendo semelhante desleixo, os não passava a reprehender e castigar, como devia."

No dia 6 a força atravessou a região da serra do Patu, uma cordilheira de montes cônicos, "arranjados em figura quasi circular". A fazenda de Manuel Dantas, onde a tropa se aquartelou, estava deserta. Toda a família e os agregados tinham fugido. "Sua casa é a melhor que havemos encontrado no sertão, nova e com muito bons commodos". A estrada é plana e, por isso, muito perigosa, podendo ser verdadeira armadilha para quem passa e tem inimigos por perto. "Felizmente eles não apareceram, perdendo boa ocasião de nos cercar e dizimar. Viva Nossa Senhora do Carmo!"

No dia 7, pequeno tiroteio, em que "por infelicidade, quatro dos nossos homens morreram nas mãos do inimigo."

No dia 8 "tocou-se fogo em todas as casas da fazenda Toirões, por todas pertencerem a um europeu perseguidor dos liberaes patriotas, e malvado em toda a extensão da palavra. O povo das redondezas nos agradeceu."

No dia 9 houve um embate com uma tropa inimiga de seiscentos e oitenta homens, "em posição vantajosa", que guarneciam uma das bordas de um rio que tinham de atravessar. "O fogo foi vivissimo, porém a coragem da nossa tropa tudo venceu; foram os inimigos batidos e dispersados, deixando nove mortos e todo o seu trem, constante de cavallos, sellas e dez cargas de farinha, carne etc. Neste ataque tivemos dez feridos. O inimigo debandou-se pelo serrote".

Sem mais outros contratempos, salvo um ou outro pequeno tiroteio, a força chegou, no dia 13, ao rio Apody, afluente do rio Moçoró. Daí para frente, sempre beirando o Apody, havia boa água e em abundância. "Pequenos ataques inimigos, todos vencidos com poucas baixas de nossa parte, deram como bons resultado que eles nos deixaram, na fuga, muita farinha, rapadura, carnes, milho, arroz etc."

"Em algumas fazendas, por onde passávamos, vaqueiros nos davam informação de que tropas inimigas por lá se acantonavam e fugiam quando sabiam da chegada de nossas forças. Mas que tivéssemos cuidado, pois continuavam a rodear por perto."

Em Páo Ferro, sudoeste do Rio Grande do Norte, a povoação estava deserta e as casas fechadas. "A povoação foi respeitada, em nada se tocou". Depois a Divisão foi costeando o rio Apody, até a villa do Rio do Peixe, já de novo na Paraíba.

No dia 17 as forças alcançaram a fazenda chamada Antas, "onde fomos passar a calma do meio dia". A travessia, entretanto, "é toda máo caminho, e muito prejudicial á artilheria, que por elle se desmontou quasi toda".

No dia 18 pernoitou-se na vila de Agreste. Em caminho, soldados liberais da guarda avançada caíram numa emboscada, tendo o inimigo matado dois deles e ferido outros quatro. As forças do Imperador, mostrando o seu barbarismo, em vez de prenderem esses quatro feridos, e cuidar deles, "como nós fazemos com nossos prisioneiros, e como manda o sentir cristão e até mesmo os princípios da guerra, acabaram de mata-los, barbaramente, a facadas". Ao expulsarmos esses bárbaros e passarmos pelo seu campo de combate, encontramos esses nossos companheiros destripados, desventrados, um deles ainda a gemer de dor.

Perto do meio-dia, o inimigo, emboscado na mata, novamente atacou, dessa vez com a sua tropa principal, "com fogo vivissimo, atirando até fechar-se a noite; porém afinal foi destroçado", deixando trinta e um mortos dos seus, contra "dous dos nossos".

No dia 19, de novo o inimigo investiu, dessa vez pela retaguarda, "mas acometido pelas nossas linhas do 2º e 4º batalhões e uma peça de artilharia, fugiu debandado".

*

Em seu *"Itinerario"*, Frei Caneca prossegue:

"Essas nossas pequenas vitórias não enganavam os oficiais mais experientes. Os ataques inimigos eram cada vez mais freqüentes, aconteciam a cada dia, na medida em que entrávamos nos sertões da Paraíba e do Rio Grande, e nos aproximávamos do Ceará. Quais as intenções do inimigo com essas incessantes investidas nem sempre perigosas, por serem curtas e rápidas, nos fazendo tão poucas baixas? Estava bem claro que era uma estratégia: elas nos cansavam, desgastavam as nossas tropas, consumiam suas energias, abatiam os ânimos. Espiões relatavam que o inimigo juntava suas forças para ataques cada vez mais sucessivos, até a investida final, com grandes reforços, na passagem para os sertões da província cearense; e que o seu poder de fogo era muito grande, e que suas tropas, além de numerosas, eram bem armadas, bem alimentadas e descansadas."

A grande esperança continuava a ser o esperado reforço do General Filgueiras.

Chegando a Ipoeira, já no Ceará, estava aí o inimigo aquartelado. Mesmo em grande número, vendo eles que as tropas liberais fechavam o cerco ao seu redor, fugiram, deixando cinco mortos. À noite eles voltaram a atacar, tendo matado apenas um cavalo da nossa guarda avançada. E fugiram. Os soldados, menos experientes, pulavam de alegria com essas vitórias que, para os oficiais mais calejados, pouco valiam.

— No manhã seguinte, dia 20, ao nos aproximarmos da fazenda Olho d'Água do Cavalo, fomos emboscados pelo piquete de um irmão da proprietária, uma tal de D. Isabel, numa estrada estreita e numa catinga muito fechada, onde parece que o inimigo poderia, se quisesse, nos fazer um grande mal. Mas não era esse o seu desígnio, pois "só ao entrarmos na fazenda, vimos alguns cavalleiros, ao longe, os quaes fugiram ao toque das cornetas". Seria realmente uma estratégia do inimigo, como desconfiávamos? Tudo levava a crer que sim.

Ao entardecer, outro sinal: indo uns soldados apanhar capim e milho verde, no roçado de uma fazenda, apareceram alguns cavaleiros "que deram sobre elles uma descarga". Um batalhão seguiu em sua perseguição, mas não os alcançou. Para não abater os ânimos, os oficiais procuraram convencer os soldados de que os tiros não tinham vindo do inimigo, mas do dono do roçado que eles estavam depredando.

A Divisão deixou a fazenda do Olho d'Água do Cavalo e se dirigiu para Umariz, a seis léguas de distância, onde foi pernoitar. Durante todo o percurso, "não encontramos resistencia alguma".

Dia 21 — dia de dor, de choro, de muitas e muitas lágrimas, dia infeliz que antes não tivesse amanhecido: ao entrarmos na vila do Juazeiro do Norte, que desgraça maior poderia aquele sol forte e brilhante nos revelar? — "encontramos o campo, casa e curral cheios de cadáveres, que se avaliaram em cento e cincoenta!". O odor era insuportável, pois já apodreciam. Oh infelicidade! Era a guarda avançada do comandante Filgueiras, a grande esperança de todos. E ninguém dava notícia do restante da sua tropa. O comandante dessa guarda, o capitão Maxy, achando que "o inimigo fugisse delle só pelo seu corajoso aspecto, e não por temer as armas", não municiou de maneira suficiente os seus soldados, não mais do que três cartuxos para cada um, e os deixou, quase desarmados, entretidos em saquear as casas. Assim surpreendidos, foram todos mortos pela força adversária, a baioneta. "Tal nos contaram a historia desta lamentavel catastrophe!".

Daí em diante, dia após dia, as investidas inimigas passaram a acontecer quase sem intervalo, sendo todas rechaçadas, o que reforçava a nossa desconfiança de que a facilidade com que fugiam, ou se deixavam vencer, não passava de cilada. Nossos avanços poderiam ser uma armadilha para nos juntar e mais facilmente nos cercar e destruir.

Na primeira fazenda Boa-Vista, onde a tropa buscou quartel, logo depois de Juazeiro, nossa guarda avançada foi atacada por um piquete, "em não pequeno numero", a cavalo e a pé. Depois de três tiros de peça, dispersou-se. Mal isto acontecia, surgiu outro piquete pela retaguarda, que o 4º batalhão fez logo recuar.

A nota lamentável deste ataque inimigo, é que o seu Comandante, o Padre Felipe Benício, "que também era Governador temporário de Icó", tinha assinado conosco a ata da Confederação do Equador, e agora traía os seus companheiros, passando para o lado do tirano.

A Divisão, entrementes, não parava de avançar, por não encontrar sérios obstáculos.

Chegamos enfim a Umariz, lugar quase desprovido de água, "por isso que o inimigo, retirando-se d'ali, com a nossa chegada, obraram a maldade de aterrar todas as cacimbas".

No dia seguinte, 22, depois do jantar, a tropa descansou numa fazenda dos nossos irmãos carmelitas.

No dia 23 paramos em Pendência, outra fazenda dos mesmos frades. Aí soubemos que o inimigo nos estava preparando uma perigosa emboscada. "Assim foi: tivemos ahi fogo em frente, e quando este rompeu, rompeu igualmente na rectaguarda; resistimos sempre, sem parar a nossa marcha, e conseguimos debanda-los de todo".

"Ora, é de notar-se, que na occasião desse fogo, no ataque do piquete, uma mulher, que já vinha com dores, desde que o exercito se poz em marcha, pariu uma criança, e depois montou a cavallo, como se tal não lhe tivesse accontecido; e nem por isso soffreu incommodo algum".

No dia 24, mais um ataque pela retaguarda, perto de S Vicente das Lavras, que logo o capitão França rebateu.

"A villa estava quasi deserta, e as casas dos liberaes patriotas destruidas pelas tropas do Rio do Peixe quando por ahi passaram atraz do Filgueiras. Nessa estrada, quebrou-se a carreta da peça de retaguarda. Passamos muito mal d'agua", pois a região é seca.

Neste mesmo dia 24, outro dia infausto e triste, teve-se a inditosa certeza de que não se poderia mais contar com a ajuda do General Filgueiras. Poderia uma notícia ser mais desventurada? Eis o que corria de boca em boca: informações aterradoras, trazidas por *calhombolas*, que a todo instante cruzavam os caminhos, davam conta de que todas as tropas do General, nossa esperança, tinham sido destroçadas, que não sobrara nenhum soldado e que o próprio General tinha sido preso e remetido para o Rio de Janeiro sob forte escolta de *chumbeiros* e de mercenários escoceses. Não foi possível esconder dos nossos soldados essa desgraça. Doeu tanto ou mais a notícia de que o Governador do Ceará, Tristão de Aguiar, grande amigo da nossa causa, tinha sido assassinado pelos mesmos inimigos da "Chara Patria".

Ao saber desses infortúnios, ninguém conseguia conter as lágrimas e a desesperança. Pois, enquanto se acreditava que cedo ou tarde teríamos o auxílio daquela tropa forte – bem treinada e em que todos, do soldado ao comandante, vibravam de audácia e de saudável patriotismo –, parecia certa a vitória, em favor da liberdade. E agora, que não mais contávamos com ela?

Como se não bastasse de tanta dor e decepção, os mesmos *calhambolas* entregaram relato escrito, de parte oficial, noticiando que, em outubro, o mercenário inglês almirante Cochrane, a mando do Imperador, a quem dávamos tantos vivas, tinha bombardeado a cidade de Fortaleza e rechaçado as forças liberais ali sediadas. Acabava-se, portanto, todo o auxílio que esperávamos do Ceará.

No dia 25 a força marchou para a fazenda Santo Antônio. "Apenas teríamos andado um quarto de legua appareceram pela outra parte do rio uns tiroteios a cavallo; sobre os quaes, dando a nossa guarda avançada, dispersaram-se."

A caminhada estava cada vez mais difícil. "Para chegarmos á sobredita fazenda, tivemos de atravessar seis vezes o rio Salgado". Quando sobrava água, faltava-nos comida.

Na passagem pela Várzea das Crioulas, "que é uma grande planicie cercada de catingas, pouco bastecidas, o inimigo havia postado uma linha de atiradores, fazendo em frente da estrada, na passagem do riacho, duas grandes e fortes trincheiras". A artilharia do 1º batalhão rebateu e tomou as trincheiras ao inimigo que, "desamparando o campo, e alguma matulutagem, que estava fazendo, fugiu debandado, deixando cinco mortos". Tivemos duas irreparáveis perdas: os tenentes Mafaldo e Ferreira. Perdemos também um soldado, morto por engano, pois estando vestido de couro, pensou-se ser um espião *calhambola*.

– Nossa meta nós a conhecíamos. Estávamos perto do ponto de chegada. O que lá nos espera? A caminhada tinha sido dura, longa, muito longa e por demais penosa, cheia de vitórias e de derrotas. Muitos dos patriotas ficaram pelo caminho, nas matas, nas caatingas, nas areias ressequidas e tórridas. Nem sempre tivemos tempo de enterrá-los. Muitos eram, infelizmente, deixados para trás, dessoterrados, de pasto para os abutres e animais carniceiros. Lembrei-me das palavras bíblicas do livro dos Números: *In solitudine hac jacebunt cadavera vestra! – "Nessa solidão ficarão largados os vossos cadáveres".* Mas se nem todos tiveram a honra de um enterro cristão, pelo menos todos tiveram a bênção de um sacerdote. Chorávamos ao vermos ao relento os corpos desses heróis que ali estavam por acalentarem o sonho de uma patria justa e livre da tirania. Doía, também, não termos o nome de todos eles, nem de todas as famílias, para o doloroso mas confortador mister de comunicar-lhes a morte do filho, do irmão, do marido... do herói. Talvez a patria não os merecesse. Vieram-me também à mente as palavras de Cipião, o Africano, quando, por traição dos seus, viu-se deixado para trás, longe do lar e da patria – *Ingrata patria, ne quidem ossa mea possidebis!**

---

* – *Ingrata pátria, não possuirás os meus ossos!* (Todas as demais expressões em latim estão traduzidas nas Notas.)

XVI

O último sonho desfeito.
"Derrotados, trapaceados
e humilhados"

Frei Fábio, meu caro irmão. Não sei se te chegará esta missiva. Mas a escrevo na esperança de que a receberás e ela te ajudará a melhor entender o que se passa na minha alma. Dúvidas e incertezas se têm acumulado no meu coração, misturadas com a coragem e a fé que nunca me abandonam; às vezes me condeno, outra me inocento. O irmão compreenderá. Sabes que no Rio de Janeiro e em todo o Pernambuco eu serei uma das principais vítimas da Pátria. Fala-se do meu nome – isso não era oculto – como de uma pessoa que deverá ser destruída. E à proporção que meus trabalhos se estendem a beneficiar os compatriotas, aumenta o perigo e mais eu caminho em direção à ruína. Se a deusa benfazeja da liberdade não me tivesse beijado, sem dúvida eu já teria lançado mão das inúmeras oportunidades que sempre se me apresentam de me evadir e de me livrar dos perigos que me cercam. Mas, para minha glória – permita-me esta vaidade – fiquei embriagado pelo néctar da liberdade e pelo amor dos meus companheiros, e do Brasil. Se vou ser vítima, que eu seja vítima da cara Pátria, por cujo futuro luto e animo a lutar os meus queridos compatriotas. Lembro-me sempre do dito de Cícero, que tanto comentamos em nossas aulas – Urbis libertas est vita carior[46]*.*

Que não haja dúvidas, porém: nunca atacamos o exército do Imperador. Sempre nos defendemos. Havia oficiais que, esquecidos dos nossos ideais, o lamentavam e diziam: – Se uma vez sequer os atacássemos, na certa os dispersaríamos. Mas nós todos, incluindo o Estado-Maior, não cessávamos de lembrar-lhes que o nosso escopo era chegarmos aos sertões do Ceará e lá fundarmos a República liberal, ou o Império Constitucional. Nossas tropas seguiam em frente; desviando, rebatendo os obstáculos; jamais perseguindo o inimigo. Em nossas festas damos vivas à Pátria, à religião e a Sua Majestade Imperial e Constitucional – na esperança de que qualquer dia o seja. Não somos e nunca fomos assassinos.

Adeus, caro irmão. Recomende-me ao Frei Carlos e não nos esqueça em suas orações.

*

Todos — soldados, oficiais, capelães... ele mesmo, Frei Caneca... todos tinham a sua utopia, os seus planos de vida, que esperavam realizar... depois dessa guerra maldita. Sairiam vencedores? Quantos morreriam sem ver a realização dos sonhos? Ele também não tinha mais certeza de nada. O inimigo estaria a postos, era forte, poderoso, bem armado. Entretanto, não via nos seus caros soldados o desânimo aparente, que ele mesmo sentia por vezes: tinham um ideal pelo qual estavam arriscando tudo, "tinham jurado acabar no campo de batalha, ou sustentar a liberdade da Patria" — eles mesmos o haviam dito e prometido.

— Hoje é 26 de novembro. Não é fácil conservar de pé alguns soldados. Não por falta de valor e de entusiasmo As tropas estão dizimadas e os combatentes que restam, exaustos. Mal há forças para enterrar os mortos e cuidar dos feridos. O cerco inimigo, as constantes retiradas, a sede, a fome, o cansaço são realidades visíveis, presentes, aterradoras.

— Invadimos uma fazenda, onde, para cúmulo do infortúnio, não encontramos gado, nem qualquer outro mantimento. Um dos corneteiros, do 4º Batalhão de Brejo de Areia, "destro tanto no seu instrumento como em fazer fogo com uma granadeira na ocasião do combate", ao dar um toque de reunir, caiu, desfalecido, de fome, por não ter-se alimentado todo o dia anterior.

— Dia 27. Pelas dez horas levantamos acampamento e fomos descansar na fazenda Juiz, dos monges beneditinos. Sentimos o cerco do inimigo, pois mesmo sem vê-los, podemos ouvir, por todos os lados, o toque de suas cornetas. O pavor tem causado algumas fugas de soldados e até de oficiais nossos, "com muita baixeza e indignidade".

— A toda hora encontramos os caminhos barrados por árvores cortadas — e ficamos expostos aos tiros das carabinas imperiais enquanto limpamos o terreno. Tínhamos às vezes, para despistar o inimigo, de desviar a marcha atravessando rios, de pouca fundura e sem correnteza, mas extremamente dificultosos para a artilharia.

— A fome apertava; já era nossa comensal! O tenente Cunha, do 4º batalhão, saiu com um pelotão para apresar um gado abandonado, que seria a nossa salvação. O gado foi juntado, mas a covardia e a insensatez invadiram o coração do desventurado tenente, que tentou convencer os seus comandados a desertarem e levarem consigo a presa – o que não aconteceu, porque aqueles valentes soldados não somente se opuseram, como prenderam o tenente e o trouxeram ao acampamento, amarrado, junto com o gado. E com isso, tivemos os estômagos bem forrados, por alguns dias.

— Na manhã do dia 29 deste triste mês de novembro, juntamos todas as nossas forças e desbaratamos uns piquetes, nas imediações do Crato – "que tinham levantado a bandeira de Portugal, deitando abaixo o estandarte brasileiro". Essa operação, apesar de vitoriosa, teve também o dom de abater ainda mais nossa energia já bastante debilitada. Por que a bandeira de Portugal, se somos independentes? – se perguntavam todos.

Por fim, chega o "enlutado e maldito dia".

— Por mais que adivinhássemos que cedo ou tarde o dia da ira poderia raiar – *Dies illa, dies iræ... et amara valde* –, sempre escondíamos no fundo dos nossos corações uma esperançosa ilusão que brilhava teimosa, obstinada, de que de uma maneira ou de outra – quem sabe por um milagre – o sol parasse, como parou para salvar os hebreus, ou a lua não se escondesse, o dia ou a noite anteriores não tivessem fim... para que não sofrêssemos a dor e a vergonha, a mais profunda, de ver a nossa tropa... – recuso-me a escrever essa maldita palavra...

Mas, aconteceu.

— Às 4 horas da tarde, desse mesmo dia 29, estávamos na fazenda Juiz, dos monges beneditinos, em Barro Vermelho, terras da vila do Crato, quando avistamos, sobre um monte, a mais ou menos uma milha de distância, à nossa retaguarda, uma multidão enorme e amedrontadora de inimigos a pé e a cavalo. Era um exército inteiro. No rosto e no olhar dos nossos comandantes eu vi pela primeira vez o desânimo. Escutei horrorizado um deles murmurar – "Estamos perdidos!" Corri para perto do comandante-em-chefe e para meu consolo o ouvi dar ordens à artilharia para começar o bombardeio na direção de onde julgávamos estar o quartel-General inimigo. Foi quando surgiram morro abaixo alguns oficiais daquela parte, com a bandeira branca, sinalizando que queriam parlamentar. Estariam eles se rendendo? O nosso comandante de artilharia, cumprindo as leis universais da guerra, mandou que fosse sustada a manobra.

Foi a nossa infelicidade. Decretava-se o nosso fim, nesse solo maldito da fazenda Juiz, no Barro Vermelho.

Recebemos os parlamentários inimigos, "com toda a urbanidade e acolhimento". Traziam eles um ofício do capitão Lamenha, comandante dos imperiais, que um deles leu em voz alta, "convidando-nos a capitular, e aconselhando-nos a não prosseguirmos em tão penosa e arriscada marcha". E fazendo uso de sua conhecida falsidade e bem falar, Lamenha prometia àqueles soldados cansados, e maltratados pelo calor, pela sede e pela fome, alguns feridos, deformados, estropiados, mutilados e sofrendo dores terríveis –"que voltaríamos com ele, como irmãos e amigos, ao seio de nossas famílias; que encontraríamos no Imperador um pai, que nos receberia com clemência, e não um bárbaro sultão".

Frei Caneca, que já conhecia sobejamente as astúcias do Imperador e de Lamenha, seu sabujo, fez um valente discurso, gritou, esbravejou, sacudiu pelas mangas o comandante-em-chefe, tentando convencer soldados e oficiais de que aquele apelo e aquelas promessas não poderiam ser sinceros; que o Imperador jamais seria um pai clemente – pois quem nunca o foi, dificilmente o será; que a capitulação seria um ato mais de tolice do que de covardia; que todos se lembrassem das promessas que haviam feito pela defesa da pátria; dos juramentos de que morreriam antes de capitular, pois este seria um ato perjuro cometido não só contra eles próprios, mas contra a pátria e contra todos os irmãos que pela nação afora esperavam que, se não lhes trouxessem a liberdade, pelo menos não os condenassem à vergonha...

Tais palavras não tiveram eco na mente daqueles homens exaustos, sedentos, famintos, feridos e amedrontados. Quem poderia condená-los? O sonho de uma volta ao lar, de um perdão *paterno* por parte do Imperador, a vida na paz, o aconchego das esposas e dos filhos... pesaram mais, muito mais do que qualquer argumento racional.

A maior parte dos soldados e oficiais se deixou iludir "por aquela persuasão dolosa e assentaram em capitular". As promessas tiveram o dom de comover aqueles homens sofridos. Não podemos culpá-los. Chega um momento em que a dor, por insuportável, desculpa qualquer fraqueza.

– Nunca poderei esquecer a tardinha desse sinistro 29 de novembro de 1824, quando capitulamos e marchamos de cabeça baixa para o acampamento do doloso major Lamenha. Enquanto os nossos homens, separados em pelotões, passavam diante dos oficiais imperiais, jogando ao chão as suas armas e sendo inspecionados, de maneira desrespeitosa e humilhante, meu coração partiu-se de amargura e as lágrimas brotaram dos meus olhos como fontes inesgotáveis. Desde 1817, eram quase nove anos de lutas – umas sangrentas, outras de discursos – primeiro contra a tirania do Rei, e agora contra uma política imperial insincera e absolutista – que mais uma vez se mostravam inúteis, frustradas. Sangue derramado em vão; ideais jogados ao lixo, à montureira, como coisas sem préstimo. Quase sem querer, num ímpeto do pensamento, que voa muitas vezes incontrolável, sem peias, apareceu-me a imagem de Aninha, minha filha querida, uma imagem borrada, sem rosto definido, uma máscara sem contornos, pois não podia mais imaginar como seria, por tão pouco e nunca mais tê-la visto. Doía-me pensar que um dia, talvez, se envergonharia de mim, se viesse a saber que seu pai era um derrotado. Pedia a Deus e à Virgem do Carmo que a livrasse dessa maldição que podia marcá-la por toda a vida. Melhor seria que jamais soubesse que tivera um pai.

Com grande susto fui arrancado do meu devaneio pelo grito do major Lamenha que me chamava, aos berros.

– Suas armas, Frei Caneca!

– Nunca portei armas, senhor major. Nunca dei um único tiro. Minha missão neste exército e nesta revolução tem sido outra.

Lamenha riu, com ar de deboche, apalpou-me, impudentemente, para mais me humilhar, e vendo que realmente eu estava desarmado, empurrou-me sem delicadeza para um grupo no qual já estavam todos os oficiais, eclesiásticos e "mais pessoas de alguma consideração", segundo ele se expressou. Éramos prisioneiros especiais. Ao cair da tarde, fomos separados e enviados, sob forte escolta, para uma fazenda, a três léguas de distância, onde passamos a noite.

*

1824. Dezembro. A volta para o Recife.

Na manhã seguinte, 1º de dezembro, chegou a essa fazenda o major Lamenha, com todo o seu exército. Pôs de lado os cabeças da revolta que, segundo o seu entender, eram Frei Caneca; o Presidente temporário da Paraíba, Félix Antônio; Frei Antônio Maria das Mercês; Padre Inácio Bento d'Ávila; Frei João e mais alguns majores, capitães, e tenentes, ao todo 18 pessoas, e ordenou ao major Fonseca, cognominado o Pastorinha, que amalhoasse esse rebanho e o levasse em marcha forçada para o Recife, sob escolta de 16 caçadores, um sargento e um alferes, todos eles, ao contrário dos prisioneiros, descansados e de muito boa saúde. Por isso, a marcha foi realmente forçada, sendo percorridas três, quatro, sete e às vezes mais léguas num só dia.

– Não viemos a saber ao certo qual o fim destinado ao grosso da tropa da Confederação que se rendera. Só por ouvir dizer – uma ínfima parte foi incorporada ao exército imperial, e outra parte, a maioria, depois de desarmada e desuniformizada, foi mandada debandar e seguir o rumo que escolhesse, pelos sertões. Não se soube que fim foi dado aos feridos e doentes.

Felizmente, como veremos, o Pastorinha não agia como um policial tacanho, pois nos tratava bem, e permitiria que, pelo caminho, liberais nos visitassem e nos dessem préstimos.

Iniciada a caminhada na tarde desse mesmo 1º de dezembro, já no dia 3, tarde da noite, foi feita uma parada, para dormir, em Souza, na Paraíba, a seis léguas do último pouso.

"A villa de Souza hé a melhor que hei visto nesta viagem, tem uma boa igreja; tem boas propriedades, formando um quadrado, com uma larga praça no meio... As estradas são boas, largas, planas, e de taboleiros immensos".

Dez léguas adiante, no dia seguinte, às oito horas da noite, fez-se parada em Pombal.

"Esta villa é pequena, a casaria mal construída, sem regularidade; fomos recolhidos á casa da camara, onde fomos por algumas pessoas visitados, entre as quaes o vigario João Vicente Lopes Bandeira, natural de Goiana".

Na manhã do dia 7, a 15 léguas de Pombal, depois de outras paradas em lugares menos conhecidos, chegamos a Patos. O vigário, Padre Antônio da Silva Costa, hospedou a todos, "com muita afabilidade, jantando conosco á mesa, e mais algumas pessoas do lugar". Para admiração de todos, Pastorinha não se opôs, e veio mesmo participar do nosso convívio.

Duas léguas depois houve um descanso na fazenda da Conceição do Estreito, cujo "dono foi dos homens mais somíticos que hei visto", pois economizava água e víveres, e não atendia sequer às nossas necessidades de maior premência.

Fizemos então, no dia 8, uma jornada de seis léguas, passando pelo lugar chamado Passagem – onde tivemos uma agradável surpresa: "sua atmosphera, ventania, ervas, e prospecto são da Praia do mar".

No dia 12, houve parança em Campina Grande, longe de Passagem trinta e seis léguas.

"Nesta villa fomos visitados pelo Pita, e outras muitas pessoas de patriotismo e sentimentos liberais... entre os quaes foi um pardo chamado Manoel Alexandre, cuja generosidade nesta occasião não podemos deixar de mencionar; porque vendo-me e ao Mercês, faltos inteiramente do vestuario, visto que apenas possuíamos uma camisa, uma calça, e veste já rotas... correu á sua casa, e trouxe para cada um de nós, duas camisas, dous lençóes, e um corte de veste, que nos apresentou vertendo lagrimas, e pedindo-nos que lhe houvessemos de perdoar aquella pequena offerta, que nada mais podia dar, attendida a sua pobreza; mas que o céo era testemunha dos sentimentos internos do seu coração... pois lhe causava a maior compaixão possivel o ver em semelhante estado os verdadeiros filhos de sua patria".

Até então, o major Pastorinha vinha-se mostrando cordato e até certo ponto um bom companheiro, mais que comandante, permitindo que os prisioneiros fizessem boas refeições e que até recebessem visitas de patriotas liberais, sem censurar esses encontros, nem perseguir os visitantes.

Em Campina Grande, por um momento, tudo mudou. Prendeu-nos a todos na cadeia local, pôs sentinelas à porta, proibiu visitas e não nos deixou fazer refeições com os amigos. Quais os motivos? Alguns julgavam que tinha sido grave erro ter aceitado mimos de um negro... Não, diziam outros, apenas o Pastorinha tinha sido pressionado por imperialistas locais, e os temia, pois havia deles em quantidade em Campina Grande. O fato é que ele mudou. "Foi jantar como lord na casa do comandante local; e como mandasse-nos o jantar, foi por todos nós repudiado, porque ainda que presos não tinhamos perdido os sentimentos de homens de bem, para nos sujeitarmos a soffrer indignidades e vilezas. Passamos pois, sem jantar, tomando apenas uma pequena refeição de bolachas, queijo e vinho, que alguns companheiros mandaram comprar". Pastorinha, entretanto, nada disse, nada comentou, como se nada de estranho tivesse acontecido.

No mesmo dia, à noite, de novo ele mudou, e pudemos participar de "uma boa ceata", na fazenda de Bento Camporra, a três léguas de distância, servida pelo seus próprios filhos "com a maior urbanidade possivel".

No dia seguinte, 13, o pernoite foi em Mogeiro, quatro léguas adiante.

Na manhã de 14 passamos por Itabaiana e Serrinha, ainda na Paraíba, num percurso de umas nove ou dez léguas.

Mais umas seis léguas e meia depois, já no dia 15, estávamos chegando a Goiana, em Pernambuco, bem perto do Recife, final da jornada.

Por determinação do Pastorinha "resolveu-se aquartelar em o engenho Bujary, a meia légua fora da villa, cuja propriedade pertence ao Padre João Alvares de Souza, que nos acolheu muito bem. Aqui fomos visitados por muitos homens liberaes de Goiana, que de propósito nos foram lá abraçar, e offerecer-nos seus serviços, e nos presentearam com bom peixe para ciarmos, vinho, queijo, fructas e doce". Essas pessoas certamente corriam risco, pois sabiam que o Recife era governado pelo terrível General brigadeiro Lima e Silva, inimigo absoluto dos liberais, e cópia exata do infame Luís do Rego Barreto, triste lembrança de 1817. Entretanto, lá estavam elas a abraçarem os prisioneiros, a alimentar-nos com o que tinham de melhor, a darem vivas à causa da liberdade. Orgulhamo-nos cada vez mais dos pernambucanos.

Ao nos prepararmos para a partida, na madrugada do dia 15, a escolta deu pela falta de Félix, o Presidente temporário da Paraíba, do capitão França, de Emiliano, Veras, Monte, Vieira e de Frei João de Santa Miquelina. Tinham fugido. O dia todo foi passado em diligências para recapturá-los. Em vão. Não se encontrou deles o menor rasto. A população, passada em confissão, mesmo sob ameaça de castigos, de nada sabia, ninguém jamais os tinha visto, nem seus nomes conheciam. Dizem, não há certeza, que alguns deles foram enfim capturados, muito tempo depois, e severamente castigados.

Deu-se partida para o Recife, no dia seguinte, à tardinha, fazendo-se uma pequena parada em Igarassu e outra em Olinda.

A uma hora da tarde do dia 17, uma sexta-feira, deu-se entrada na Praça do Recife.

Era o fim da longa e cansativa caminhada de dezessete dias, de mais de oitocentos quilômetros percorridos e o início da temporada no inferno.

A notícia correu célere, desde Olinda. Pelo meio das ruas do Recife, pois Pastorinha proibia – por medida de segurança, dizia – que os prisioneiros andassem por baixo dos beirais ou ladeando as portas e janelas, as pessoas se amontoavam, curiosas, muitas sem saberem ao certo o que estava acontecendo. Frei Caneca, apesar de não vestir o hábito carmelitano, era logo reconhecido. Uns choravam, outros aplaudiam, uns poucos apupavam. Mulheres caridosas se aproximavam, corajosamente, rompiam o cerco da escolta, e corriam a dessuar, com toalhas perfumadas, o rosto dos prisioneiros, de preferência o de Frei Caneca e a servir-lhes refrescante limonada.

Até chegar a Boa Vista e à ilha do Recife, o destino final, tinha-se de ainda fazer uma longa caminhada. A notícia corria na frente, de boca em boca, e a populaça ia aumentando, e repetiam-se em igual medida o choro, os aplausos, os atos caritativos e também os apupos.

Ao se aproximarem dos jardins do palácio, Pastorinha teve de pôr em ação toda a sua autoridade, para que o povo se afastasse e deixasse a passagem livre.

Aí chegando, Pastorinha, cumprindo as ordens dos seus superiores, dirigiu-se ao palácio, pôs em fila os prisioneiros com a intenção de apresentá-los imediatamente ao General brigadeiro Francisco de Lima e Silva, indivíduo orgulhoso, inimigo ferrenho dos liberais, braço direito, representante e sevandija do Imperador. Dando provas de seu conhecido orgulho, insensibilidade e deseducação, o General se recusou a recebê-los. Sequer consentiu em vê-los.

— São criminosos refeces, culpados de lesa-majestade. Já estão julgados. Nada tenho a falar com esses malvados — mandou dizer.

— Espero as ordens de Sua Excelência — disse, tremendo de respeito e de medo Pastorinha, ao oficial de dia, pois ele também não teve a honra de ser recebido pelo soberbo General brigadeiro.

Apenas um papel lhe foi entregue, em seguida, por um ordenança, com determinações bem claras do General: que fossem os prisioneiros imediatamente trancafiados na Fortaleza do Brum, à exceção de Frei Caneca, do major José Maria Ildefonso, do capitão Agostinho Bezerra Cavalcanti, comandante dos Henriques, e do civil Francisco de Souza Rangel, que deveriam, incomunicáveis, ser jogados no calabouço do Oratório, uma cela estreita "que d'antes servia de armário de guardar as cabeças dos enforcados". Era esse o destino garantido por Sua Majestade o Imperador D. Pedro I, que prometera receber como um "pai clemente" os vencidos, caso baixassem a cabeça e entregassem as armas?

Como é esse "armário"?

— Fica debaixo de uma escada de alvenaria que leva para o andar de cima. Os presos se arrumam lá "como sardinhas em canastra" — afirmou um conhecedor.

Mas, que tenha a palavra o próprio Frei Caneca, que deixou por escrito a sua descrição:

"Este infernal calabouço tem de comprimento treze palmos, e de largura é tão estreito que um dos companheiros, que era o mais alto d'entre nós, estando deitado tocava com a cabeça em uma parede, e com os pés na outra opposta.

O pavimento deste horrivel lugar estava todo alagado de alcatrão, que tinha derramado um barril rachado, que estava collocado a um dos angulos, de sorte que foi necesssario mandarmos ver esteiras grossas para alcatifar; as quaes postas em duas ordens, assim mesmo não foram assaz para impedir que o alcatrão passasse além, e nos emporcalhasse os corpos.

Este terrivel, estreito e immundo calabouço é tão tenebroso, que estando nós unidos uns aos outros não nos avistavamos, porque nem um raio de luz por elle entrava, e unicamente por muito favor nos levava o 2º carcereiro, de vinte em vinte e quatro horas, na occasião do jantar, um rolo, que se acendia unicamente enquanto enxergassemos os pratos, o que acabado, se acabava, e ficavamos envoltos nas trevas dessa horrorosa masmorra, e mesmo até por este favor da luz ao jantar foi necessario que um dos companheiros untasse com dinheiro as mãos do dito 2º carcereiro".

— Uma só voz se levantou, não dando crédito às palavras de Lamenha, gemeu o major Ildefonso: foi a voz de Frei Caneca, nosso companheiro de desgraça. Nós, quase todos nós, generais, oficiais, religiosos, soldados e civis, nos deixamos seduzir pelas belas promessas, pelas despejadas mentiras...

O major não terminou o seu comentário, interrompido por dolorosos soluços.

— Antes tivéssemos morrido em combate, completou o capitão Agostinho. Pelo menos teríamos tido uma morte gloriosa, digna de patriotas.

— E não estaríamos aqui, passando por covardes, sem farda, sem galões... sem honra — gemeu o major Ildefonso.

Frei Caneca tratou de consolar os companheiros, lembrando-lhes que a honra de um militar, e de qualquer cidadão — "pois quando a Patria está em perigo todo cidadão é soldado"—, não depende dos galões, da farda, de bons lugares para se aquartelar, e sim "do valor n'alma". – Outros males nos advirão: seremos julgados, conspurcados, humilhados, mostrados ao povo como traidores da Pátria; mas nós sabemos, no fundo do nosso coração, na clareza das nossas consciências – e o povo também o sabe –, que eles é que estão a atraiçoar. Um dia ou outro morreremos; Deus pode ter permitido que os verdadeiros "tredores da Patria" abreviem esse tempo e que nossa morte não seja natural.

Frei Caneca ainda falou mais, com muitas palavras de conforto. Notou, de repente, que se fazia silêncio. Apurou o ouvido... e escutou um ressonar: todos dormiam tranqüilamente, cansados que estavam, depois da longa caminhada. Ficou feliz, achando que suas palavras os tinham ajudado a sossegar e o sono os fazia esquecer por algumas horas aquele inferno.

XVII

Arma-se o palco da grande farsa

No Convento do Carmo e nos meios liberais todos sabiam, de antemão, que não haveria esperança alguma para os prisioneiros do Oratório.

O processo contra os quatro – Frei Caneca e seus amigos capitão Agostinho, major Ildefonso e o paisano Rangel – acabava de ser instaurado, e Sua Majestade ordenara à Comissão Militar que todos eles fossem "processados e sentenciados breve, verbal e sumariamente".

O Presidente da Comissão era o próprio General Lima e Silva, que escolhera, a dedo, todos os seus ajudantes, de igual fereza e insensibilidade: o juiz relator Thomaz Xavier Garcia de Almeida, e os quatro vogais, todos militares. O interrogante de Frei Caneca seria o Coronel Conde de Escragnolle.

Instalava-se a "execranda" Comissão Militar, cujos métodos brutais eram sobejamente conhecidos, uma vez que ninguém conseguia se livrar do pesadelo da "sanguisedenta devassa de 1817".

Estava armado o palco da grande farsa.

Primeira sessão.

20 de dezembro de 1824.

Frei Caneca, tido como o mais perigoso dos quatro réus, por sua má influência como "escriptor de papéis incendiários", foi o primeiro a ser argüido. Seus trajes rotos e malcheirosos, verdadeiros molambos asquerosos, foram trocados. Aos frades do Carmo foi concedida graça especialíssima de lhe levarem um indumento apropriado, digno de um tribunal.

A sala do júri estava quase vazia, ocupada apenas pelo pessoal de obrigação e alguns poucos convidados – gente do governo, militares e agregados. Não foi permitida a presença de grande público ou de parentes dos réus. No caso de Frei Caneca, foram excluídos até mesmo os frades do Carmo.

Lidos os ofícios de nomeação do Presidente, de ordem do Imperador, e dos vogais, de ordem do Presidente, deu-se início à primeira sessão, com as seguintes palavras formais, lidas pelo meirinho:

"Aos vinte dias do mez de Dezembro do anno de mil oito centos e vinte e quatro, **primeira sessão desta Comissão Militar:** achando-se reunidos todos os membros della, e havendo-se já em sessão preparatória mandado avisar os réos, que têm de ser processados, determinou o Presidente della, que viessem a perguntas, as quaes foram feitas pelo official interrogante o Coronel Conde de Escragnolle; sendo o primeiro delles o réo Frei Joaquim do Amor Divino Caneca, o qual foi interrogado da maneira que se segue:

de que fiz este termo, eu Thomaz Xavier Garcia Almeida, juiz relator o escrevi.

Ouviu-se então a voz do Presidente:

Proceda-se ao interrogatório do Réo Frei Joaquim do Amor Divino Caneca.

Em ata:

– *Foi perguntado como era seu nome, naturalidade, estado e idade.*

– Respondeu, que se chamava Frei Joaquim do Amor Divino e Caneca, natural desta cidade do Recife, estado religioso carmelita turonense[47], idade de quarenta e cinco annos e cinco mezes.[48]

– *Foi perguntado, si sabia ou suspeitava a causa da sua prisão.*

– Respondeu, que fora preso por se achar na divisão das tropas, que daqui marcharam para o interior da provincia, na occasião em que entrara o exercito imperial.

–*Foi-lhe perguntado, si não havia cooperado de alguma sorte para o plano da Confederação do Equador, proclamada por Manoel de Carvalho, e que ia arrancar pelos fundamentos a integridade do imperio brazileiro.*

– Respondeu que nunca tivera idéa, nem nunca ouvira fallar de semelhante Confederação, senão quando chegara ao sertão (...)."

Várias outras perguntas foram feitas ao réu, tendo este respondido "que nada mais tinha que dizer, visto":

primo, "que lhe era permittido, pelo regimento, dar a sua defeza por escripto";

secundo, "que dada a qualidade dos juizes, que eram militares, talvez sem os necessarios conhecimentos das leis jurídicas, requeria que lhe fosse facultado consultar com um letrado no formalizar de sua defeza";

tertio, que sendo o réu civil e nunca ter pegado em armas, teria direito a um tribunal igualmente civil, em vez daquele, formado unicamente por militares.

O tribunal, depois de repreender o réu por achar o segundo pedido um tanto quanto desrespeitoso, aquiesceu em deixar que fizesse sua defesa por escrito e auxiliado por advogado letrado; o terceiro pedido foi negado, visto que, mesmo sendo civil, o réu estava respondendo como acusado de "ter trabalhado de alguma sorte para que se atacasse e fizesse resistencia ao exercito cooperador da boa ordem".

E assim foi encerrada a primeira sessão interrogatória.

Levado novamente para a cela dita "armário das cabeças", Frei Caneca podia ir algumas vezes a uma sala maior e mais cômoda, no andar de cima, para redigir a sua defesa, ajudado pelo seu advogado e amigo de total confiança, o Padre Caetano José de Souza Antunes. Aproveitando os momentos em que os dois ficavam a sós, Frei Caneca abriu o seu coração ao advogado amigo, confessando-lhe o que ele pensava ser o mais íntimo e bem guardado dos seus segredos.

— Caro Padre, por favor, queira-me escutar. Preciso de seus favores. Digo-lhe logo, sem rodeios: eu tenho uma filha...

Parou, esperando a reação do amigo, que talvez ficasse escandalizado com essa revelação, vinda de um religioso professo. O advogado, porém, recebeu a notícia com indiferença, como se escutasse algo de muito natural; e pediu ao frade que prosseguisse. Isto o encorajou a continuar o seu desabafo:

— Tenho uma filha e duas afilhadas... Desconheço o seu paradeiro... Mas sei que estão vivas e escondidas, por motivos óbvios. O esconderijo é no alto sertão da Paraíba. Nada mais sei.

O Padre Caetano riu, compreensivo.

— Meu amigo, tenho também uma confissão a lhe fazer: estou a par de tudo, e não o condeno. Foi-me contado, confidencialmente, pelo Padre Provincial, o Frei Carlos, por achar que sendo advogado de Vossa Mercê, em alguma coisa poderia ajudá-lo, mesmo sendo o assunto extrajuduciário. Frei Carlos também não o condena. Pelo contrário, elogia a atitude de Vossa Mercê em não ter rejeitado essa criança, em tê-la protegido, enquanto pôde –, apesar de, a julgar meramente pelas leis eclesiásticas em voga, ela ser fruto do pecado. Mas, aonde Vossa Mercê quer chegar, abrindo a mim o seu coração?

Frei Caneca enrubesceu ligeiramente e respondeu: – Por coincidência, o meu motivo é o mesmo do Padre Provincial. Creio que, como meu advogado, Vossa Mercê poderá ajudar...

Abrindo o calhamaço em que fizera o rascunho de sua defesa, Frei Caneca, muito comovido e com as mãos trêmulas, mostrou ao advogado umas folhas soltas.

– Aqui estão escondidas três cartas, uma para a minha filha Aninha e duas outras para as minhas afilhadas. Rogo a Vossa Mercê, em nome de Deus, que tente descobrir o seu paradeiro e faça chegar estas cartas ao seu destino. Não sei o que acontecerá comigo. Morte ou uma prisão por tempo indefinido? Seja como for... será que um dia ainda as verei? Estas cartas são, portanto, o meu testamento espiritual para essas criaturinhas a quem tanto amo e que me pesa tanto não ter podido acompanhar vida afora e dar sustento.

A sua voz, na medida em que falava, se tornava mais aflita. As últimas frases foram ditas com muito esforço para sufocar a emoção.

O advogado também desconhecia o paradeiro das moças, mas prometeu fazer o possível e o impossível para que as cartas lhes chegassem às mãos.

– É uma promessa de advogado, de sacerdote, e sobretudo de amigo – acrescentou.

O Padre Caetano também estava comovido. Sem mais falar, guardou em sua maleta as cartas e os rascunhos da defesa, mas, chegando à porta de saída, voltou-se para o frade e se despediu com estas palavras:

– Posso avaliar a dor que o amigo sente... dor da saudade e dor da incerteza.

E ganhou a rua, às pressas, descendo a escadaria da prisão quase correndo.

A segunda sessão.

No dia 22 reuniu-se o tribunal para a segunda sessão, quando foram ouvidas as testemunhas de acusação. Oito foram selecionadas, por serem "testemunhas idoneas, e coevas ao tempo dos factos arguidos", segundo declarou o General Presidente.

Depois que as testemunhas "juraram aos Santos Evangelhos, que prometiam dizer verdade", foram feitas a todas elas as mesmas perguntas, com poucas variantes, que assim se podem resumir:

Que declarassem, sob "carrego daquele juramento", se o réu Frei Joaquim do Amor Divino Caneca "havia concorrido e cooperado para a rebelião perpetrada nesta provincia contra a obediência devida a Sua Majestade Imperial, e integridade do imperio"; "se foi ele cabeça dos motins populares"; e o que sabiam "sobre a conduta política ou pública do réu".

Das oito testemunhas, três eram cidadãos portugueses, dois do Rio de Janeiro e três naturais da cidade do Recife, sendo três oficiais do exército e os demais civis, todos porém exercendo cargos públicos.

A primeira testemunha, Izidoro Martins Soriano, "natural do Reino de Portugal", declarou que "sabia, *por notoriedade publica*, que o réo era um dos que trabalhavam para os movimentos anarchicos por meio dos seus escriptos, *não obstante que ignora factos positivos*"; bem como "*ouviu dizer*" algo sobre as outras acusações, mas "*que não assistira a nenhuma dellas*".

A segunda testemunha, José Maria de Albuquerque, natural de Visêo no Reino de Portugal, declarou também que o que sabe era "*por ser publico... e nem sabe delle factos positivos*".

A terceira, José Joaquim de Carvalho, natural do Rio de Janeiro, médico militar, foi mais explícito: "sabe, por ser publico e notorio, que o réo era redactor do (periódico) *Typhis*, e sendo o principal fim de taes escriptos o dirigir a opinião publica de um modo subversivo da boa ordem, procurando com a sua doctrina chamar os povos á desobediencia de S. M. imperial". E quanto a ter o réu marchado com a tropa rebelada, "*sabe por ouvir dizer*".

A quarta testemunha, Caetano Francisco Lumachi de Mello, da alfândega, e natural do Recife, destoou das demais, só fazendo elogios ao réu, ao afirmar que o tinha "*na conta de bom homem e muito amigo da independencia do Brasil;* e o que delle se pode dizer consta dos seus escriptos".

A quinta testemunha, João Baptista Pereira Lobo, também natural do Recife, e feitor da alfândega, declarou que "sabe, *por ser publico*, que o réo era um dos que cooperavam para se não obedecer ás ordens do Imperador, tanto de palavra, como por seus escriptos, sendo o seu modo de pensar sempre subversivo da boa ordem".

As sexta e a sétima testemunhas, respectivamente Antonio Borges Leal, Coronel, e Manuel José Martins, tenente-coronel, natural desta cidade, declararam, quase com as mesmas palavras, que tudo o que sabiam a respeito do réu era *"por ouvir dizer"*.

A última, Manoel Correia Maciel, do Recife, "official maior da secretaria da junta da fazenda", declarou, incisivamente, que "sabe, *por ser publico*, que o réo era escriptor de papeis que continham uma doutrina incendiaria, a qual também propagava em seus discursos; e que era voz constante, que aconselhava e tinha parte em todas as medidas adoptadas pelo governo de Manoel de Carvalho; e mais não disse deste".

Como vemos, quatro testemunhas acusaram Frei Caneca, sem certeza, apenas por ouvir dizer, e declararam não conhecerem fatos positivos que o incriminassem; uma chegou a elogiar o réu, e não o acusou de qualquer crime; e apenas três o acusaram diretamente de subversivo, por desobedecer as ordens do Imperador, com discursos e sobretudo com escritos.

O Presidente do Tribunal não ficou de todo satisfeito, uma vez que a maior parte das testemunhas não teve contra o réu uma posição acusatória firme. Até mesmo as de nação portuguesa e alguns militares foram de certa maneira hesitantes, com essas expressões frouxas de *ouvi dizer*, de *é notório*, etc.

Ademais, eis o que mais preocupava: a maioria das acusações girava em torno dos escritos do réu quando era sabido que, por decreto, o Imperador dava plena liberdade de expressão à imprensa.

– Paciência! – pensou ele; afinal de contas, testemunhas não pesam tanto no processo.

Em seguida aos depoimentos das testemunhas, deu-se início à segunda argüição do réu.

– Apresente-se à barra o réu Frei Joaquim do Amor Divino e Caneca – gritou com voz solene e impostada o meirinho.

Frei Caneca levantou-se e deu alguns passos, na direção indicada.

Apresentando o meirinho ao acusado o livro dos Sagrados Evangelhos, perguntou-lhe, na fórmula de praxe, se jurava dizer a verdade e tão somente a verdade[49].

– Sim, Excelência – disse Frei Caneca, pondo a mão direita sobre o livro sagrado – eu juro.

O advogado entregou à mesa a defesa do réu feita por escrito, e, com a devida permissão do Presidente, leu um resumo da mesma.

O Promotor pediu a palavra, argumentando, *data venia*, que a defesa por escrito não deveria livrar o réu de ser argüido, pessoalmente, naquele tribunal militar.

— Aprovo a moção do promotor — disse o Presidente. — Que o Coronel Conde d'Escragnolle passe, imediatamente, à argüição oral do réu.

— O Tribunal pergunta *ao réu* — iniciou o Conde — *se nunca propagara ou publicara idéias ou escritos subversivos da boa ordem, ou contra a pessoa do Imperador, e porque fugira com o exército rebelde, o que o coloca no número dos rebeldes, e porque tinha sido preso com trajes de guerrilheiro.*

Titubeante no início — pois ninguém, por mais que seja frio e forte, consegue se controlar de todo diante de um tribunal militar —, pouco a pouco Frei Caneca se refez e voltou a ser o homem altivo que sempre fora.

— Excelência, responderei em primeiro lugar a segunda parte de vossa pergunta, que se refere à minha fuga, a qual percebo estar sendo interpretada como rebeldia. Fugi, sim, Excelência, pelo simples fato de que me achava perseguido e ameaçado de morte.

— *Vossa Mercê fugiu para encontrar-se com o exército inimigo. Isto é, com um exército rebelde. Isto é um fato.*

— Excelência, posso responder a esta acusação com uma pergunta?

O Conde aquiesceu, com um gesto de cabeça.

— "Pode-se dar a qualificação de rebelde a alguém que foge para não ser morto? A primeira qualificação de um rebelde, no caso, seria a resistência! Ora, quem corre e foge não resiste, pois a resistência é o contraditório da fuga. Fugi com um dos exércitos, por motivo de maior segurança, quando atrás de mim achava-se um outro exército a perseguir-me". Quanto às roupas de guerrilha, de que sou acusado de vestir no momento em que fui preso, respondo que "não costumava andar com jaqueta de guerrilha"...

— *Entretanto* — interrompeu o Conde — *V.M. não pode negar que foi preso sem a sua indumenta religiosa...*

— Nego, entretanto, que se tratasse de uniforme militar. O que eu trazia "por baixo do hábito religioso" era uma "jaqué de chita". Certo dia, eu havia tirado o hábito religioso, um momento, por comodidade e higiene, na marcha do Cabo ao Recife e não mais o encontrei...

O Conde o interrompeu mais uma vez, e insistiu, com ar de riso, falando compassadamente: – *Gostaria que o réu explicasse melhor, a esta Corte, porque não mais encontrou o seu hábito religioso. Todos os presentes estão curiosos por saber.*

– Fui roubado, Excelência. Roubaram o meu cavalo, e com ele todos os meus pertences, inclusive minhas vestes religiosas. E se é relativamente fácil encontrar um novo cavalo pelas trilhas do sertão, não diria o mesmo quanto a vestes conventuais.[50]

Risos na platéia. O Conde, incomodado com a inesperada reação do público, pigarreou discretamente e continuou:

– *Passemos agora a questões mais essenciais. Foi dito e provado que V. Mercê deu o seu voto, e convenceu o povo e Câmaras desta província a que também votassem contra o juramento à Constituição mandada por Sua Majestade, dizendo, ainda, que "a carta constitucional dada pelo Imperador à nação não foi dada pela soberania da nação; e jura-la degradaria o povo brazileiro da sociedade de um povo livre e brioso, para um valongo de escravos e curral de bestas de carga" – são palavras copiadas* **ipsis litteris** *do voto dado por escrito por Vossa Mercê.*

– *De facto*, Excelência, assim agi e assim aconselhei, por diversas razões. Primeiro, a carta de Sua Majestade Imperial foi apresentada como um **projeto** de Constituição **a ser discutido**; em outras palavras, "como um rascunho que ainda se havia de tirar a limpo, ou apontamentos das materias que haveriam de ser ventiladas". Ora, Excelência, de repente, esse **projeto** nos chegou, sem prazo para ser discutido pelos representantes do povo em Cortes, junto com a ordem dos Ministros do Rio de Janeiro, obrigando-nos a jurá-lo! Excelência, pergunto eu, *primo* – terá alguém obrigação de jurar um **projeto, um rascunho?** Vota-se uma Constituição, ou vota-se um projeto? *Secundo* – ainda mais se esse **projeto** de Constituição não foi elaborado pelos representantes do povo e sim por Ministros escolhidos, à revelia dos representantes desse mesmo povo...

O Presidente cortou a palavra ao réu, com esta admoestação:

– *Não é função deste tribunal responder a perguntas dos réus. Continue o senhor Conde a sua argüição.*

— *Quero lembrar ao réu* – recomeçou o Conde – *que Sua Majestade o Imperador é o nosso soberano, é ele que tem a soberania nesta nação. Ele pode, portanto, nomear constituintes.*

– Nunca neguei, Excelência, que Sua Majestade seja o nosso soberano. Quanto à segunda parte...

— *Preciso lembrar ao réu* — interrompeu o Conde — *os escritos em que ataca a soberania de Sua Majestade?*

— Não nego a soberania do Imperador, mas, sim, a sua fonte. O que escrevi e preguei, Excelência, é que o Imperador é soberano, sim, nunca pus isto em dúvida. Minha discordância é quanto à origem do seu poder. Afirmo, baseado nas "luzes do presente século", que Sua Majestade não o é por direito próprio ou divino, mas **por delegação da nação**; o que tem fundamento no princípio, "também reconhecido e até confessado em discurso por Sua Majestade — que a soberania, isto é, aquele poder sobre o qual não há outro, reside na Nação, essencialmente". Como conseqüência, respondo à outra parte da acusação: não cabe ao Imperador *constituir* a nação, pois "é da essencia da representação nacional fazer a Constituição, pela mediação de seus legítimos representantes em Cortes". Agir em contrário, como foi feito, cremos ser atentatório à liberdade. Isto é o que escrevi no meu periódico. Pode Vossa Excelência mostrar em que errei?

Esta intervenção do réu fez toda a mesa movimentar-se em meneamentos de cabeça, em cochichos que de tão baixos não foi possível transcrever, e em gestos de visível desaprovação e, sobretudo, de embaraço. O réu tocava num dos pontos nevrálgicos das discussões da época. A não ser o pequeno partido imperial, ninguém, em Pernambuco e nas províncias limítrofes, aceitava de bom grado o fechamento da Assembléia Constituinte, legítima representante do povo. Todos sabiam que a prisão de Frei Caneca estava ligada sobretudo à sua reação pública a esse ato despótico do Imperador. Ninguém, porém, depois do fracasso militar da Confederação do Equador, ousava se pronunciar, de público.

Incomodado, o juiz chamou o argüidor e lhe disse qualquer coisa ao ouvido que o Conde pareceu aceitar, sem discutir. Voltando-se para o público, o Conde declarou:

— *A mesa decide que, de agora em diante, não será permitido ao réu fazer qualquer tipo de apologia de suas idéias subversivas. O réu responderá simplesmente e diretamente ao que lhe for perguntado. E não mais fará perguntas à mesa, nem digressões em torno de qualquer tema.*

Ouviu-se um murmurinho por toda a sala, uns aprovando, outros protestando — estes muito discretamente — contra essa decisão. O Presidente pediu ordem, ameaçou esvaziar a sala.

O advogado quis pedir a palavra para protestar contra a decisão da mesa, mas o Presidente negou-lhe esse direito, e decidiu:

— *Voltemos às argüições, sem protestos e sem perguntas por parte do réu.*

O Conde recomeçou, dirigindo-se a Frei Caneca:

— *Ficou sem resposta uma pergunta que lhe fizemos atrás. Vossa Mercê é acusado de ter escrito contra a augusta pessoa de Sua Majestade Imperial e Constitucional. Temos em mãos a resposta escrita por V. Mercê, mas o tribunal prefere ouvi-la de viva voz, a fim de que o público presente fique a par dos desvarios dos rebeldes.*

— Excelência, não posso negar que fui redator do jornal *Typhis Pernambucano*, em que se acham as idéias que sempre propagara. Tenho, entretanto, em minha defesa, que:

Primo: nunca, até este momento, fui chamado a juízo por minhas idéias aí escritas, nem julgado subversivo pelas autoridades, *pois que me regulava pela lei existente sobre a liberdade de imprensa,* constante no que ditara Sua Majestade imperial em 18 de junho de 1822, e que jamais foi derrogada. Prova desta minha convicção e confiança, é que vários dos meus escritos dados a público levam este exergo do historiador latino Tácito: *Rara temporum felicitas, ubi sentire quæ velis, et quæ sentias dicere liceat.*[51] Que liberdade de imprensa seria esta, se me acusam de agir de acordo com ela? Por que somente agora me vem tal acusação?

Secundo: a doutrina do *Typhis* era "advogar constantemente a sagrada causa do imperio brazileiro, por dever de bom filho, e amante da patria". Não era, portanto, uma atitude subversiva...

— *Vossa Mercê, entretanto, repito, ultrapassou os limites da liberdade, ao atacar, diretamente, a augusta pessoa de Sua Majestade Imperial e Constitucional* — interrompeu o Conde.

— Perdão, Excelência, este será o meu *Tertio*, que passo a expor. Relembro a V. Excelência, com todo o respeito, que "S. M. o Imperador, elle mesmo tinha ordenado que advogassemos a causa do Brazil, *ainda mesmo que fosse contra a sua pessoa"*. E que fiz eu? Apenas defendi a causa do Brasil, mesmo correndo o risco de ser mal-interpretado e, como aqui se faz, julgado rebelde e subversivo da ordem.

Deixando o réu sem resposta, o Conde continuou:

— *Vossa Mercê não pode negar que seguiu e fomentou um exército subversivo que combateu a ordem estabelecida e chegou a proclamar a separação da nação em partes independentes, num movimento revolucionário a que se deu o nome de Confederação do Equador.*

— Excelência, se alguma notícia chegou aos ouvidos desta Comissão e de Sua Majestade de que a Confederação do Equador era uma luta pela separação desta província, tal nunca foi intenção nossa, nem consta em nenhuma página do *Typhis*

Pernambucano. Prova disto é que o manifesto oficial da Confederação não é dirigido aos pernambucanos, e sim, aos brasileiros.

O Presidente chamou novamente o Conde à mesa. Por gestos de mãos e de cabeça, pôde o público notar que, aparentemente, o Presidente e o Conde argüidor não estavam de acordo sobre alguma coisa; e que o Conde pretendia tomar uma decisão que não agradava à mesa, e se viu obrigado a voltar atrás e obedecer.

Assumindo o seu lugar, o Conde, com ar de desagrado claramente mostrado na face, dirigiu-se à mesa e declarou:

— *Senhor Presidente, nada mais tendo a inquirir ao réu, dou por terminada a minha ação neste processo.*

O Presidente passou a palavra ao meritíssimo juiz, que, de acordo com a praxe, perguntou ao advogado do réu se tinha ainda algo a declarar.

— Meritíssimo, o réu aqui presente, Frei Joaquim do Amor Divino Caneca, solicita a V. Excelência permissão para ler um apelo, visto não se considerar convicto.

— *Que tome a palavra o réu* — assentiu o juiz, depois de olhar para o General Presidente e perceber que este nada objetava, pois era de praxe jurídica um último apelo do réu.

— Meritíssimo — começou o Frei Caneca —, pelo que neste tribunal foi dito e contradito a respeito de meus atos e doutrina, "julgo que a Comissão, julgando este meu processo com olhos de rectidão e humanidade, jamais me poderá sentenciar como incurso em o crime supposto de rebelião, para o qual jamais desejei concorrer;

— *salvo* se representar o povo d'uma província ao imperante contra um homem, que não quer por Presidente, appontando legitimas razões de sua inhabilidade, é ser rebelde[52];

— *salvo* se for rebeldia o procurar confederar-se e unir-se com as outras províncias limítrophes para pedir instantemente ao Imperador, que cumpra a sua palavra e juramento que solenemente prestou de permitir ao povo brazileiro o fazer livremente uma Constituição, por meio dos seus representantes em Cortes, que Sua Majestade, sem justa causa e incompetentemente, dissolveu; — pois, sustentamos no *Typhis*, que *a soberania reside na nação, e a nação é quem se constitui*.

— *salvo*, finalmente, se é ser rebelde o fugir, para evitar a morte, em companhia de outro exército, "que *marcha debaixo do mesmo verde louro estandarte* do imperio dado pelo mesmo Imperador".

"Acrescento: em nenhuma parte do *Typhis* se acha cousa alguma, que ressumbre mudança de governo, nem scisão da integridade do imperio".

A mesa não recebeu de bom grado essa peroração do réu. O nervosismo de todos – Presidente, juiz e vogais – era visível. Temiam que as palavras do réu pudessem ser convincentes para o povo, causar revolta e redundar em nova sedição. Urgia, pois, antes da leitura pública da sentença, já decidida, reforçar a segurança da cidade. O General Presidente, com toda discrição, e em voz muito baixa, censurou o juiz por ter permitido um excesso de liberalidade nas palavras do réu, e comprometeu-se a botar nas ruas o maior número possível de tropas.

XVIII

A "injusta e horrendíssima sentença"

— Preocupa-me! — disse o advogado, quando novamente chegaram à cela. — Não me sai da mente que foi em vão tudo o que fizemos, tudo o que argumentamos. Sinto que a sentença foi predeterminada, como é costume nas Comissões Militares. Preparemo-nos para o pior, meus caros Frei Caneca e Frei Carlos. A defesa foi clara e límpida, mas vigoram ainda os velhos métodos das Comissões Militares de 1817 — que acusam sem provas, e concedem aos réus o direito apenas formal de defesa. Pura hipocrisia! A sentença já deve estar escrita e será condenatória, com toda certeza. Só não posso garantir qual seja a condenação, se de longa prisão, ou... até de morte. A Comissão vai declarar a defesa inconsistente e negativa, e todas as acusações na certa continuarão vigentes e serão repetidas na sentença, como se nenhuma delas tivesse sido rebatida. Talvez os amigos não saibam, o Imperador, além de impor um julgamento sumariíssimo, impediu qualquer tipo de investigação. Nem a inquisição usou de métodos tão insensatos. Deus permita que eu esteja errado!

Frei Caneca todo o tempo ficou sentado em frente à pequena mesa que lhe servia de escrivaninha, calado e cabisbaixo. Frei Carlos, mãos postas, como em oração, andava de um lado para o outro, sem poder esconder o nervosismo.

O advogado tinha crises de consciência.

— Não sei, caros Freis, por que ainda aceito defender causas indefensáveis. Quero dizer... indefensáveis não *in essentia*, mas pela circunstância de terem por tribunal uma Comissão Militar... que age sem lógica... que jamais perdoa... Levar um réu às barras desse tribunal significa condená-lo de antemão. As sessões, as argüições, as defesas... todo esse ritual não passa de formalidade. Formalidade hipócrita.

— Pobre povo brasileiro — lamentou Frei Carlos. O que vale não é a justiça ou o Direito, mas a vontade do Imperador. De um tirano sem coração, sem consciência...

Frei Caneca, como se invadido por uma repentina angústia, apenas ouvia. Não opinou. Cabeça baixa, olhos meio cerrados, mostrava-se cansado e preocupado. Os companheiros de luta e de cela tinham sido interrogados logo após ele ter deixado o tribunal, e nem ele nem o advogado tinham notícia do que lhes teria acontecido. Permaneciam separados e incomunicáveis.

No dia seguinte, 23 de dezembro, no Palácio do Governo, em presença de toda a Comissão Militar – Thomaz Xavier G. de Almeida, juiz; Francisco de Lima e Silva, general-brigadeiro e Presidente; Salvador J. Maciel, coronel-engenheiro; Manoel A. Leitão Bandeira, coronel; Conde de Escragnolle, coronel; Francisco V. de Souto Maior, tenente-coronel; e representantes da milícia e do clero – foi lida, solenemente, a sentença contra Frei Caneca e os seus companheiros de cela Francisco de Souza Rangel, soldado de guerrilha, e o negro Agostinho Bezerra Cavalcanti, capitão de granadeiros e comandante do 4º batalhão de artilharia dos Henriques.

A sentença foi terrível: condenação à morte para todos.

Agostinho e Rangel, entretanto, condenados por rebeldia, receberam graças, devido a certas circunstâncias atenuantes, e tiveram adiadas suas execuções, "até ulterior decisão de Sua Majestade Imperial e Constitucional, a cuja inata clemencia julgou a Comissão que os devia recomendar".

Quando chegou a vez de Frei Caneca, foi permitido, por decisão especial do Presidente da Comissão, que estivessem presentes o Superior Provincial Frei Carlos e o seu amigo particular Frei Fábio. O povo não teve acesso. Uma multidão postava-se na praça e jardins fronteiros, à espera da decisão oficial. A guarda, de baioneta calada, foi reforçada, prevendo-se tumulto, por ser o réu pessoa considerada na província como líder popular. Resolvera-se também dar solenidade especial ao ato, para que a rigorosa sentença servisse de exemplo para todos aqueles que teimassem em rebelar-se contra a "augusta pessoa de Sua Majestade Imperial e Constitucional".

Depois das recomendações de praxe, inclusive de que se fizesse silêncio absoluto, e que não se permitiriam apartes, nem protestos, nem aplausos, o meirinho fez entrar o réu. Este apareceu vestido com o elegante, porém sóbrio, hábito marrom e escapulário branco da Ordem do Carmo, limpo e novo. Testemunhas relataram que o seu andar era firme, a cabeça erguida, o rosto marcado por leve angústia. Ele lançou um rápido olhar pela platéia, como à procura de alguém. O seu rosto, então, iluminou-se. Confessou depois que sua preocupação maior era o consolo de encontrar ali os amigos Frei Carlos e Frei Fábio, ao mesmo tempo que pedia a Deus que não estivessem presentes Aiaiá, sua filha e as afilhadas. Seria doloroso demais, mais do que qualquer condenação, expor-se como réu diante daquelas quatro pessoas, as que mais amava na vida. Felizmente não estavam lá.

Seguindo os costumes, todos se levantaram à chegada dos membros da mesa. Sentaram-se, a um gesto do juiz. Só o réu permaneceu de pé.

A sentença pode ser resumida em quatro pontos, que, como havia previsto o advogado, eram todos repetitivos e nenhum deles levou em consideração as contraditas e argumentos da defesa..

De início, procedeu-se à leitura de um longo arrazoado, em que foram referidos, um a um, os motivos da prisão e das resoluções da Comissão.

O nervosismo e a expectativa aumentaram quando o meirinho, terminada essa introdução, fez uma reverência em direção à mesa, e deu início à leitura da sentença propriamente dita.

O Padre Caetano prendeu a respiração e segurou com força a mão de Frei Carlos. Ainda acreditava na possibilidade de terem sidos aceitos os seus argumentos de defesa, ao menos como atenuantes.

"Mostra-se, pelo que diz respeito ao réo Frei Joaquim do Amor Divino Caneca, que: tendo-se pronunciado uma notável divergencia nesta provincia, tendente a fazêl-a desmembrar da geral associação do imperio brazileiro, e eximil-a da obediencia devida a S. M. I., que por voto unanime da nação reconhecida, foi acclamado chefe representativo e defensor perpetuo da mesma nação, figura o réo nesta facção demagogica, como o mais empenhado collaborador nesse projeto desorganizador da nação":

1º – emitindo voto contra a posse de Francisco Paes Barreto, morgado do Cabo, nomeado por Sua Majestade para Presidente da província;

2º – dando voto contra a "aceitação e juramento do projeto de Constituição offerecido á nação por Sua Majestade Imperial"; ademais, tendo tomado "a tarefa de o analysar com a maior acrimonia, descrevendo-o com as mais negras côres e fazendo-o apparecer como a obra do despotismo e da tyrania, dizendo que o projeto degradava da sociedade de um povo livre e brioso para um valongo de escravos e curral de bestas de carga";

3º – escrevendo, no seu periódico, *Typhis Pernambucano*, "que Sua Majestade Imperial tem dado fortes indicios de querer unir outra vez o Brazil a Portugal, já pela dissolução arbitraria e despotica da soberana assembleia, e prohibição da outra que havia prometido";

4º – publicando "no mesmo periodico *Typhis*" que Sua Majestade Imperial, com a dissolução da Assembléia Constituinte, tinha a intenção de "plantar no Brazil o systema absoluto".

5º – publicando, ainda "no *Typhis*, desde a fl. 44 *usque* 74, principios desorganizadores da integridade do imperio, e as mais perigosas idéas tendentes a provocar os povos a desobedecer ao governo de Suma Majestade Imperial, procurando fazel-o odioso"; e com isso "arvorar o estandarte da insurreição, levando-se pela sedutora idéa da projetada Confederação do Equador, claramente relativa ao systema republicano."

6º – "e depondo ultimamente contra o réo, o ter-se elle encorporado e marchado com a tropa rebellada, até o ponto de ser preso pela força expedicionaria".

O meirinho parou a leitura, esperando que o juiz lhe ordenasse a peroração.

Foram alguns segundos de angústia entre os amigos do réu, segundos que pareceram durar horas.

O Padre Caetano soprou aos ouvidos do Frei Carlos: – Veja: em resumo, o nossos irmão é condenado por causa dos seus escritos, como já foi expresso no Processo Verbal de 20 de Dezembro do ano passado: "como escriptor de papeis incendiarios" – como se não houvesse uma lei de liberdade de imprensa promulgada pelo próprio Imperador – crime de imprensa!

A um sinal do juiz, o meirinho continuou:

"Não lhe podendo aproveitar os documentos juntos á sua defeza, por isso que não justificam a sua conducta; e ponderadas as provas do processo, votaram concordemente os da Comissão, que o réo..."

O meirinho foi aqui interrompido por um murmúrio da assistência e pelo juiz que gritava por ordem na assembléia. Em seguida a essas palavras, supra, viria o veredicto, e o murmúrio era de preces dos amigos e de chacota dos adversários, muitos portugueses e poucos brasileiros do partido imperial.

Feito silêncio, com a ameaça de esvaziamento da sala, o meirinho continuou:

"... votaram concordemente os da Comissão, que o réo estava comprehendido no § 5, da ordenação do livro 5, titulo 6 – e por isto, incurso na pena de morte estabelecida no § 9..."

Nova interrupção por parte dos presentes, pois alguns esperavam que, como acontecera com Agostinho e Rangel, a Comissão apelaria também à "inata clemencia" do Imperador para que a pena fosse comutada. Afinal de contas, mesmo que Frei Caneca fosse culpado, a sua culpa não era tão grave para merecer pena de morte. Não foi isto, entretanto, o que aconteceu. Feito mais uma vez silêncio, o meirinho pronunciou com frieza profissional a última frase da sentença:

"... e por isto, incurso na pena de morte estabelecida no § 9, *em o qual simplesmente o condemnam*, sendo primeiro exautorado das ordens e honras ecclesiasticas. *E esta sentença mandam os da Comissão que se execute*".

Um dos presentes escreveu: "O grande cidadão Frei Caneca ouviu a crudelíssima sentença sem a menor perturbação".

Abraçado ao Frei Carlos e ao Frei Fábio, o advogado segredou, comovido – *Acta est fabula!*[53] Tudo isto que acabamos de ver e ouvir não passou de uma enorme farsa. Estou certo de que a condenação já estava acertada, de antemão, por vontade do Imperador.

– A *aura popularis* do nosso irmão – acrescentou Frei Fábio – está sendo rematada pela *aurea mediocritas* desta Comissão.

– Vejam o prisioneiro – alertou Frei Carlos.

Ladeado por soldados que o levavam de volta à prisão, o irmão se retirava com a mesma postura digna, calma e andando firme, como sempre, a cabeça erguida – não por demonstração de orgulho, mas de probidade. Ele costumava dizer que gostava da palavra *probus* na sua origem latina, que significa "aquilo *que brota bem, que gera boa qualidade*". O homem *probo* é aquele que é bem-nascido moralmente e conserva essa qualidade em todas as circunstâncias da vida.

Antes de desaparecer pelos fundos da sala, o réu olhou para trás, avistou os amigos e sorriu.

Os frades e o advogado foram os últimos a se retirar. À porta do palácio deram com dois grupos de pessoas, afastado um do outro: um demonstrando tristeza, outro, na face, um ar de vitória. Um apoiava o veredicto, outro não.

As frases latinas, sempre em moda, flutuavam pelo ar. Apontando discretamente o grupo adversário, o advogado ameaçava:

– *Hodie mihi, cras tibi!*[54] Não sabem eles como é fugaz a palavra de um governo tirânico e absoluto.

Por sua vez, Frei Carlos completou, reforçando o dito do advogado:

– *Hoc volo, sic jubeo, sit pro ratione voluntas*[55].

Lá fora, os Freis Marcelo, André e José Maria do Sacramento, secretário particular de Frei Caneca, sem permissão para assistir ao julgamento, esperavam ansiosos. Aproximaram-se do advogado e dos dois outros frades, indagando sobre o veredicto e a sentença. Não puderam conter o choro. Já idosos, a emoção os obrigou a sentar-se nos degraus do palácio. O advogado e os demais frades os imitaram. Foi comovente o quadro que se pintou: os cinco frades e o Padre advogado sentados no chão, sozinhos, abraçados, a lastimar sem palavras, apenas com lágrimas, a sorte do irmão – "o mais sábio, o mais patriota, o mais corajoso que haviam conhecido", nas palavras do Padre Provincial.

Os passantes olhavam e se comoviam. Punham a mão em concha na testa, na altura dos olhos, pois era fortíssimo o sol de janeiro e sua luz incomodava. Alguns paravam, de longe, sem ousarem se aproximar. Ninguém ria, ninguém zombava. Respeitavam a dor que muitos também sentiam. Do jeito que o povo é... uma mendiga com cara de índia atravessou a rua, chegou junto do grupo e quis saber se era verdade que, lá dentro, o Governo estava mandando matar um frade santo – queria tocar na sua batina para ficar curada de umas dores e mazelas que sentia.

XIX

Os últimos dias

Do tribunal Frei Caneca foi levado diretamente para o tétrico "armário das cabeças". Três dias depois (26 de dezembro), foi transferido para outra cela no andar de cima do Oratório, que dava para uma sala onde se podia circular com bastante liberdade de movimento. Aí permaneceu por pouco mais de duas semanas, até o dia 13 de janeiro, quando foi executado. Agostinho e Rangel, depois de julgados, também foram transferidos para o mesmo local. Foi a Rangel que Frei Caneca confiou o manuscrito do seu *Itinerário*.

Os prisioneiros podiam falar livremente com os oficiais carcereiros, mas permaneciam incomunicáveis com relação ao público externo, à exceção de Frei Carlos de São José, a quem foi concedido visitá-los e lhes dar assistência religiosa, sempre que solicitado.

O ar da nova prisão, apesar de não ser mais tão tétrico e malcheiroso como o do "armário", continuava angustiante e depressivo, devido à situação dos presos: dois deles, dia e noite na torturante expectativa de um possível indulto do Imperador; e o terceiro aguardando que se marcasse a data de seu enforcamento.

Frei Caneca, no entanto, sempre calmo e conversador, tentava de todas as maneiras animar os companheiros e não deixava que se entregassem de todo à melancolia. "Aqui – contou um dos oficiais –, com serenidade admirável e fortaleza verdadeiramente heroica, foi ele incessante em fazer praticas sabias, com as quais entretinha também o oficial assistente e os sentinelas", entremeando suas conversas com historietas engraçadas, produções poéticas, ensinamentos políticos e divagações sobre algumas regras da nossa gramática que ele achava tolas.

Um dia um dos *sentinellas* rabiscou um *officio* em que *sollicitava* ao *official* assistente uma folga, no *sabbado*, para visitar sua família, e o mostrou ao Frei, para que o *emmendasse*, caso houvesse erros.

– Meu caro – comentou o frade, depois de ler o papel –, existe cousa mais tola do que esse uso de "consoantes duplicadas" em nossa língua?

O sentinela não entendeu, mas o oficial assistente perguntou que razões poderia haver, assaz convincentes, para se eliminarem tais "consoantes geminadas", já que eram de regra.

– "Dobrar as consoantes, caro official – respondeu o Frei – demora a escrita e, sobretudo, de nada serve à pronunciação. Se nós falamos para sermos entendidos, não há cousa mais miserável que falarmos de modo que ninguém nos entenda – o que sucederia se pronunciássemos todas as consoantes duplicadas". Pareceríamos gaguejar: sab(ê)-bado, of(ê)-ficial, sentinel(le)-las, com(ê)-mercio e assim por diante.

– É assim tão imperfeita a nossa gramática e o nosso alfabeto? – insistiu o oficial.

– "O alfabeto português é muito imperfeito, meu caro. Vou citar-lhe um exemplo: para formar umas sílabas, ele tem letras de mais; para formar outras faltam-lhe letras".

O oficial riu:

– Temos letras de sobra?

– É só prestar um pouco de atenção: por que mais de uma letra para os mesmos sons, como *c*, *k*, e o *q*, e por que às vezes o *c* tem som de *s*, às vezes de *k* ou, tendo nós o *s* e o *c*, ainda precisamos "pôr uma virgula abaixo do *c*, e termos o *ç*"?

– Nunca havia pensado nisso. E quanto à falta de letras?

– Vejamos: que letras temos para os sons *nha, nhe, nhi, nho, nhu,* e para *lha, lhe, lhi, lho, lhu?* Não temos, e somos obrigados a usar artifícios, como este de "usarmos o *h* entre vogaes e consoantes". Infelizmente, não tenho tempo para lhe expor tudo o que penso sobre a nossa gramática. Escrevi, porém, na prisão da Bahia, um *Breve Compendio de Lingua Portugueza*, que dediquei a uma piedosa senhora que me trazia roupas e comida. O Frei Fábio tem guardado cópia do manuscrito e poderá mostrá-lo, se V. Mercê tem interesse.

O oficial queria saber mais, queria fazer mais perguntas.

O Frei riu: – Meu caro oficial, poderia falar sobre o nosso alfabeto por dias e dias, mas... não os terei mais tantos.

Frei Caneca também discursava sobre "o injustíssimo proceder dos tyranos contra os direitos e dignidade das nações e povos livres, e especialmente contra os honrados cidadãos que trabalhavam por esclarecer os povos nos deveres de libertar a sua patria do jugo ferreo da opressão e tyrania" e tinham como prêmio, muitas vezes, a prisão ou até a morte.

Estas últimas conversas atemorizavam os oficiais carcereiros, mas era impossível interrompê-las. Tentavam, porém, rebater suas afirmações.

— Frei, V. Mercê foi acusado e condenado por suas idéias subversivas contra a autoridade do Imperador. Acontece que D. Pedro é Imperador, e com isso detém o poder, é soberano.

— Tem ele o poder de fechar a Constituinte e de nos obrigar a jurar uma outra por ele feita?

— Se é Imperador, se é soberano...

— Vossa Mercê se engana, senhor oficial. A soberania pertence ao povo, que a delega ao Imperador ou a outra autoridade qualquer. A Constituição, portanto, é maior do que o Imperador. Se ele dissolve a Constituinte e impõe por sua conta uma outra carta, ninguém está obrigado a obedecê-la. Pelo contrário, o povo tem o dever, a obrigação, de lutar contra ela.

— Meu prezado Frei, preferimos, eu e meus subordinados, não escutar essas argumentações. Vossa Reverendíssima acaba por nos convencer, e... seremos também enforcados — concluiu o oficial com humor.

Frei Caneca também riu.

— Tenho pena de Vossas Senhorias, obrigadas a obedecer a um tirano, sem o direito de pensar. E faço uma ressalva: Vossas Senhorias não seriam enforcadas, e sim fuziladas. Lembrem-se que o fuzilamento "é dignidade de militar". A forca é degradante, "é para civis assassinos e bandidos", como a Comissão concluiu que eu sou.

*

Aproximava-se a data fatal. A cada dia que passava, mais os oficiais se admiravam por verem o Frei sempre calmo, como se nada lhe fosse acontecer de tão trágico.

Mas tal calma muitas vezes era só aparente. Lá, no seu íntimo, Frei Caneca sofria, tinha dúvidas.

Na tarde do dia 11, enviaram ao Frei uns frades franciscanos e depois outros, da ordem dos barbadinhos, "para lhe fazerem a costumada assistencia religiosa e o confortarem" naquela hora suprema, expondo-lhe argumentação teológica para que se arrependesse dos seus pecados e voltasse o seu coração e mente para a obediência e para Deus.

– Meus caros irmãos – falou-lhes delicadamente Frei Caneca –, agradeço o obséquio e a dedicação de Vossas Reverendíssimas, mas dispenso as suas instruções e argumentações em matéria teológica, que conheço tão bem quanto Vossas Reverendíssimas.

– E o santo Sacramento da confissão?

– Prefiro confessar-me com o meu Padre Provincial e amigo, o Frei Carlos de São José, que aqui estará amanhã, logo que o dia clarear.

Realmente, na manhã seguinte, dia 12, véspera do dia da execução, Frei Carlos recebeu a confissão de todos os prisioneiros, e lhes deu "o Sagrado Viatico".

O resto daquele dia, que seria o último, Frei Caneca "não cessou nunca de discorrer e conversar divertido, como antes" – o que os oficiais não cansavam de repisar, cada vez mais cheios de admiração. O prisioneiro, repetiam eles, dormiu tranqüilamente, enquanto os dois outros companheiros de desgraça passaram quase toda a noite em claro, a se lamentar e a rezar, sempre à espera do navio que chegaria da Corte do Rio de Janeiro, com o possível indulto da "paternal clemencia de Sua Majestade Imperial e Constitucional".

À tardinha Frei Carlos contou ao Frei Caneca mais uma prova dessa falsa "paternal clemência" de que participavam os agregados do Imperador, entre os quais se incluía o General Lima e Silva. Pelo meio-dia, narrou ele, reuniu-se o Cabido dos Cônegos do Recife e Olinda, mais grande número do clero e religiosos, todos paramentados e de cruz alçada, e foram em procissão ao palácio, rogar ao General, em nome de seus sentimentos cristãos, que suspendesse por uns poucos dias a execução do frade, até que chegasse resposta "a uma supplica de clemencia" que eles mesmos tinham dirigido ao Imperador. O General ficou irritado e sequer se dignou recebê-los. Pelo contrário, mandou que os soldados os enxotassem da porta do palácio e desocupassem os jardins, e que o seu ajudante-de-ordens "argüísse asperamente ao Cabido e religiosos por se atreverem a semelhante ato", de dirigir-se diretamente ao Imperador, o que o General interpretava como "uma nova forma de rebelião", e que "essa pretensão não passava de loucura e incuria".

*

Na madrugada seguinte, 13 de janeiro, data que os brasileiros não deveriam jamais esquecer, Frei Carlos bateu à porta da prisão, entrou, subiu os lances de escada até o andar superior, empurrou a porta da cela, que estava entreaberta, e lá encontrou o amigo a dormir tranqüilamente.

– Nunca vi tanta placidez à véspera da mote. É como alguém que se preparasse para uma festa – repetiu o oficial carcereiro.

– Para um religioso da têmpera de Frei Caneca, a morte não assusta, é realmente uma festa, pois é o encontro com Deus – disse Frei Carlos. – Acredito, sinceramente que ele deve ter medo do suplício, dos sofrimentos, da morte, como todo ser humano. Mas ele sabe abafar esse medo, esses temores, com a fé e com a certeza de que o seu sacrifício não será inútil.

Frei Carlos aproximou-se da enxerga e pondo a mão no ombro do irmão, teve de sacudi-lo para que acordasse, "avisando-o de que eram horas de sair para o patíbulo". O oficial carcereiro retirou-se, para esconder a emoção. Frei Caneca saudou o irmão com um *Laudetur Iesus Christus, Dominus noster*[56] – como era costume no convento, levantou-se, fez uma breve oração, ajeitou o hábito, lavou o rosto, e abraçou o Frei Carlos, dizendo-lhe ao ouvido: "Estou pronto, meu irmão! Podemos seguir. Na minha oração só pedi a Deus que não me deixe fraquejar no último momento".

Lá fora, "as ruas e as avenidas da cidade estavam sendo occupadas por tropas, prevenindo algum tumulto ou sublevação do povo". Pelas janelas entreabertas subia o rumor daquela movimentação. Por que tanto cuidado? Um cronista escreveu: É que "o espanto e a consternação dilaceravam os corações dos habitantes da cidade do Recife. Quem poderia ser insensível a tanto horror e crueldade?"

O oficial carcereiro veio avisar que deveriam esperar alguns instantes, pois a escolta ainda se alinhava e o representante do bispo do Rio de Janeiro ainda não chegara ao pátio da Igreja do Terço, onde deveria receber solenemente o réu e proceder à cerimônia da degradação eclesiástica.

Aproveitando esses minutos de espera, Frei Caneca segredou ao Provincial:

— Meu irmão, nestes últimos dias, mais do que nunca, tenho entendido o que é a solidão. Na aproximação da morte, por mais que eu sinta a compreensão e o carinho dos meus irmãos de hábito, por mais que saiba que grande parte da população está do meu lado, por mais que tenha certeza da presença da Igreja que reza por mim –, no momento da morte, repito, só nós dois existimos: eu e Deus. E Deus, ó meu pai, nunca é tão invisível quanto nessa hora. É *la noche oscura* de que fala o nosso irmão São Juan de la Cruz. Sempre senti, quase como materialmente, a presença de Deus, nas piores fases da minha vida – nas batalhas, nas prisões, nos infernais porões dos navios, no desprezo e perseguição dos inimigos, nas traições, nas doenças... até mesmo quando ouvi a terrível sentença de morte. De repente, quando mais dele preciso, parece que Deus se afasta, que me deixa só. *Deus absconditus*.

— Compreendo, meu irmão. O próprio Jesus parece ter sentido a solidão que causa a aproximação da morte. *Pai, por que me abandonaste?* Entendo que seja a prova de fogo da fé.

— E também do amor, meu pai. Do amor a Deus e do amor a essa pobre nação e a esse pobre povo que não saberei se um dia será livre e feliz. Sobretudo... que... de certa maneira eu a traí, "a minha cara patria".

— Como?

— Eu a traí, quando respondi, no tribunal, que desconhecia... a Confederação do Equador. Tive medo. Se não menti, propriamente... fiz, contudo, uma restrição mental... O que eu pretendi dizer é que *aquella* Confederação, "que ia arrancar pelos fundamentos a integridade do imperio brazileiro" – essa Confederação eu não conhecia. Foi uma restrição mental, eu sei, mas, confesso que, com isto, não contei toda a verdade. Por quê? – é que me acovardei... tive medo da condenação... que, afinal, veio. Dei um mau exemplo... De fato, a Confederação do Equador nunca pensou em desmembrar o império do Brasil; pelo contrário.

Os seus lábios tremiam ao pronunciar essas palavras – notou Frei Carlos. E uma sombra como que cobriu a face do mártir, tal uma nuvem que por um momento encobre o sol.

Para consolá-lo, Frei Carlos acrescentou:

— Jesus, nosso modelo maior em tudo e por tudo, também temeu, também sofreu, chegou a suar sangue, quando em face da violência dessa incomportável laceração, a morte. Pois não fomos feitos para a morte, meu filho, e sim para a vida.

— Mas depois a aceitou — *fiat voluntas tua*. E foi forte até o fim. E eu?... Se fui fraco uma vez, não serei fraco outra vez?... Toda essa multidão que vai me rodear no patíbulo espera que eu não fraqueje.

— Não fraquejarás.

*

Seis da manhã. O oficial, em traje de gala, entrou, silenciosamente, como a desculpar-se por interromper aquele diálogo, e anunciou que a hora era chegada. Dos três, ele parecia o mais comovido, pois de há muito simpatizava com o réu — o mais sábio, o mais forte e o mais amável de todos os prisioneiros com quem havia tratado, até então.

— Meu caro Frei Caneca, peço-lhe mil perdões, por ter, por obrigação, de colocar este laço de corda em redor de seu pescoço. Sinto-me a mais miserável das criaturas.

Frei Caneca fez o sinal da cruz na testa do oficial e tomando o laço de suas mãos, colocou-o no próprio pescoço e, bem-humorado, o confortou:

— Pronto, meu caro oficial, não tenho nada a perdoar-lhe e Vossa Mercê não tem mais motivo para sentir-se um miserável.

Na rua, em frente à prisão, a escolta já estava em linha e formara-se grande ajuntamento de povo. Quem conhece o Recife, sabe que em janeiro, desde cedo, o dia já é claro, cheio de sol, exalante de aromas de flores e de frutas maduras. Não era um dia para tristezas. Mas tinha sido fadado a ser um dia de dor e de muitas lágrimas.

Os tambores rufaram, arrumou-se o cortejo, como se fosse a procissão do Corpo Santo. Abriram-se as portas do Oratório e no alto apareceu o réu, a cabeça erguida, o laço de corda ao pescoço, a mão direita apertando o braço esquerdo do Frei Carlos. Desceu lentamente as escadarias, parou um instante para que lhe amarrassem as mãos e foi levado a postar-se atrás da tropa, formada em duas grandes alas. A um toque de corneta, os soldados deram vários passos, para dar lugar ao clero, também em duas alas, no meio das quais colocou-se o réu, tendo à sua frente, mas bem junto, o Frei Carlos, levando alçada a cruz dos condenados. Em último lugar, a banda militar. A outra cornetada, todos puseram-se em marcha. O povo ia em desordem seguindo a banda, ou ficava nas calçadas para ver o cortejo passar. Gente chorava, discretamente, e gente aplaudia descaradamente e gritava vivas à justiça do Imperador – aquela mesma gente que dias atrás dava vivas à liberdade e à Confederação do Equador. Lembrou-se o Frei do verso do poeta Vergílio: – *Quantum mutatus ab illo!*[57]

Deixando o Oratório, o cortejo entrou pela Rua do Crespo[58], atravessou a Praça do Polé, percorreu inteira a Rua do Queimado, seguiu pela Rua do Livramento e pela Rua Direita e parou no patamar da igrejinha do Terço. O trajeto durou mais de uma hora. Em frente à igreja o esperava o representante do bispo e o Cabido, para a cerimônia da degradação, já bem conhecida por aquele povo que desde 1817 várias vezes a assistira, com a execução de tantos padres.

Ao passar por todas aquelas ruas, apinhadas de povo, Frei Caneca se sentia compelido a dirigir o olhar para todos os lados... pedindo a Deus que não acontecesse... à procura, ansioso e ao mesmo tempo temeroso, daqueles quatro rostinhos, daquelas quatro mulheres que tão pouco vira em toda a vida, mas que tanto o marcaram. Frei Carlos notou a preocupação do amigo e lhe garantiu que, a conselho seu, elas não estavam lá.

– A conselho seu?... Ah, meu irmão, fale, diga alguma coisa!... Então sabe onde estão... esteve com elas... falou com elas... estão bem?

– Não estive com elas, nem sei do local exato onde estão. Apenas recebi um mensageiro que trouxe boas notícias e garantiu que todas passam muito bem. Por esse mensageiro, aconselhei Aiaiá a não vir ao Recife. Seria doloroso demais para todos. E inútil, pois Vossa Mercê estava incomunicável. E... antes que me esqueça, remeti a Aiaiá as cartas que o irmão escreveu às meninas e confiou ao Padre Caetano, seu advogado.

– Obrigado, mil vezes obrigado, meu irmão.

Passava das sete. O dia esquentava. Havia poucas nuvens no céu. A luz do sol reverberava nas paredes brancas do casario. O suor escorria pela testa descendo pelos olhos. Com dificuldade conseguia enxugá-lo, com a manga do hábito. A corda no pescoço incomodava, pesava, abrasava. Com as mãos amarradas, era impossível afrouxá-la ou mudá-la de posição. Chamou novamente o Padre Superior e o questionou, com a voz embargada:

— E o meu velho pai? Ah, o meu querido senhor Caneca...

— Tem sofrido muito e não se conforma, meu irmão. Mas é um homem de fé. Resistirá.

*

Enquanto os Cônegos e os religiosos cantavam os salmos penitenciais, foi iniciada a cerimônia da degradação. Tiraram ao condenado o hábito religioso e o vestiram com o camisolão branco dos condenados. Em seguida, de acordo com o *Cerimoniale Romanum*, o representante do bispo tomou uma espátula e com ela raspou-lhe simbolicamente as mãos e a tonsura, como a significar que com esses gestos apagava os rastros dos santos óleos que o haviam sagrado sacerdote. Frei Caneca tudo acompanhava, oferecia-lhe as mãos e baixava a cabeça para a comodidade de Sua Excelência. A degradação era de praxe, pois só assim, ao fim dessa cerimônia, a Igreja oficial e legalista permitia que um juiz secular pusesse as mãos sobre um Ministro de Deus, sem correr perigo de excomunhão.

Terminada a cerimônia Frei Caneca levantou-se e num ato inesperado, por muitos tido de rebeldia, dirigiu-se ao clero reunido em torno e gritou, com aquela voz forte e bela que todos já conheciam, as palavras bíblicas usadas e aprovadas pela Igreja: *Tu es Sacerdos in æternum! – Ninguém e nenhum poder, nem do bispo nem do próprio papa, muito menos de um juiz ou do Imperador, assim como nenhuma raspagem nem lavagem, mesmo se for gasta toda a água da terra e toda a água do mar poderá apagar, no homem, a unção sacerdotal. Quem é sacerdote, é sacerdote para a eternidade. Tu es sacerdos in æternum!*

Foram suas últimas palavras em público. Frei Carlos[59] aprovou discretamente; Frei Fábio abriu um largo sorriso em seu rosto jovem e teve de se controlar para não dar pulos de alegria.

Foi tão inesperada e tão rápida a intervenção do réu com aquelas palavras, que não deu tempo a que generais, juízes, policiais, oficiais, paredros e prebostes mandassem algum escravo lhe tapar a boca. Ele simplesmente disse o que queria e devia dizer. A reação oficial resumiu-se, então, a murmúrios e ademanes de desaprovação e de hipócrita indignação.

Tinha-se de dar prosseguimento à trágica farsa.

A um sinal do impassível juiz, o cortejo se pôs novamente em marcha, na direção da Praça das Cinco Pontas, em frente ao forte do mesmo nome, onde estava erguida a forca.

Não é uma longa caminhada. Menos de meia hora.

O réu subiu os degraus do cadafalso em passos rápidos, acompanhado por Frei Carlos e pelo meirinho – este, por ser bem mais idoso, teve de parar algumas vezes para arejar os pulmões. Frei Caneca estava lívido e apertava com força a mão amiga do Frei Carlos. Não era covardia, nem era medo. Ninguém, por mais forte que seja na fé, deixa de sentir temor e tremor diante do desenlace da morte. O corpo reage, a frágil carne luta, resiste, não quer morrer, mesmo se o espírito é forte e faz com que os pés e pernas caminhem firmes para o cadafalso. Frei Carlos percebeu a sutileza do gesto e recomeçou a rezar, com o irmão, o salmo 24 – *Ad Te, Domine, levavi animam meam: Deus meus in Te confido, non erubescam...* e o 23 – *Nam, et si ambulavero in medio umbræ mortis, non timebo... quoniam tu mecum es...*[60]

Lá no alto, o meirinho enxugou a testa suada com um lencinho de seda, fez soar os tambores para que se fizesse silêncio, respirou fundo e leu pausadamente o pregão:

Justiça que manda fazer Sua Majestade, Imperador e defensor perpetuo do imperio do Brazil a este réo aqui presente Joaquim do Amor Divino Rabello e Caneca, condemnado em commissão militar a que morra morte natural no lugar da forca, tendo já sido desautorado das ordens ecclesiasticas, pelo crime de sedição e rebelião contra as imperiaes ordens do mesmo augusto senhor.

Recife, 13 de Janeiro de 1825. – Eu, meirinho, Gaudencio de Almeida.

De ordem do doutor Antônio José Alves Ferreira, "arvorado em juiz de fora" o meirinho leu, mais uma vez, o final da sentença:

Vai agora ser executada a sentença de morte natural na forca proferida contra o réu Frei Joaquim do Amor Divino Rabelo e Caneca.

Ouvem-se alguns soluços – mui disfarçados, pois qualquer manifestação visível de lamento poderia ser interpretada como conivência. Fora disso, o silêncio era absoluto.

Está tudo preparado, conforme as normas legais. O réu tem a corda no pescoço, está no lugar certo, o meirinho do lado direito observando os detalhes jurídicos, para que nada venha a falhar, e o algoz está por trás, segurando a ponta da corda que deverá ser puxada, ao sinal do juiz. Este, solenemente, levanta a mão direita e a abaixa num gesto firme, orgulhoso do seu poder de vida e de morte.

Mas... a corda não é puxada. O réu continua de pé. O que houve? Será que não perceberam o gesto do Meritíssimo? Ele o repete: levanta de novo a mão direita e a baixa com tanto vigor que o seu chapéu de plumas descai ridiculamente sobre a orelha esquerda; ele o ajeita, faz novo gesto autoritário... e nada.

O que poderá estar acontecendo? Quem ousaria não obedecer às ordens do representante oficial de Sua Majestade, o Imperador?

O que estava acontecendo era um fato absolutamente inédito em toda a história do Brasil e de todas as ditaduras militares. O negro Agostinho Vieira, humilde escravo e algoz oficial, impassível diante de toda aquele trapalhada, se negava a puxar a corda e ser o instrumento daquela desgraça de enforcar o seu herói, que além de tudo é um sacerdote. Escândalo! Abominável! Nunca se viu antes uma coisa dessas. Os que estavam mais perto viram tremer o lábio inferior do meritíssimo. O que iriam dizer na Corte? Que um negro se negava a obedecer? Logo um negro?... O meirinho chama soldados, o juiz dá gritos histéricos, o General, impassível, fuzila a todos com o olhar.

– Fala, desgraçado! – urra o meirinho, já sem fôlego, ao ouvido do negro.

E o negro falou. Falou em altas vozes, para que todos o escutassem:

– Eu tive esta noite, em sonho, uma visão de minha madrinha Nossa Senhora do Carmo; ela me alisava a cabeça e me prometia que eu chegaria ao céu antes deste irmão condenado. Isto significa que morrerei antes dele, e morrerei sem essa mancha em minha infortunada vida de escravo.

De nada adiantaram os conselhos nem os coices com as coronhas das carabinas, nem os pontapés dos soldados, que já haviam puxado o algoz para o chão, ao pé da forca. Agostinho geme de dor mas não cede. De repente, calou-se: estava morto, com o peito afundado.

Mas, o espetáculo não pode parar. É chamado o seu ajudante, um outro negro, de nome Nicolau, que, de braços cruzados, também se nega a puxar aquela maldita corda, pois também tivera a mesma visão celeste e força alguma do mundo o obrigaria a desobedecer uma ordem de Nossa Senhora do Carmo. Tudo se repete: coronhadas e pontapés deixam Nicolau também "como morto".

— Chamem outro escravo — berra o juiz, já tremendo sob o olhar cortante do General.

Puxam à força um terceiro negro, de nome Salvador, que também se nega a executar o Frade, e antes de cair morto, sob as mesmas coronhadas e os mesmos pontapés, ainda teve forças para gritar: — Viva Nossa Senhora do Carmo e morram os inimigos da liberdade!

O General se retirou, enojado, não querendo mais presenciar aquela peça de mau gosto. Alguém ainda escutou as palavras que ele pronunciou, baixinho, cuspindo as sílabas por entre os dentes: — Esses pernambucanos!!!

O juiz, cabisbaixo, e já prevendo o castigo que lhe aplicaria o terrível General Lima e Silva, procura dividir as responsabilidades e cochicha com os seus conselheiros:

— Que é que vamos fazer? São ordens do Imperador. Esse homem tem de ser morto, e enforcado. Ao malvado, a forca.

Um dos conselheiros acha a solução que, em desespero, o juiz se vê obrigado a acatar:

— Que vá alguém à cadeia pública e prometa anistia e perdão total a qualquer prisioneiro que corra aqui e puxe essa maldita corda — palavra de juiz.

— Qualquer um, Excelência, mesmo que seja assassino, tredor empedernido, estuprador de senhorinhas nobres, assaltante, ladrão, relapso, co-delinqüente, desertor...

— Qualquer um, seja quem for, e seja qual for o delito. E vá rápido, corra, pegue o melhor cavalo! Apresse-se!

Enquanto isso, Frei Caneca, sentado no último degrau do cadafalso, assiste, atônito, aos inesperados acontecimentos. O meirinho o olha com ódio. Frei Carlos reza. Frei Fábio torce as mãos e ri de satisfação. O povo, corajoso, começa a aplaudir.

O oficial enviado à cadeia demora a voltar. O juiz se impacienta. Manda que a banda militar comece a tocar, na tentativa de abafar o entusiasmo barulhento do povo. E que os tambores batam com toda a força.

Chega, enfim, a resposta da cadeia. O oficial treme de medo, tem dificuldade em falar.

— Excelência, diz ele enfim, nenhum prisioneiro, mesmo os condenados à prisão perpétua, até mesmo os condenados à morte, nenhum, repito, nenhum se apresentou. Preferem morrer a serem acusados do que eles chamam de traição à pátria.

— Parece que toda a cidade teve a visão noturna da Virgem do Carmo — comentou o juiz, desconsolado, deixando-se cair na cadeira, o chapéu de plumas derreando sobre a testa.

O diálogo entre esse desconsolado juiz e os seus conselheiros merece ser transcrito.

— A ordem do Imperador é que matem esse malvado subversivo na forca!

— Mas não há quem o enforque. Temos de fuzilá-lo.

— Mas... o fuzilamento é honra militar! Não podemos dar a esse malvado tanta glória.

— Vossa Mercê tem melhor solução?

— Podemos unir as duas coisas. Podemos fuzilá-lo... amarrado... no poste da forca... Desculpe, Excelência, se é sandice o que sugiro...

— Os soldados são homens de outra têmpera e obedecerão cegamente, sem problemas.

— Mesmo que tenham tido visões...

— Comunicamos à Corte do Rio de Janeiro que o malvado foi morto... *na forca*.

— É sandice, sim, mas temo que não encontraremos outra solução.

E assim foi decidido.

— Que o fuzilem, então, amarrado na haste central da forca! — concluiu o juiz, dando o tom mais solene que encontrou dentre os seus melhor ensaiados tons de voz autoritária.

Nove horas da manhã. O povo espera com paciência, pois era a hora em que normalmente aportavam os navios vindos da Corte. Ainda havia a esperança de que um deles trouxesse o indulto implorado pelo Cabido e pelo clero. Todo aquele atraso parecia providencial.

Ajoelhado na Igreja do Carmo, bem longe do palco daquela farsa, o velho tanoeiro, o senhor Caneca, também esperava, encolhido de tanta angústia. Rezava pelo seu querido filho. No fundo de sua alma, junto com a terrível dor, restava também uma esperança de perdão. Perdão? Não! Só se perdoa a um criminoso, e seu querido *Ruivo* não cometera crime algum. Era uma injustiça quererem matar, em nome da pátria, um menino que vivera quase que unicamente pelo bem da religião e dessa mesma pátria. Aquele navio haveria de chegar! Valei-nos, Nossa Senhora do Carmo!

O juiz fala com o Coronel, este com o capitão, este com o tenente, este com o sargento e logo se forma um pelotão de fuzilamento. São dez soldados, escolhidos aleatoriamente, entre os diversos batalhões presentes. O praça João da Costa Palma foi um dos escalados. É uma injustiça ter sido escolhido. Em segredo, ele é um adepto de Frei Caneca e espera dar baixa para unir-se aos que espalham suas idéias. E é também um homem religioso. Nunca mataria um sacerdote. Tentam amarrar o réu no poste da forca. O oficial de justiça tem dificuldade. Não acerta. Frei Caneca, o único que parece estar calmo, mostra ao oficial nervoso como é que se amarra alguém a um poste. O pelotão se põe em forma. As carabinas se aprontam. O praça João da Costa Palma sente uma tontura. Não é nada, pensa ele. O oficial grita: – Preparar armas! O praça João empalidece e cai. Desmaiou. Mais um atraso. Um outro praça o substitui. Frei Caneca faz um gesto de quem quer falar. Desiste, porém, a um discreto gesto do Frei Carlos, seu superior. Ele obedece. Um frade, mesmo que famoso por seus discursos, sempre obedece ao seu superior. E se cala. Em vez do discurso, faz um pedido ao pelotão, um pedido bem humano: *Amigos, não me deixem sofrer muito!* – é tudo o que tem a dizer.

O velho tanoeiro, lá do altar do Carmo, ouve o estampido das carabinas. Pensa, na sua angústia, ainda esperançoso, que é a salva que anuncia a chegada do navio com o edito de clemência. Sai da igreja para ouvir a boa notícia, mas o que se grita nas ruas é que *foi feita justiça*. Que justiça? – Acaba de ser espingardeado o malfeitor Frei Caneca. O velho pai se curva de dor e começa, fora de si, a amaldiçoar a patria que levara o seu querido *Ruivo* tão longe num ideal tão doloroso e inútil. Sentou-se no chão, ali mesmo à porta da igreja, e chorou, chorou sem consolo, um choro interminável, até que o veio buscar o médico Januário Alexandrino, seu outro filho.

E foi assim que morreu um dos maiores homens do Brasil – escreveu Frei Fábio no seu caderno. Os soldados, com o mais selvagem e provocante escárnio, deram vivas a D. Pedro I e à falsa Constituição por ele imposta aos brasileiros. A banda militar, destoada, puxou o dobrado *Valeirosos Lusitanos*.

Abraçado aos dois frades amigos, o advogado exclamou, em voz baixa, como numa prece: – "Vai-te, alma heroica e bella, vai-te em paz deste mundo injusto e ingrato; descansa no seio da Eternidade, ó protótypo maravilhoso de todas as virtudes publicas! Si lá na immutavel bemaventurança pode haver memoria deste valle de lagrimas... confiamos que não cesses de implorar a divina misericordia em favor dos Brazileiros, que sentem todo o horror de teu assassinio, e todo o peso e desventura da tua perda".

Pelos lados de Olinda o tempo fechava; nuvens pretas começavam a cobrir o horizonte; o céu escureceu e ouviu-se um longínquo e abafado trovão. Logo começaram a cair as primeiras gotas de chuva. O poeta João Baptista da Fonseca, que lá estava, interpretou o fato em comoventes versos:

"(...)
Deixa, Olinda, correr o triste pranto!
Perdeste um sábio. As vistas s'eclipsaram
Num dia fatal de chorar tanto...

Té mesmo os insensíveis s'abalaram:
– o dia se vestiu de negro manto,
– gemeu natura, os pólos trovejaram..".

Não tardou e, sobre a multidão reunida em torno do Forte das Cinco Pontas, o vento já ameaçava trazer também a fina chuva, em pequenas gotas esparsas. Os juizes e os vogais enrolaram aflitos as suas togas e tentavam proteger como podiam os penachos de seus chapéus. Os serviçais berravam ordens, pondo a postos as carruagens, os tilburis e as cadeirinhas, enquanto a plebe, em debandada, se protegia de qualquer jeito debaixo das árvores ou na beirada das casas. Só os soldados, pela honra da disciplina, mantinham-se perfilados e insensíveis. Mas a banda militar desafinou com o destom do couro dos tambores umedecidos.

Nem aos parentes, nem aos confrades foi permitido recolher o corpo. Que os urubus, os cães e os vermes dessem cabo dele. Alta madrugada, porém, uns encapuzados roubaram às escondidas o cadáver, o puseram num caixão e o depositaram lá longe, à porta do Convento do Carmo. Avisado por um toque convencionado, Frei Bernardo de Nossa Senhora abriu sorrateiramente a porta, olhou desconfiado se não estava sendo observado, e o puxou rápido para o interior do claustro. Já havia sido cavada uma cova numa das alas do jardim. Ali mesmo o enterrou.

Nove patriotas foram condenados à morte no Recife, cinco em Fortaleza e três foram enviados ao Rio, onde foram enforcados por ordem expressa do Imperador.

"E tudo isto para quê, oh vindouros? – escreveu ainda o Frei Fábio – Para que se tornasse predileta ao povo a *ordeira* monarquia? Para que D. Pedro fosse bem amado e adorado pelos Brazileiros? Para que estes acreditassem na verdade e summa bondade da Constituição á qual os violentavam, e que permitia tão diabolicas atrocidades e horrores?"

Dizem, por aí, que ao saber de todos os detalhes da morte de Frei Caneca, e ao ler o processo de sua condenação, D. Pedro, horrorizado, chegou a ter remorsos – o que é muito pouco provável, num homem insensível que logo depois abandonaria no Rio de Janeiro um filho adolescente já órfão de mãe, que seria D. Pedro II, faria em Portugal guerra feroz contra o próprio irmão D. Miguel; que assinou a condenação à morte de um dos seus filhos bastardos, oficial do Exército brasileiro; que mereceu este desabafo de sua esposa, a Imperatriz Leopoldina, em carta à sua irmã – "o caráter do meu marido é extremamente exaltado; qualquer coisa que denote liberdade lhe é odiosa. Só posso chorar... em silêncio".

Daí em diante nunca mais o velho tanoeiro fabricou as suas canecas, os seus barris e os seus tonéis. Suas mãos tremiam e o tornaram inapto. Uma enorme tristeza crescia dia a dia no seu peito e como um bicho esfomeado lhe sugava todo o ânimo. Nunca mais teve alegria. De nada valiam mais as mezinhas, a ciência e o carinho do outro filho, o Doutor Januário. Morreu não muito tempo depois, sem qualquer doença que se notasse. De melancolia profunda, declararam os médicos.

☦

Não se sabe o local exato em que o *Ruivo* foi sepultado. Por medida de segurança, não se pôs uma lápide, não se acenderam velas. Não demorou que morresse Frei Bernardo, o único a saber, e durante meses o convento permaneceu deserto. Todos os frades tinham ido para junto de suas famílias, até que amainassem os ódios.

Em algum recanto daquele jardim, misturado com outros ossos, jaz o Frei Caneca, esquecido pelo povo e pela pátria que tanto amou e que pomposamente constrói monumentos belíssimos ao Imperador que tantas vezes a traiu.

Apêndice 1

No Recife, no dia 20 de janeiro, foi enforcado, entre outros, o capitão de guerrilhas Lázaro de Souza Fontes; no dia 3 de fevereiro, subiu ao patíbulo Antônio Macário; no dia 21 de março, o companheiro de cela do Frei Caneca, o major Agostinho Bezerra Cavlcanti.

Damos a palavra ao cronista:

"A 21 de Março, dia da Procissão dos Passos de Jesus Christo, pelas duas horas da tarde entrou para o Oratorio o major de pretos Agostinho Bezerra Cavalcanti, homem igualmente digno d'um pranto interminavel pelos seus heroicos sentimentos liberaes; o qual sendo de alguma instrucção, e vendo alguns religiosos e clerigos corcundas que o vinham confortar, despediu-os com urbanidade, e pediu que queria para confessor e assistente o mesmo Padre Mestre Frei Carlos de S. José.

Com este se confessou e recebeu como christão o Sagrado Viatico, e subiu ao patibulo, onde foi enforcado, fazendo uma energica e bem tocante falla patriotica, na qual mostrava comprazer-se por ter a morte de heroi da Patria, e finalizou o seu discurso rogando aos assistentes tres Ave-Marias; uma á Paixão de Christo (pois era Semana Santa), para que recebesse a sua alma no Paraiso; outra pelos seus inimigos; e a ultima pelos martyres da Patria.

A mesma Comissão Militar julgou Agostinho tão digno de absolvição, que enviou a sua sentença, recommendada á innata piedade do Imperador; e este não só confirmou a sentença de morte, mas até mandou positivamente, que se não demorasse a sua execução; pelo que sem se attender aos dias que a santa religião consagra aos seus mais sagrados mysterios, fez-se-lhe a execução na propria Semana da Paixão".

Apêndice 2

Relação dos escritos de Frei Caneca, coligidos pelo Comendador Antônio Joaquim de Mello, em 25 de junho de 1869:

1. Voto de Frei Caneca de recusa à posse do Morgadoo do Cabo.

2. Voto de Frei Caneca sobre o ataque às tropas rebeldes das Alagoas.

3. Voto de Frei Caneca contra o juramento à Constituição outorgada.

4. Defesa por escrito de Frei Caneca diante do tribunal que o condenou à morte.

5. Ode escrita por Frei Caneca em louvor a D. João VI.

6 *Itinerário* que escreveu Frei Caneca relatando a jornada da *Divisão da Confederação do Equador* ao Ceará e volta dos prisioneiros ao Recife. Texto integral mais adendo.

7. Cartas de Frei Caneca às suas três afilhadas.

OBRAS LITERÁRIAS, DIDÁTICAS E RELIGIOSAS:

I - Poesias.

II Produções didáticas:

* BREVE COMPENDIO DE GRAMMATICA PORTUGUEZA:

Ideas Geraes de Grammatica ou Origem das Partes della

Introducção

Parte Primeira : Etymologia

Parte Segunda: Ortographia

Parte Terceira: Prosodia

Parte Quarta: Syntaxe

Notas

* TRATADO DE ELOQUENCIA:

Parte Primeira: Systema de Eloquencia

Parte Segunda: Applicação dos Preceitos Eloquentes

Parte Terceira: Versificação Portugueza. Notas sobre versos para Musica.

Taboas Synopticas do Systema Rhetorico.

III - Dissertações Politico-Sociaes:

* Dissertação sobre o que se deve entender por Patria do Cidadão, e Deveres deste para com a mesma Patria:

Introducção:

I - Mostra-se que a falsa idea, que se tem feito da Patria do Cidadão, tem sido u'a das maiores causas da Rivalidade entre os Europeus estabelecidos no Novo Mundo, e os Indigenas delle.

II - Mostra-se o que é a Patria de um Cidadão

III - Mostra-se que a Patria de Direito é preferivel a Patria de Logar

IV - No qual se mostram os officios do Cidadão para com a Patria.

V - No qual se recapitula o que foi expedido nas precedentes Secções.

IV - Orações Sacro-Apologeticas:

- Sobre a ORAÇÃO

- Na Solemnidade da Acclamação de D. Pedro D'Alcantara em Primeiro Imperador do Brazil.

ESCRITOS POLITICOS:

V - Polemica Partidaria:

I - Resposta as calumnias e falsidades da ARARA PERNAMBUCANA, redigidas por José Fernandes GAMA, Preso na Corte do Rio de Janeiro

II - O Caçador atirando a ARARA PERNAMBUCANA em que se transformou o Rei dos Ratos José Fernandes Gama.

VI - Cartas de Pitia a Damão:

I - Analyse dos cinco primeiros numeros do Diario do Governo, redigidos pelo Padre Quintella

II - Sobre a Pastoral do Cabido de Olinda de 4 de Março de 1823

III - Sobre os Projectos despoticos do Ministerio do Rio de Janeiro

IV - Sobre o Espírito Anti-Constitucional, Revolucionario e Anarchico do Regulador Brazileiro

V - Offerecendo a continuação da Resposta ao Ex-Redactor do Regulador Brazileiro

VI - Sobre a Carta de João Baptista de Araujo Pitada, inserta no Escudo da Liberdade do Brazil N. 7.

VII - Sobre a Doutrina Anti-Constitucional e perigosa do Conciliador Nacional.

VIII - Sobre a Evacuação do Convento do Desterro de Olinda, feita pelos Frades Marianos

IX - Sobre as Sociedades Secretas de Pernambuco.

X - Sobre a Sociedade Maçonica em Pernambuco.

VII - O TYPHIS PERNAMBUCANO:

São 28 números, publicados entre 25 de dezembro de 1823 e 5 de agosto de 1824. Somente o número XVII foi perdido.

Todos os números do periódico começam com este verso de Camões:

> *"Uma nuvem que os ares escurece,*
> *Sobre nossas cabeças apparece.*
> *Cant. 5º"*

E terminam com o seguinte brado:

> *"Cautela, união, valor constante*
> *Andar assim é bom andar.*
> *Boa Viagem."*

Apêndice 3

VOTO

emitido por **Frei Caneca**, em sessão extraordinária de 6 de junho de 1824, contra o juramento à Constituição outorgada por D. Pedro I.

Apesar de ter citado, neste trabalho diversos trechos esparsos do famoso "VOTO" de Frei Caneca, cremos ser de extrema importância a sua transcrição integral, não somente pela sua raridade, como pelo seu valor intrínseco como documento histórico. Ao fim da sua leitura, ficamos sem saber o que nele merece maior elogio: se a crítica – muitas vezes profética – ao *projeto* de Constituição que em seguida seria outorgada, isto é, imposta ao juramento dos brasileiros; se o arrojo, a coragem do seu autor, numa época em que um ataque às posições de um Imperador, por mais justo que fosse, era tido por crime de lesa-majestade, punido com pena de morte; se a beleza do estilo literário e jornalístico, de um dos maiores escritores brasileiros do século XIX; se o conteúdo do texto sob o seu aspecto de ciência política.

O fato é que o projeto imperial, apesar de tudo, foi imposto, ao pé da letra, e veio a ser a nossa primeira Constituição oficial. Mas, Frei Caneca tinha razão, quando afirmava que uma Constituição feita pelo Poder Executivo, e não pelos representantes legítimos do povo, daria margem a esse mesmo Poder de interpretá-la e aplicá-la segundo critérios que só ele possui.

Realmente, poucos meses depois, os jornais do Rio de Janeiro já anunciavam, com pesar, que o Imperador violava – baseado na sua Constituição, que ele traduzia como bem entendia – todas as liberdades e todos os direitos por ela mesma aparentemente garantidos.

E como reagia o Congresso? – Cabisbaixo, humilhado, sem voz. Uma vez dissolvida a Soberana Assembléia Nacional e imposta uma Constituição, tudo o mais seria mera conseqüência: "o enfraquecimento do espírito público, marcante entre 1823 e 1826, a debilitação da moral do povo, a redução do civismo político; concorria-se para a deseducação do povo e para aumentar a força dos detentores do poder e de sua capacidade de opressão, livres da crítica parlamentar e jornalística" (José Honório Rodrigues).

A chegada ao Recife do decreto imperial que impunha que se jurasse o *projeto constitucional* como sendo a própria Constituição brasileira causou um tremendo choque. A Câmara da cidade, achando que diante da sua importância e magnitude qualquer deliberação "pertencia a todos resolver, e não a ela só, e menos (ainda) impor o seu voto e conduta aos cidadãos", espalhou o máximo de cartas e de editais de convocação, para que o máximo de pessoas, "de todas as classes", comparecesse à sessão extraordinária, "para aí darem o seu voto" sobre a ordem imperial.

Alguns cidadãos apresentaram o seu voto por escrito, outros preferiram opinar de viva voz. Frei Caneca foi um dos que leram, de público, o que pensava sobre o momentoso tema. É esse texto que, na hora, passou de mão em mão, para melhor verificação, que aqui reproduzimos. "O que feito – lemos na ata dessa sessão extraordinária – por unanimidade se conheceu e assentou, que se não deve receber nem jurar o mencionado projeto: 1. por ser iliberal, contrário à liberdade, independência e direitos do Brasil; 2. por envolver, o seu juramento, perjúrio ao juramento cívico prestado, em que se jurou reconhecer a Assembléia Brasiliana (como sendo) Constituinte e Legislativa".

A ata teve 241 assinaturas.

Estava declarada a guerra. Um mês depois, D. Pedro suspendia, em Pernambuco e nas demais províncias rebeladas, todos os direitos e liberdades individuais, declarava as mesmas em "estado de sítio" e mandava suas tropas atacar, por mar e por terra.

⁕

Texto integral do voto de Frei Caneca
emitido em 6 de junho de 1824*

"(Introdução)

Senhor Presidente, tendo eu recebido a honra de ser convidado por V. Exc., para, como membro do corpo litterario d'esta cidade, dar o meu voto sobre a

---

* Todos os títulos entre parênteses, a seguir, são do autor.

materia do decreto de S. M. I[61] e C. de 11 de Março d'este presente anno, pelo qual o dito senhor manda jurar, como Constituição do imperio do Brazil, o projecto feito pelo ministerio e conselho do estado, appareci n'este lugar, não só para provar a V. Exc. quanto prezei o seu convite, mas tambem para fazer ver aos meus honrados compatriotas, que me não poupo á cooperar com elles para o bem e felicidade da patria, quanto permittem minha fraqueza e meu estado; e não para fazer parada de conhecimentos, que não tenho, nem passar por oraculo em uma assembléa que comprehende tantas pessoas, a cima de mim em principios luminosos e sentimentos liberaes.

Portanto, me abalanço a manifestar as minhas curtas e mesquinhas idéias na esperança de que dos sabios merecerei correcção, e dos que não se acham n'esta linha, desculpa e docilidade.

(Proposta)

Digo pois, que não se deve adoptar, nem jurar como Constituição do imperio o projeto offerecido para este fim.

A certeza, em que estou, de fallar entre cidadãos livres, patriotas e coroaveis da verdade, é o sustentaculo da liberdade e franqueza, com que avanço esta proposição, que por mais escabrosa que pareça aos animos prejudicados, e idolatras fanaticos de antigos prejuízos, se fará aceitavel, si me não engano, pelas razões, que desenvolverei; e é a quanto aspiro.

Parecia-me, que seria util, para melhor estabelecer o meu voto, fazer aqui uma ligeira exposição das vicissitudes e mudanças políticas, porque ha passado a nossa patria, o Brazil, desde que S. M. I. se dignou ficar comnosco até agora; mas, respeitaveis senhores, lembrando-me que talvez a julgasseis superflua, por estardes ao facto de tudo, a deixei de mão, e passo logo a tratar da materia.

Fallarei primeiramente **(A)** da qualidade do presente projecto, quanto posso alcançar, para ao depois **(B)** examinar, si se deve ou não adoptar.

(A)
(Definições)

Uma **Constituição** não é outra cousa, que a acta do pacto social, que fazem entre si os homens, quando se ajuntam e associam para viverem em reunião ou sociedade.

Esta acta, portanto, deve conter a **materia**, sobre que se pactuou, apresentando as **relações**, em que ficam os que governam, e os governados, **pois que sem governo não póde existir sociedade**.

Estas relações, á que se dão os nomes de direitos e deveres, devem ser taes, que defendam e sustentem a vida dos cidadãos, a sua liberdade, a sua propriedade, e dirijam todos os negocios sociaes á conservação, bem estar e vida commoda dos socios, segundo as circumstancias de seu caracter, seus costumes, usos e qualidade do seu territorio etc.

Projecto de Constituição é o rascunho d'esta acta, que ainda se ha de tirar a limpo, ou apontamentos das materias que hão de ser ventiladas no pacto; ou, usando de uma metaphora, é o esboço na pintura, isto é, a primeira delineação, nem perfilada, nem acabada.

Portanto, o *projecto* offerecido por S. M. nada mais é do que o apontamento das materias; sobre que S. M. vai a contractar comnosco.

(Crítica ao texto do *projeto*)

Vejamos, portanto, si a materia ahi lembrada, suas divisões e as relações destas são compativeis com as nossas circumstancias de independencia, liberdade, integridade do nosso territorio, melhoramento moral e physico, e segura felicidade.

(O *projeto* não defende a independência,

nem a integridade do Brasil)

Sendo a nossa primeira e principal questão, em que temos empenhado nossos esforços, brio e honra, a *emancipação* e *independencia de Portugal*, esta não se acha garantida no *projecto* com aquella determinação e dignidade necessaria; porque:

– 1º no *projecto* não se determina positiva e exclusivamente o territorio do imperio, como é de razão, e o tem feito sabiamente as constituições mais bem formadas da Europa e America; e **com isto se deixa uma fisga, para se aspirar a união com Portugal**; o que não só trabalham por conseguir os despotas da santa alliança e o Rei de Portugal, como o manifestam os periodicos mais appreciaveis da mesma Europa e as negociações do ministerio portuguez com o do Rio de Janeiro e correspondencia daquelle Rei com o nosso Imperador, **com o que S. M. tem dado fortes indicios de estar d'este accordo**: – não só pela dissolução arbitraria e despotica da soberana assembléa constituinte, e prohibição da outra que nos havia prometido; – mas tambem, alem de outras muitas causas, porque se retirou da capital do imperio para não solemnisar o dia 3 de Maio, anniversaio da installação da assembléa, que por decreto era dia de grande gala; e no dia 13, dia dos annos do Rei de Portugal, S. M. deu beija-mão no paço, e foi a Ilha das Enxadas, onde se achavam as tropas de Portugal, vindas de Montevidéo, **estando arvorada com o maior escandalo** a bandeira portugueza;

– 2º por quanto ainda que no 1º artigo se diga, que a nação brazileira não admitte com outra qualquer laço algum de união ou federação, que se opponha a sua independencia, comtudo esta expressão é para illudir-nos; pois que o executivo, pela sua oitava attribuição (art. 102) pode ceder ou trocar o territorio do imperio ou de possessões, a que o imperio tenha direito, e isto independentemente da assembléa geral;

– 3º porque jurando o Imperador a integridade e indivisibilidade do imperio, não jura a sua independencia.

Ao depois é este juramento contradictorio com esta oitava attribuição; porque si S. M. jura a indivisibilidade do imperio como pode ceder ou trocar o seu territorio? Só si isto se deve entender de ceder o territorio do imperio todo por inteiro e passar-nos então a todos, com suas familias e haveres, ou para os desertos da Tartaria, ou para os d'Africa, ou afinal lá para os Botucudos, entregando as nossas cidades e villas ao que com elle contractar.

O artigo 2º não pode ser mais prejudicial á liberdade política do Brazil; porque permittindo que as provincias actuaes soffram novas subdivisões, as reduz a um imperio da China, como já se lembrou e conheceu igual machiavelismo no projecto dos Andradas o deputado Barata; enfraquece as provincias, introduzindo rivalidades, augmentando os interesses dos ambiciosos para melhor poder subjugal-as umas por outras; e esta desunião tanto mais se manifesta pelo artigo 83, em que se prohibe aos conselhos provinciaes de poderem propor e deliberar sobre projectos de quaesquer ajustes de umas para as outras provincias, o que nada menos é, que estabelecer a desligação das províncias entre si, e fazel-as todas dependentes do governo executivo, e reduzir a mesma nação á diversas hordas de povos desligados e indifferentes entre si, para melhor poder em ultima analyse estabelecer-se o despotismo asiatico.

(O Poder Moderador)

O **poder moderador** de nova invenção machiavelica é a chave mestra da oppressão da nação brazileira e o garrote mais forte da liberdade dos povos.

(Câmara e Senado)

Por elle o Imperador **pode dissolver a camara dos deputados, que é a representante do povo,** ficando sempre no goso dos seus direitos **o senado, que é a representante dos apaniguados do Imperador.**

Esta monstruosa desigualdade das duas camaras, alem de se oppor de frente ao systema constitucional, que se deve chegar o mais possivel a igualdade civil, dá ao Imperador, que já tem de sua parte o senado, o poder de mudar a seu bel prazer os deputados, que elle entender que se oppõem aos seus interesses pessoaes, e fazer escolher outros de sua facção, ficando o povo indefeso nos attentados do Imperador contra seus direitos, e realmente escravo, debaixo porem das formas da lei, que é o cumulo da desgraça, como tudo agora está succedendo na França, cujo Rei em Dezembro passado dissolveu a camara dos deputados, e mandando-se eleger outros, foram ordens do ministerio para os departamentos afim de que os prefeitos fizessem eleger taes e taes pessoas para deputados, declarando-se-lhes logo, que quando o governo empregava a qualquer, era na esperança de que este marcharà por onde lhe mostrassem a estrada.

Pelos artigos 55, 56, 57, 58 e 59, a camara dos deputados está quasi escrava da dos senadores, e o remedio que se applica, no caso da discordia, me parece palliativo, obscuro e impraticavel.

Demais, eu não posso conceber como é possível, que a camara dos deputados possa dar motivos para ser dissolvida, sem jamais poder dal-os a dos senadores. **A qualidade de ser a dos deputados temporaria, e vitalicia a dos senadores,** não só é uma desigualdade, que se refunde toda em augmentar os interesses do Imperador, como é o meio de crear no Brazil, que felizmentee não a tem, a classe da nobreza oppressora das povos; a qual só se tem attendido n'aquelles povos, que foram constituidos depois de ja terem entre si seus duques, seus condes, seus marquezes, etc. E este é o mesmo fim da attribuição undecima do poder executivo, que na minha opinião é o braço esquerdo do despotismo, sendo o direito o ministerio organisado da maneira que se vê no projecto.

(O Ministério)

Podem os Ministros de Estado propor leis, (Art. 53) assistir a sua discussão, votar sendo senadores e deputados (Art. 54). Qual será a cousa, portanto, que deixarão elles de conseguir na assembléa geral? Podem ser senadores e deputados, (Art. 30) exercitando ambos os empregos de Senadores e Ministros; e o mesmo se diz dos conselheiros, (Art. 32) ao mesmo tempo que o deputado, sendo escolhido para Ministro, não pode conservar um e outro emprego; isto alem de ser um estatuto sem o equilibrio, que deve de haver entre os mandados e o mandante, **é um absurdo em politica, que aquelles que fazem ou influem na factura das leis sejam os mesmos que as executem**; e não se pode apresentar uma prova mais authentica da falta de liberalidade do projecto, do que esta. É por este motivo, que diz o sabio cardeal Maury, que *"Todo o cidadão que sabe calcular as consequencias dos principios politicos, deve abjurar uma patria em que aquelles que fazem as leis, são magistrados, e onde os representantes do povo que tem fixado a legislação, pretendem influir na administração da justiça."*

A suspensão da *sancção* imperial á qualquer lei formada pela assembléa geral por duas legislaturas (Art. 65) é inteiramente ruinosa a felicidade da nação, que pode muito bem depender de uma lei, que não deva admittir uma dilação pelo menos de oito annos, muito principalmente quando vemos, que para passar a lei como sanccionada, pela dilação do tempo, é indispensavelmente necessario, que as duas legislaturas seguintes insistam a eito sobre a mesma lei (Art. 65).

A oitava attribuição do poder executivo, que é de fazer tratados de alliança defensiva e offensiva, levando-os depois de concluidos ao conhecimento da assembléa geral, é de muito perigo para a nação, pois que ella não interfere com o seu conhecimento e consentimento em negocio de tanta importancia, muito principalmente quando se vê, que o mesmo executivo julga necessaria a approvação previa da assembléa geral para execução dos breves, lettras pontificias, decretos de concilios, quando envolverem disposição geral. (Art. 14).

(Quanto às Forças Armadas)

A attribuição privativa do executivo de empregar, como bem lhe parecer conveniente á segurança e defeza do imperio, a força armada de mar e terra (Art. 148), é a coroa do despotismo e a fonte caudal da oppressão da nação, e o meio de que se valeram todos os despotas para escravisar a Asia e Europa, como nos conta a historia antiga e moderna.

(Os Conselhos de Província serão meros fantasmas)

Os conselhos das provincias são uns meros phantasmas para illudir os povos; porque devendo levar suas decisões á assembléa geral e ao executivo conjunctamente, isto bem nenhum pode produzir ás províncias; pois que o arranjo, attribuições e manejo da assembléa geral faz tudo em ultimo resultado depender da vontade e arbitrio do Imperador, que arteiramente avoca tudo a si, e de tudo dispõe a seu contento, e pode opprimir a nação do modo mais prejudicial, debaixo das formas da lei.

Depois, tira-se aos conselhos o poder de projectar sobre a execução das leis, attribuição esta, que parece de summa necessidade ao conselho; pois que este mais que nenhum outro, deve de estar ao facto das circumstancias do tempo, lugar, etc. da sua provincia, conhecimentos indispensaveis para a commoda e fructuosa applicação das leis.

Estas são as causas maiores, que minha fraqueza pode descobrir no projecto em questão, e que eu julgo de summo perigo para a independencia do imperio, sua integridade, sustentação da liberdade dos povos e conservação sagrada da sua propriedade; e estas mesmas causas as expuz summariamente, ou levemente tocadas, por não admittir a presente conferencia discursos extensos.

(Primeiras conclusões)

Talvez eu nestas mesmas me engane, e não tenha idéas exactas, nem saiba combinal-as e conhecer-lhes a necessaria relação, que ha entre si, por cujo motivo me pareça máo, oppressor e contradictorio o projecto; mas no entanto é o que por ora entendo, e sendo chamado para dar o meu voto, hei de votar não pelas idéas que os outros tem, sim petas minhas; portanto digo, que pelo que é em si esta peça de politica, este rascunho de Constituição não se deve admittir.

(Repete as críticas, quanto à fonte de que emana o *projeto*)

Agora direi o mesmo por outro principio; a saber, pela fonte de que manou.

É principio conhecido pelas luzes do presente seculo, e até confessado por S. M., que **a soberania, isto é, aquelle poder, sobre o qual não ha outro, reside na nação essencialmente**; e deste principio nasce como primaria consequencia –, que **a mesma nação é quem se constitue**, isto é, quem escolhe a forma do governo, quem distribue esta summa autoridade nas partes, que bem lhe parece, e com as relações que julga mais adequadas ao seu augmento, segurança da sua liberdade politica e sua felicidade; logo é sem questão, que a mesma nação, ou pessoa de sua commissão, é quem deve esboçar a sua Constituição, purifical-a das imperfeições e afinal estatuil-a; **portanto como S. M. I. não é nação, não tem** soberania, nem commissão da nação brazileira para arranjar esboços de Constituição e apresental-os, não vem este projecto de fonte legitima, e por isso se deve regeitar por *excepção de incompetencia*.

Muito principalmente quando vemos, que estava a representação nacional usando da sua soberania em constituir a nação, e S. M. pelo mais extraordinario despotismo e de uma maneira a mais hostil dissolveu a soberana assembléa e se arrogou o direito de projectar constituições.

Reflicto, que só a acção de escolher por si a materia do pacto social, e dal-o, como faz S. M., é um acto da soberania, que elle não tem. **Isto é uma consequencia immediata da soberania da nação**, como pode ocorrer a qualquer que pensar por alguns minutos neste negocio; mas si fossem precisos argumentos externos, alem de outros muitos, que por abreviar eu calo, basta lembrar o autor das reflexões contra os redactores do *Investigador Portuguez* na Inglaterra, o qual prova forte e justamente, que as Cortes de Lamego e outras de Portugal nunca tiveram o poder legislativo, como as camaras dos pares e communs da Inglaterra, porque os reis de Portugal foram os que nas Cortes propuzeram a materia das ordenações e das leis.

Em segundo lugar, que em S. M. não ha atribuição alguma, d'onde se possa deduzir o poder de nos dar Constituição e mandal-a jurar, por quanto o titulo de Imperador, com que o Brazil extemporaneamente o condecorou, não foi mais que uma declaração antecipada de que elle seria o chefe do poder executivo no systema constitucional, que proclamamos, com um certo poder provisório, que se fazia indispensavel **para preparar a nação para o effeito de se constituir**, como mesmo S. M. confessou no dia 3 de Maio da abertura da assembléa soberana, **o qual poder provisorio cessou com a abertura da assembléa, e as atribuições que elle teria, ainda haviam de ser declaradas pela mesma assembléa; é por isso que S. M. a dissolveu; as suas atribuições são tudo aquillo, que lhe adquirirem as suas armas, e lhes cederem a fraqueza e medo dos povos.**

S. M. está tão persuadido, que a unica atribuição, que tem sobre os povos, é esta do poder da força, a que chamam outros *a ultima razão dos estados*, que nos manda jurar o projecto com um bloqueio á vista, fazendo-nos todas as hostilidades; por cujo motivo não se deve adaptar nem jurar semelhante esboço de Constituição, pois o juramento para ligar em consciencia, e produzir seu effeito, é indispensavelmente necessario ser dado em plena liberdade, e sem a menor coacção; e ninguem jámais obrou livremente obrigado da fome, e com boccas de fogo aos peitos.

(Jurar esse *projeto*, seria perjúrio)

Ainda que, illustres senhores, para se estabelecer uma verdade, não se faça mister multidão de provas, com tudo ha ocasiões, em que ella deve de ser encarada por todos os lados, muito principalmente quando é de tanta monta como esta, e pode produzir consequencias funestissimas; e alem disto, correm impressos seductores, que se esforçam em sustentar o erro, adornando-o com as galas emprestadas da verdade e da justiça. Portanto, ainda vos lembro, que este juramento vos conduziria a um horroroso perjurio, que vos tomará detestaveis a face dos homens.

Vós, senhores, no dia 17 de Outubro de 1822, na igreja matriz do Sacramento, dissestes – *nós juramos perante Deus, seus sacerdotes e altares, adhesão á causa geral do Brazil, e seu systema actual, debaixo dos auspicios do Sr. D. Pedro, principe regente constitucional, e defensor perpetuo do Brazil, a quem obedecemos; e assim juramos reconhecer e obedecer as cortes brazilianas constituintes e legislativas, e defender a nossa patria, liberdade e direitos até vencer ou morrer.*

Como agora podereis jurar uma carta constitucional, que não foi dada pela soberania da nação, que vos degrada da sociedade de um povo livre e brioso, para um valongo de escravos e curral de bestas de carga? Um projecto, que destroe a vossa categoria no meio das nações livres do orbe? Seria injusta a materia do primeiro juramento para não vos ligar? Ou estareis agora loucos rematados? Ou haverá poder, que, dispensando-vos do primeiro juramento, possa de vós exigir o segundo? Onde está vossa moral, vossos costumes, vossa religião? Si tal desgraça succedesse, como olhariam para nós os outros povos nossos conterraneos e externos? Quem quererá contractar com um povo tão immoral e tão sem respeito aos laços mais sagrados da sociedade, e tão sem acatamento para a religião de que faz gloria?

Tenho ouvido á algumas pessoas, que se pode jurar o projeto, a excepção daquelles artigos, que offendem os nossos interesses. Isto ou é uma velhacaria, para por este geito, manhoso nos lançarem os ferros do captiveiro; ou uma ignorancia pueril, que merece compaixão. Porque havendo-se demonstrado, que este artefacto politico é um systema de oppressão; que os principaes anneis desta cadeia, são inteiramente destruidores da nossa independencia, da integridade do Brazil, liberdade politica e civil, tem se feito ver que o systema é máo, oppressor e ruinoso, e portanto inadmissivel, bem que hajam alguns elos intermedios, que sejam bons, como se veem alguns nas disposições geraes. Depois disto, espera-se, que o Imperador, que teve a valentia de dissolver a assembléa constituinte com o maior escandalo da razão, da justiça da constitucionalidade jurada; que se arrogou a monstruosa attribuição de dar Constituição a quem a não devia dar, se abaixe a reformar o seu projecto por representação daquelles, que elle julga com o dever de lhe obedecer cegamente.

Si esta reflexão não vos convence de que o offerecimento do projecto ás camaras para ser discutido era illusorio, e sem o sincero desejo de o reformar conforme as anotações dos povos, eu me lembro, senhores, que a capital da Bahia depois de tantos sacrificios de sua honra e dignidade, depois de tanto servilismo, não mereceu a reforma de dous unicos artigos, que requereram, e tiveram do Ministro do Imperio a seguinte resposta – *E com quanto desejasse S. M. I. poder responder já a esta representação, manda pela secretaria de estado dos negocios do imperio participar a sobredita camara, que requerendo todas as outras,* **se jure o projecto sem restricção, não é possivel por ora fazer nelle mudança alguma**, *não havendo inconveniente em que se remetam essas observações, para quando se fizer a revisão marcada no mesmo projecto* – (cart. de 11 de Março de 1822)

(B)
(Conclusão: não se deve jurar o projeto)

É por todas estas razões, que eu sou de voto, que se não adopte e muito menos jure o projecto de que se trata, por ser inteiramente máo, pois não garante a independencia do Brazil, ameaça a sua integridade, opprime a liberdade dos povos, ataca a soberania da nação, e nos arrasta ao maior dos crimes contra a divindade, qual o perjurio, e nos é apresentado da maneira mais coactiva e tyrannica.

Frei Joaquim do Amor Divino Caneca
Lente de Geometria"

Cronologia

1779 – Nascimento de Frei Caneca, na cidade do Recife.

1789 – Revolução Francesa. Fracassa a Inconfidência Mineira.

1808 – D. João VI, como Príncipe Regente, chega ao Brasil, com a Corte portuguesa, fugindo das tropas invasoras de Napoleão Bonaparte.

1817 – Sob a liderança do Padre João Ribeiro, irrompe, no dia 6 de março, a Revolução Republicana de Pernambuco, à qual aderem todas as províncias limítrofes. Pelo grande número de padres envolvidos (40, dizem uns, 70 afirmam outros), ficou conhecida como "A Revolução dos Padres". Vários deles são presos, e alguns fuzilados ou enforcados. Frei Caneca é preso e depois anistiado.

1821 – D. João VI volta para Portugal, ficando no Brasil D. Pedro I, como regente. **5 de outubro**: em Goiana, os pernambucanos, com apoio dos paraibanos, depõem o último governador português e toda a sua Corte, assumindo o governo uma junta composta só de brasileiros. É a primeira vez que, no Brasil, um governo é eleito por representantes do povo e sem a presença de portugueses.

1822 – 7 de setembro: D. Pedro proclama a independência da província do Rio de Janeiro. O resto do Brasil adere e aclama D. Pedro Imperador e "defensor perpétuo do Brasil".

1823 – Em novembro, num ato ditatorial e abusivo, D. Pedro dissolve a Soberana Assembléia Constituinte, que preparava a nossa primeira Constituição. **25 de dezembro**: Frei Caneca lança o jornal *Typhis Pernambucano*, em que defende vigorosamente os ideais constitucionais e ataca duramente o absolutismo de D. Pedro e do seu Ministério.

1824 – Sem reunir uma nova Assembléia, D. Pedro impõe juramento a um projeto de Constituição por ele mesmo feita e redigida, conhecida como "Constituição Outorgada". Frei Caneca convence os pernambucanos a não prestarem juramento a esse *projeto*, pois somente os cidadãos, através dos seus representantes em assembléia, têm direito e poder de *constituir* a nação. D. Pedro depõe o governador eleito de Pernambuco, nomeia um outro em seu lugar e manda que se cale Frei Caneca de qualquer jeito. A província se revolta contra esses três atos ditatoriais do Imperador: dissolução da Assembléia, imposição de um *projeto* de Constituição e substituição de um governador eleito por um nomeado.

2 de Julho: é proclamada a **Confederação do Equador**, em que Pernambuco conclama todos os brasileiros a se unirem contra o despotismo de D. Pedro I. Aderem as províncias da Paraíba, Rio Grande do Norte e Ceará. D. Pedro manda atacar e bombardear o Recife por mar e por terra.

29 de novembro: as tropas da Confederação são desbaratadas. Frei Caneca é preso e, em seguida a um processo sumaríssimo, é condenado à morte, na forca, por um júri composto de militares.

1825 – 13 de janeiro. Como ninguém se dispõe a puxar a corda que o enforcaria, os juízes se vêem obrigados a mudar a sentença e Frei Caneca é fuzilado junto à forca, ao lado do Forte das Cinco Pontas.

> Pesquisa iniciada em 1978
> Versão final:
> janeiro de 2004

Notas

[1] O famoso compositor sacro faleceu no ano de 1789. Frei Caneca tinha dez anos de idade.

[2] Numa série de cartas a Damão, um fictício correspondente seu, Frei Caneca chegou a escrever: "Todas as coisas em que não entram a régua e o compasso da geometria são desregradas e descompassadas, são monstruosas. Por falta de geometria é que o nosso governo, não conhecendo a gravidade específica dos negócios civis e políticos, nem a relação deles entre si, não sabe equilibrar as forças dos diversos agentes sociais, desencaixa dos seus lugares as molas da sociedade, vai quebrá-las e reduzir tudo a poeira".

[3] Manuel de Arruda Câmara – nascido na cidade de Pombal, Paraíba, em 1752 e falecido no Recife, em 1810 – foi noviço carmelita, não chegando a se ordenar sacerdote. Formou-se em medicina na França e foi membro eleito da Academia Real de Ciências de Lisboa. Mais conhecido como grande naturalista, especialista em botânica, foi também o maior mentor intelectual dos revolucionários liberais de Pernambuco e províncias do Nordeste brasileiro. Suas idéias liberais tiveram grande influência sobre Frei Caneca e sobre o Padre João Ribeiro.

[4] As Academias Literárias, muito espalhadas pelas principais cidades nordestinas, eram menos literárias que políticas. Aí, camufladamente, estudavam-se *"os sagrados mistérios da democracia"*.

[5] Pai do famoso escritor José de Alencar, autor, entre outros, do romance O Guarani.

[6] Guerrilheiro negro, nascido em Pernambuco, famoso nas lutas contra os holandeses nas batalhas de Guararapes (1648 e 1649) Pelo seu valor, recebeu o foro de fidalgo e o hábito da Ordem Militar de Cristo.

[7] Numa colônia, "patriota" era sinônimo de brasileiro rebelde, subversivo, anticolonialista, ingrato adversário d'El-Rey, inimigo de Portugal. Enfim, "patriota" era

um palavrão. Chamar um português de patriota era uma afronta imperdoável resolvida muitas vezes no fio da espada. Chamar um brasileiro de patriota, com provas, era muitas vezes condená-lo à prisão ou à morte.

[8] O Rei D. João II (1455-1495), "**O Príncipe Perfeito**", quando não queria se comprometer com um caso injusto e cuja solução não encontrava, costumava escrever *"Esgueva"* no processo, palavra que não existia em nenhuma língua e que nada queria dizer. Os palacianos, então, a interpretavam como bem queriam.

[9] Numa "Disssertação" de 1822, Frei Caneca escreveu: "O ser Pernambucano foi uma prova indestructivel dos maiores crimes e attentados; e o ser natural de Portugal uma justificação e prova de innocencia, ainda naquelles casos, em que uns e outros obraram de mãos dadas'.

[10] **Excavações**, p.189.

[11] Esta carta bem como as demais não estão datadas, mas foram escritas antes do julgamento em que Frei Caneca seria condenado à morte. Ele não sabia ainda qual seria a sua sorte.

[12] Passados setenta anos do seu fuzilamento, um primo de Frei Caneca, no Recife, ainda recusava-se a reconhecer o parentesco, acuado pelo medo (Commendador Antonio Joaquim de Mello, op. cit. "Revisão imperiosa", Costa Porto, T. I, p.II).

[13] Este trecho de um artigo de Frei Caneca também foi mostrado no processo de sua condenação à morte como prova de sua insurgência contra a dinastia da Casa de Bourbon.

[14] *Chumbeiro* era um dos apelidos depreciativos com que os nordestinos chamavam os portugueses.

[15] Dizem que D. João resolveu voltar para Portugal quando percebeu que sua presença aqui, tanto quanto sua ausência lá, não havia mudado em nada a situação dos dois países. "Tumultos por tumultos – teria dito Sua Majestade – vamos lá ver o que vai por esse Portugal, que não defendi (quando invadido por tropas de Napoleão), e que teima em adorar-me". E partiu para a velha Europa. (Souza Monteiro, *Hist. de Portugal*, vol. 2)

[16] Na Carta V ao seu amigo imaginário Damão, Frei Caneca volta ao tema: "É disto prova a grandissima difficuldade que encontrou na Bahia de Todos os Santos Thomé de Souza, depois de 1549, em sujeitar á ordem homens que haviam sempre vivido na anarchia; a vida independente em que sempre estiveram os paulistas até o anno de 1717; a restauração de Pernambuco do jugo hollandez; a prisão e remessa para Lisboa do governadoor Jeronymo de Mendonça Furtado no anno de 1666; a confederação de Pernambuco, Itamaracá e Parahyba contra Sebastião de Castro, Caldas e seus apaniguados do Recife em 1710 e 1711; os successos desta capitania contra Luiz do Rego Barreto (...). Tudo isto dá bem a entender que o espirito do Brazil não é servil; detesta a escravidão, combate o despotismo, e arrisca tudo pela liberdade".

[17] O nome deste jornal, que Frei Caneca escrevia inteiramente, ele o tirou da lenda grega das argonautas. Typhis era o nome do piloto do navio Argo, que levava os argonautas, navegadores que partiam à procura da felicidade, sob o comando de Jasão. Foram escritos 29 números, sendo o primeiro em 25 de dezembro de 1823, quinta-feira, e o último no dia 12 de agosto de 1824.

[18] Nomes de jornais de oposição publicados no Rio de Janeiro, e fechados autoritariamente por José Bonifácio.

[19] *Typhis*, VII, 12 de janeiro de 1824.

[20] Pelo seu valor histórico e ainda por sua atualidade, transcrevemos o voto de Frei Caneca, por inteiro, em apêndice. Esse "voto" foi explorado pela Comissão Militar, que o utilizou, minuciosamente, como uma das peças principais para a condenação à morte de Frei Caneca.

[21] 10 de junho de 24.

[22] Data da dissolução da Assembléia Constituinte

[23] O "gotoso alfaiate", como passou a chamá-lo Frei Caneca, em alusão ao seu nome – *Taylor* em inglês = alfaiate, e à gota que o infernizava.

[24] *Typhis* nº XIV, de 8 de abril.

[25] Frei Caneca resume esse relatório no *Typhis* de 24 de junho de 1824.

²⁶ *Typhis*, XXV, 8 de julho, 1824.

²⁷ "Talvez não tenha havido entre as provincias do imperio de Brazil uma que tanto se chocasse com o aborto politico da dissolução da assembléa soberana, quanto a do Ceará". Frei Caneca.

²⁸ Frei Caneca não estava só. Antes do fechamento da Assembléia, o deputado constituinte Alencar declarava, de público: *se o poder executivoo, por ter a força armada á sua disposição, quizesse dissoolver a Assembléa, dissolvia o imperio, e por consequencia o titulo de Imperador*. O deputado Montezuma, na mesma ocasião, declarou, diante de um Ministro que *Deus nos livrasse, que a tropa do Rio de Janeiro fizesse a respeito da Assembléa o mesmo, que a tropa de Portugal, porque em breve ficaria o imperio reduzido unicamente ao Rio de Janeiro* (citado por Frei Cabneca no *Typhis Pernambucano*, nº VI, 29 de janeiro de 1821). O Padre Feijó diria mais tarde, noutro contexto: "*sem Constituição legítima, é reconhecida a independência de cada uma das Províncias do Brasil*".

²⁹ São Roberto Belarmino, teólogo jesuíta do século XVI.

³⁰ "Querendo-se encher as duas camaras, aonde se hão de arranjar os barões, viscondes, condes, marqueses, grandes patentes militares, e essas outras cousas, que por ahi se vão creando a tanta pressa, sem se dizer por agora o para quê? A resposta é bem facil de dar-se: ...ahi temos uma nobreza nova creada para sortir a (nova) camara(...). Em muitas nações o primeiro parlamento, ou camara, foi admittida para se destruir o governo feudal; e de muitos pequenos senhorios fazer-se uma só monarchia(...). Mas nós, que não temos essa nobreza, esses senhores, esses regulos, para que havemos de ter duas camaras? Para que havermos de por-nos na precisão de crear uma nobreza, e passarmos pelos incommodos que ella costuma em toda parte do mundo trazer á humanidade, mormente *a nobreza nova? Asperius nihil est humili, qui surgit in altum*. Eis aqui como aquillo, que em uma parte se estabeleceu para remediar males, entre nós será uma fonte caudal delles".

Contra essa nobreza artificial, Frei Caneca vai ainda mais longe: "é um engodo para o partido aristocrata... é desolador (que) os homens vãos e fofos, e os servandijas, que, não tendo virtudes e probidade, se querem distinguir da sua classe pelos retalhos de fitinhas e pedacinhos de metal".

[31] Escritor francês do século XVIII.

[32] Reinou entre 1422 a 1461. Criou na França um exército permanente, sob o comando direto do Rei.

[33] Gozo = raça vulgar de cães pequenos, vira-latas.

[34] "O *Apostolado* ...é o club de aristocratas servis que protegem, procuram e propagam por todos os meios a escravidão do Brazil, comtanto que elles também tenham seus escravos, a quem pisar.(...) São uma praga de gafanhotos devastadores(...)que tem chegado a penetrar o santuario do soberano Congresso, e contaminado seus membros(...); trazem espiões que pesquisam, vigiam e denunciam ao ministerio todos os que julgam inimigos, não da causa do Brazil, sim do despotismo ministerial..."

[35] Cabido = corporação de cônegos de uma catedral que pode substituir o bispo na ausência deste. Olinda, na época, não tinha bispo residente.

[35] "Quando, no fatal anno de 1817, Pernambuco proclamou a separação de Portugal e o regimen democratico, o governo da Bahia, sem esperar ordens superiores, o declarou logo rebelde, e tomou uma atitude hostil, mandando-o invadir com forças terrestres e bloquear com as naves"(p.35).

[37] "Todas as vezes que usar deste termo, bandalho, quero por elle significar por excellencia Bernardo José da Gama, porque *Bandalho* quer dizer má cousa... uma cousa bandalha, uma cousa que não pode deixar de ser bandalha, afinal B. J. Gama".

[38] Paes de Andrade reapareceu em Pernambuco uns dez anos mais tarde – quando tudo já estava calmo – não mais como líder revolucionário, mas como conservador e reacionário, na chefia de um movimento repressor contra a revolta popular conhecida como *Carneiradas*, entre 1834 e 1835.

[39] *Itinerário* de Frei Caneca, *Introdução*.

[40] De agora em diante, todos os trechos entre aspas são tirados do próprio diário de Frei Caneca, por ele mesmo intitulado *Itinerario*.

[41] Mas ficou o frade sem o seu hábito religioso, e não foi possível ter outro.

⁴² Entre outros apelidos, os soldados do exército imperial bem como os portugueses eram conhecidos como *ceroulas, chumbeiros, corcundas* ou *pés de chumbo*.

⁴³ João Caetano dos Santos, nascido no Rio em 1808 e aí mesmo falecido em 1863, veio a ser um dos nossos maiores e mais famosos atores e um dos pioneiros da nacionalização do teatro brasileiro. Quanto à *Casa da Ópera*, "era um título pomposo para um pardieiro da então Rua da Cadeia Nova, hoje do Imperador, fronteiro (também) ao Convento de São Francisco, nome aliás que o teatro veio a ter depois. Os cronistas da época a ele se referem sem se esquecer de lastimar-lhe a falta de espaço a pobreza do gôsto, a negligência no asseio, qualidades negativas que lhe valeram a alcunha pitoresca de *Capoeira*" (Mario Sette, *Arruar, história pitoresca do Recife antigo*, 3ª edição, 1948, p. 192, 194).

⁴⁴ *Calhambolas*, ou quilombolas: escravos fugitivos e sem paradeiro que vagavam pelas estradas.

⁴⁵ Em 1823, Frei Caneca havia escrito: "Que bem têm tido os brancos de que não hajam participado os pardos? (...) Quando a patria careceu dos braços e sangue dos seus filhos, ao lado dos pardos não lhe deram seus braços e seu sangue os brancos e os pretos? Quando aquelles lavaram de suas lagrimas os ferros do despotismo, não correram tambem a fio as lagrimas destes?"

⁴⁶ "A liberdade da patria vale mais do que a vida".

⁴⁷ Originário de Tours (cidade da França), de onde provinham os frades carmelitas das províncias do norte e nordeste do Brasil.

⁴⁸ Tinha, portanto, 45 anos e pouco menos de 6 meses.

⁴⁹ Apresentamos um resumo das principais acusações feitas pela Comissão, e as respostas de Frei Caneca, sem as intermináveis citações de leis e de decretos que recheiam o texto original.

⁵⁰ Há aqui uma imprecisão de Frei Caneca. No capítulo 12 deste livro, cita-se trecho do *Itinerario* em que ele afirma que o roubo foi em Goianinha, perto de Goiana, em Pernambuco.

⁵¹ *"Felizes os tempos em que é permitido sentir o que se quer, e dizer o que sente".*

⁵² Refere-se à oposição contra a posse de Pais Barreto como Governador, imposto pelo Imperador, quando havia um governador eleito pelo povo.

⁵³ "Terminou o espetáculo". No teatro antigo era com essas palavras que se anunciava o fim de uma representação.

⁵⁴ Tradução livre: "O que comigo acontece hoje, acontecerá com vocês amanhã"

⁵⁵ "Assim quero, assim ordeno; minha vontade se sobrepõe à razão". Verso das *Sátiras* do poeta latino Juvenal, adotado como lema pelos reis absolutos.

⁵⁶ "Louvado Seja Nosso Senhor Jesus Cristo".

⁵⁷ Verso que se empregava em relação àqueles que mudam de repente de opinião ou de atitude. Hoje diríamos – Quem te viu e quem te vê...

⁵⁸ A Rua do Oratório chama-se hoje Rua do Imperador; a Rua do Crespo é hoje a Rua Joaquim Távora; a Praça do Polé, atualmente, é a Praça da Independência; a Rua do Queimado é a atual Rua Duque de Caxias. As Ruas do Livramento e Direita conservam ainda hoje os mesmos nomes.

⁵⁹ Frei Carlos, depois da condenação de Frei Caneca, foi nomeado bispo de S. Luís do Maranhão.

⁶⁰ Início do salmo 24: "*A Ti, Senhor, elevo o meu espírito. Em Ti confio, meu Deus... Que meus inimigos não triunfem sobre mim!*" Do salmo 23: "*Mesmo se eu andar pelo vale das sombras e da morte, nada temerei, pois estais comigo...*"

⁶¹ Sua Majestade Imperial e Constitucional.

*Para saber mais sobre nossos
títulos e autores, visite nosso site:*
www.mauad.com.br

Este livro, da MAUAD Editora,
foi impresso em papel pólen bold 70g,
na gráfica Sermograf